〝준비된 상속이야말로
가족에 대한 사랑입니다.〞

상속을 지금 준비하라!
저자 나 철즈   배상.

9th Edition

상속증여 **핵심전략**

▶ **YouTube** 나철호의 상속증여 🔍

2026

상속을
지금
준비하라

공인회계사 · 세무사 · 경영학박사 **나철호**

9판이다. 2017년 초판 발행 후, 벌써 8년째 매년 개정판을 내고 있다.

이 책은 상속증여 핵심 절세전략을 다룬 책 임에도 불구하고, 많은 분들이 가족의 화목과 행복을 지키는 "가족서적"이라 이야기 한다. 진정한 절세전략은 가족간의 대화와 존중을 통해서 이루어지기 때문이다.

초판을 출간한 이후 많은 분들의 관심과 사랑을 받고 있다. 금년에는 경북 상주 산속고시원에서 5월 초 황금연휴를 보냈다. 세법 특히 상속증여는 매년 개정되기 때문에, 이러한 개정사항을 적시에 반영하지 못하면 잘못된 의사결정을 내릴 수 있다. 매년 개정판을 적시에 선보이겠다는 여러분과의 약속이자 신념으로, 최근 2025년 개정세법을 반영한 "2026 상속을 지금 준비하라" 9판을 출간하게 되어 감사 드린다.

최근 상속증여는 여느 해에 비해 개정된 사항은 많지 않지만, 배우자상속세 폐지(안)와 유산취득세 도입(안) 발표가 큰 이슈가 되었다. 최근 개정된 주요 사항과 배우자 상속세 폐지(안) 등에 대해서 정리해 본다.

1. 고가의 모든 종류 주택, 감정평가 대상에 포함

2024년 말, 국세청은 감정평가 대상에 기존 비주거용 부동산과 나대지 외에 주택을 추가하였다(상속세및증여세사무처리규정 제1조의 2). 즉, 초고가아파트, 단독주택, 상가겸용주택도 감정평가 대상에 포함시켜 모든 종류의 주택이 감정평가 대상에 포함된 것이다.

추가로, 감정평가 기준을 추정시가와 보충적평가액의 차이 10억원에서 5억원으로 낮춰 감정평가 대상도 추가 확대하였다(상속세및증여세사무처리규정 제72조).

2. 증여재산 공제가 적용되는 친족 범위 합리화(상증세법 제53조)

기존 6촌 이내 혈족·4촌 이내 인척으로부터 증여를 받는 경우 1천만원 증여공제를 적용하였던 것을, 4촌 이내 혈족·3촌 이내 인척으로 국세기본법상 친족 범위와 일치시켰다(2025.3.14. 이후 증여하는 분부터 적용).

3. 특정법인과의 거래를 통한 증여의제 범위 확대(상증세법 제45조의5)

실무에서 중요하게 다루는 분야이다. 지배주주등의 주식보유비율 30% 이상인 특정법인이 지배주주의 특수관계인과 일정 거래를 통하여 이익을 얻는 경우, 그 특정법인이 얻은 이익에 특정법인의 지배주주등의 주식보유비율을 곱하여 계산한 금액을 그 특정법인의 지배주주등이 증여받은 것으로 보는 규정이다.

과세대상 일정 거래에 불균등 감자 등 자본거래를 통하여 이익을 분여 받는 경우를 추가하였다(2025.3.14. 이후 거래하는 분부터 적용).

4. 배우자상속세 폐지(안)과 유산취득세 도입(안)

배우자상속세 폐지(안)는 2025년 3월 초, 여당(국힘)의 배우자상속공제를 무제한 허용(배우자 상속세 폐지)하겠다는 입장에 야당(민주당)이 화답하는 형식으로 급 물살을 형성했던 안이다. 이후 정치적 난국으로 진전이 이루어지지 않고 있다.

유산취득세 도입방안은 정부 안으로 기재부 보도자료(2025.3.12.)를 통해 발표했다.

취지는 공감이 되나, 정부와 여당(국힘)간 엇박자 모양새이다. 유산취득세는 피상속인 재산 기준이 아니라, 상속인이 각자 받은 재산에 따라 세금이 결정되는 방식으로 과세형평 개선 및 세부담 차원에서 합리적인 방식이다. 그러나, 다수당인 야당(민주당)의 반대로 국회 통과 여부는 미지수이다.

이 책에서 한결같이 강조하는 부분이다.

"상속재산은 그 자체가 다툼의 대상이며, 준비와 계획 없는 상속은 가족 간의 분쟁을 반드시 일으킨다. 온 가족이 협의해서 지금부터 준비해야 한다. 그래야 세금은 절세해서 기쁜 마음으로 납부할 수 있고, 가족의 행복과 화목을 유지할 수 있는 것이다."

금번 출간작인 "2026 상속을 지금 준비하라" TF에 참여해 주신 정민근 고문님, 김도성 위원님, 강성민 회계사, 김호중 회계사, 손채은 회계사, 지한수 회계사, 이현준 회계사, 전진우 회계사, 한성혜 책임, 박주영 대리, 김보경 주임, 황예빈 담당에게 감사 드린다.

끝으로 사랑하는 가족을 비롯한 모든 분들의 건강과 건승을 기원 드린다.

" 준비된 상속이야말로 가족에 대한 사랑이다. "

팔음산 고시원에서
2025. 05
나 철호 배상

상속은 미리 준비하고 계획한 만큼 절세할 수 있고 가족의 화목과 행복을 지킬 수 있다.

최근에 상속인 L 부인은 고인 남편을 떠올리며, 남편이 돌아가시기 1년 전 "이제 편히 눈을 감아도 좋겠다. 자녀들에게 증여한 지 이젠 10년이 지나서 아버지로서 마지막 도리를 다했다."라는 말씀을 남기셨다는 것이다. 고인은 사전 증여 후 10년이 지나면 「상속재산합산배제」규정을 염두에 두시고 미리 사전 증여 계획을 세웠으며, 본인의 통장 인출내역에 대해서도 상세히 통장에 기록을 하는 등 상속개시일 이후 상속세 준비까지 꼼꼼히 챙기셨던 것이다.

상속은 사전 준비과정 없이 진행하면 무리하게 되어 탈세로 연결될 수 있으며 부의 세습적 이전으로 사회적 지탄을 받을 뿐만 아니라, 상속인들 간의 다툼으로 가족의 화목이 깨지는 경우가 종종 발생한다. 세금에 대한 절세전략은 각자 자신의 사상체질이 다르듯이, 각자의 재산상태 및 환경에 맞는 절세전략이 존재한다. 예를 들어 대부분 사람들은 사전증여를 하면 상속세가 줄어든다고 생각하나, 오히려 세금이 늘어나는 경우가 발생할 수 있다. 사전 증여한 재산 가치가 하락하거나 상속공제 한도가 감소하는 경우가 이에 해당된다.

세무대리인 입장에서 상속세를 준비하다 보면 상속재산의 많고 적음을 떠나 상속인들 간 다툼이 발생하는 것을 경험한다. 심지어 이로 인해 상속세 신고를 제대로 하지 못할 뿐만 아니라, 쌍방 소송으로 고인의 재산을 상속 이전 등기하지 못하는 경우도 발생한다. 상속에 대한 철저한 준비는 절세뿐만 아니라, 가족의 행복과 화목을 지키는데 매우 중요하다. 최대한 고인의 유지를 받들어 계획성 있게 준비하고 상속을 승계하는 것이 필수적이다.

조세, 세금에 대한 저항은 조세민란으로 이어질 수 있다. 따라서 국가차원에서 조세순응, 즉 조세저항 없이 국민들이 기꺼이 납세의무를 다할 수 있는 납세환경이 조성되어야 한다. 국세청도 각종 세금에 대한 절세전략을 상세히 설명하고 국민들에게 알릴 수 있는 제도 등이 보다 활성화되어야 한다. 더불어 세금을 미리 준비하고 계획하면 절세가 될 수 있다는 인식과 함께 사회적 분위기가 무르익을수록 조세에 대한 저항 없이 기쁜 마음으로 조세를 부담할 수 있을 것이며 사회전체적으로 만족도가 커질 것이다.

상속세는 부자들만이 내는 세금이라는 인식이 많지만, 절대 그렇지 않다. 배우자가 없는 상태에서 상속재산이 5억원이 초과되면 과세될 수 있으며, 상속개시일 현재 상속재산은 없더라도 사전 증여나 사전 처분·인출 자산이 있었다면 과세될 수 있는 세금이 바로 상속세이다. 또한, 상속재산이 적은 상속인이 상속재산이 많은 상속인보다 더 과세될 수 있는 세금이 또한 상속세이다.

상속세는 상속세 신고서 접수 후 과세관청의 조사결정을 통해서 납세의무가 확정되는 세목이다. 특히 채무 승계 및 고액의 상속인은 상속개시 후 5년간은 사후관리에 각별히 유념해야 된다. 특히 세무조사 시 재산평가, 사전증여, 상속추정, 상속공제 등은 상속세에서 쟁점이 되는 중요한 부분이다.

본 서는 첫째, 상속세 계산구조 흐름에 맞춰 페이지를 구성하였다. 둘째, 절세효과를 숫자로 제시하여 그 효과의 크기를 실제 판단할 수 있도록 하였다. 셋째, 필자의 실제 사례를 담아 현장의 생동감을 느끼도록 집필하였다. 독자들은 이 책을 통해서 절세 뿐만 아니라, 가족의 화목과 행복을 지킬 수 있다고 확신한다.

본 서가 나오기까지 많은 분들의 배려와 사랑을 받았다.

代父이신 이광우 선생님, 우리경영아카데미 강경태 선생님, 지도교수이신 한양대학교 고종권 교수님, 한국공인회계사회 임직원, 재정회계법인 임직원 및 나선원 · 문영기 회계사, 후배 서미영 · 정혜영 님, 샘앤북스 이낙규 사장님 · 이정희 과장, 더존 홍보팀 배수형 과장 외 직원분 등 모든 분들과 어머님을 비롯한 사랑하는 가족에게 깊이 감사 마음을 전한다.

琴洞서원에서
2017. 07. 23
나 철호 배상

우리나라 상속세제와 관련하여 논란이 참 많다.

기업은 기업대로, 중산층 이상의 납세자는 납세자대로 한국의 상속세가 너무 과도하여 이를 완화하는 방향으로 개편해야 한다는 주장이 많이 나오고 있다. 사실 한국의 상속세 관련 규정은 많이 노후하고 상당한 기간의 경제 변동을 반영하고 있지 못하고 있다. 대표적으로 상속세 세율과 구간의 구조는 1999년 개정되어 그 이후 25년이 경과하였다. 지난 기간의 우리나라 경제 구조와 소득 및 자산가치의 상승을 생각하면 분명 노후화된 제도임에 틀림없다.

그리고 상속세 공제 중 큰 부분을 차지하는 배우자공제, 일괄공제, 금융공제 등은 1996년부터 1998년 사이에 규정되고 난 이후 변동이 없다. 이 또한 중산층의 자산 증가부분을 반영하지 못하고 있다. 그래도 가업상속 부분은 경제계의 줄기찬 요구를 반영하여 가업상속 요건, 사후관리, 가업상속 공제 금액 등을 기업에 우호적인 방향으로 계속 개정하여 가업승계 세무환경을 다소 개선한 점은 다행이다.

이런 상속세제의 운용결과로 최근에는 기획재정부가 국내 최대 게임업체인 넥슨의 2대주주가 되었고 한미약품은 상속세 납부재원을 마련하는 과정에 기업의 전략방향을 놓고 주주총회에서 가족간에 표 대결을 하는 상황이 벌어지기도 하여 세간의 관심을 모았다. 한편 중산층들은 자산가치 증가로 상속세 및 증여세 신고 건수가 매년 25-30%이상씩 증가하여 상속 증여세가 더 이상 부자들만의 세금이 아니라는 것을 보여준다. 따라서 납세자는 현재의 세제를 잘 이해하고 준비할 필요가 있게 되었다.

금번 8판을 출간한 "상속을 지금 준비하라"는 납세자가 알아야 할 상속증여세 관련 사항을 잘 정리하였다. 저자는 20여년간의 상속증여 관련 세무업무를 하면서 납세자가 실무적으로 알아야 할 사항을 사례를 중심으로 설명하고 있다.

　특히 저자는 상속을 지금 준비하는 것이 가족을 지키는 것이라고 주장하고 있다. 현행의 상속증여세제하에서는 시간을 가지고 미리 준비하는 것이 세금을 줄일 수 있을 뿐만 아니라 가족을 지키는 길이라는 것을 이야기하고 있다. 이는 실제 현장에서 일어나고 있는 상속재산에 대한 가족간의 분쟁을 많이 접하고 나서 내린 결론이라 더 현실감 있게 와 닿는다. 가족간 자금거래, 부모토지의 무상사용, 재산을 상속으로 받을 것인지 사전증여로 받을 것인지, 사전증여 공제액의 활용, 가업승계 등은 우리의 일상생활에서 많이 부딪히는 일들이라 생활의 지혜로 갖출 내용들을 많이 담고 있다.

　저자는 2017년 본서 초판을 출간한 이후 매년 세법개정을 반영하여 8판째 이르고 있다. 세법의 생명은 최신 정보를 항상 다루는 것이라 독자를 위한 성실함에 찬사를 보낸다. 아울러 앞부분에서 설명한 것처럼 현재의 우리나라 상속증여세제는 현실과 부합하지 않는 부분이 있는 만큼 한국 경제 상황을 반영하고 국제 동향을 참조하여 개편할 필요가 있으며 이에 대하여 저자는 이 분야 전문가로서 적극 의견 개진을 해 주길 당부한다.

2024년 5월

윤 증현

부총리 겸 기획재정부장관(전)

목차

• '2026 상속을 지금 준비하라!' 9판을 내며...
• 머리글(초판)
• 추천의 글 - 윤증현

I. 상속의 이해

II. 상속세 주요 사례 및 핵심전략

III. 가업상속공제

IV. 상속세 세무 조사

V. 증여세 절세전략

| 상속세 계산구조에 따른 목차 순서 |

구 분	내 역	페이지
총 상 속 재 산 가 액	― 본래의 상속재산(사망 또는 유증·사인증여·신탁으로 취득한 재산)	51
	― 간주상속재산(보험금, 신탁재산, 퇴직금 등)	74
	― 추정상속재산 [상속개시일 전 1년 이내에 2억원 또는 2년 이내에 5억원 이상 재산처분·금전인출·채무부담으로 용도 불분명한 금액]	82
(―) 비 과 세 상 속 재 산	국가·지자체에 유증, 금양임야, 묘토 등	88
(―) 과 세 가 액 공 제 액	공과금, 장례비, 채무액	90
(+) 사 전 증 여 재 산 가 액	상속인(10년), 상속인 이외의 자(5년) (창업자금, 가업승계 증여세 과세 특례의 경우에는 기간에 관계없이 합산함)	95
(―) 과 세 가 액 불 산 입 액	공익법인 출연한 재산, 공익신탁재산	124
= 상 속 세 과 세 가 액		
(―) 상 속 공 제 금 액	기초공제와 그 밖의 인적공제 합계와 일괄공제(5억원) 중 큰 금액 배우자상속공제, 가업·영농상속공제, 금융재산상속공제, 재해손실공제, 동거주택상속공제(단, 상속공제 한도 주의)	131
(―) 감 정 평 가 수 수 료	― 부동산, 서화, 골동품 등 : 5백만원 한도 ― 비상장주식 : 평가대상법인(신평사) 수 별로 각각 1천만원 한도	149
= 과 세 표 준		
(×) 세 율	10% ~ 50% 5단계 초과누진세율 최대주주 할증 과세	150
= 산 출 세 액	세대생략 상속 30%(40%)할증(대습상속은 제외)	152
(―) 세 액 공 제	증여세액공제, 외국납부세액공제, 단기상속세액공제, 신고세액공제(3%)	160
= 신 고 납 부 세 액		
(+) 가 산 세	신고불성실, 납부지연가산세	165
= 총 납 부 세 액	분납, 연부연납, 물납	169

세부목차
핵심 정리

I. 상속의 이해

1. 주요 상속 통계와 시사점

🔍핵심

전체 피상속인 중 상속세 납부자 비율은 최근 약 6.8%로 매년 증가하고 있으며, 상속세 세수는 국세청 세수 대비 약 2.9%이다.

2. 거래단계별(취득·보유·명의이전) 발생하는 세금의 종류

🔍핵심

세금은 상호 영향을 미치므로, 특정 세목의 절세효과만 볼 것이 아니라 모든 거래 단계에서 미칠 효과를 체크해야 한다. 상속은 사후에 발생하는 세금으로 명의이전을 수반한다.

3. 상속세의 의의 및 과세방법

🔍핵심

상속세는 상속인이 받거나 받을 재산 기준으로 상속세를 계산하는 것이 아니라, 피상속인(사망한 자) 재산총액을 기준으로 상속세를 과세한다.

4. 상속세 계산구조

🔍 **핵심**

> 대부분의 세목은 관련 수입에서 비용을 차감한 소득에 세율을 곱하여 과세한다. 상속세 관련 수입은 상속재산이고, 관련 비용은 상속부채와 상속공제이다.

5. 상속 협의 분할 시 증여세 과세 여부

🔍 **핵심**

> 상속재산 등기 완료 후에 당초 상속분을 초과 취득하는 경우에는 증여세가 과세된다.

6. 상속세 납부의무 및 관할관청

🔍 **핵심**

> 배우자는 배우자법정지분까지 상속받아 배우자공제를 최대로 하고, 상속세는 배우자가 전액 부담함으로써 자녀들은 상속세 부담없이 상속받을 수 있도록 한다.

7. 상속세 신고·납부기한

🔍 **핵심**

> 상속세는 상속인 또는 세금이 확정되지 않았다 하더라도 신고기한 내에 반드시 신고하여 3% 신고세액공제를 획득하자.

8. 상속재산 확인 방법

🔍 **핵심**

> 상속인이 모르는 피상속인 재산이 발견될 수 있다. 피상속인 모든 재산을 간단하고 쉽게 조회할 수 있는 '안심상속 원스톱서비스'를 이용하자.

II. 상속세 주요 사례 및 핵심전략

1. 상속재산 및 재산평가

7. 과세가액 불산입(공익법인 출연)

🔍 핵심

8. 상속공제

🔍 핵심 (최소 상속공제)

🔍 핵심 (배우자공제)

🔍 핵심 (배우자공제)

🔍 핵심 (금융재산공제)

🔍 핵심 (동거주택상속공제)

🔍 핵심 (일괄공제)

13. 상속세 납부(분납, 연부연납, 물납)

🔍핵심

납부세액, 연부연납기간 및 가산금 이자율 등을 고려하여 분납과 연부연납 중 선택하라. 물납의 경우는 시가와 상속재산 평가액과의 차이, 처분의 용이성 등을 판단하여 선택하라.

14. 피상속인이 비거주자인 경우

🔍핵심

비거주자인 경우에는 국내상속재산만이 과세대상이고, 상속공제 중 기초공제(2억원)와 감정평가수수료 공제만 가능하다.

Ⅲ. 가업상속공제

1. 가업상속공제

🔍핵심

중소기업 및 매출 5천억원 미만 중견기업은 가업상속공제를 적극 활용하고, 법인가업의 주식 평가 시 사업무관자산은 제외하며, 상속세는 20년 연부연납을 고려하라.

2. 가업상속 후 5년간 사후관리

🔍핵심

가업용 자산의 40% 이상 처분, 가업 미종사, 지분 감소, 5년간 정규직 근로자 수 및 총급여액의 전체 평균이 기준의 90% 미달하는 경우 추징세액이 부과된다.

3. 가업승계에 대한 증여세 과세특례제도

🔍**핵심**

자식이 부모로부터 주식(출자지분)을 증여받을 경우에는, 10억원 증여공
제 & 10%세율 & 상속 시 정산하는 「가업승계증여세특례」를 고려해 보라.

4. 주식평가

🔍**핵심**

비상장주식 평가는 순손익가치와 순자산가치를 3대2 비율로 가중평균하므
로, 손실이 발생한 다음 해가 유리하나 순자산가치의 80%한도를 유념하라.

Ⅳ. 상속세 세무 조사

🔍**핵심**

상속세는 신고서 접수 후 과세관청의 조사결정을 통해서 납세의무가 확정
되는 세목이다. 특히 채무 승계 및 고액의 상속인은 상속 개시 후 5년간은
사후관리에 각별히 유념하라.

1. 세무조사

🔍**핵심**

상속세는 결국 세무조사로 종결된다.

2. 자금출처조사

🔍**핵심**

40세 이상인 경우 주택 3억원, 기타재산 1억원, 채무상환 5천만원, 총액한
도 4억원 미만인 경우에는 증여추정 배제기준에 해당된다.

Ⅴ. 증여세 절세전략

1. 증여세의 의의 및 과세방법

🔍**핵심**

2. 증여세 계산구조

🔍**핵심**

3. 증여세 신고·납부 기한

🔍**핵심**

4. 증여 받은 후 반환

🔍**핵심**

5. 증여자가 증여세를 납부하는 경우

🔍**핵심**

6. 부담부증여

🔍**핵심**

13. 부모 자식간 자금거래(금전 무상 대출)

🔍핵심

14. 초과배당

🔍핵심

15. 특정법인과의 거래에 따른 증여

🔍핵심

16. 배우자 등 증여자산 이월과세

🔍핵심

17. 부동산별 기준시가 고시시점

🔍핵심

〈부 록〉

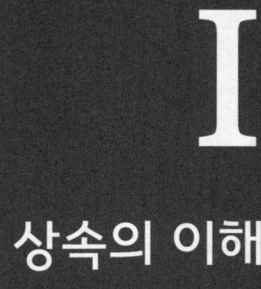

I

상속의 이해

주요 상속 통계와 시사점

🔍 **핵심**

전체 피상속인 중 상속세 납부자 비율은 최근 약 6.8%로 매년 증가하고 있으며, 상속세 세수는 국세청 세수 대비 약 2.9%이다.

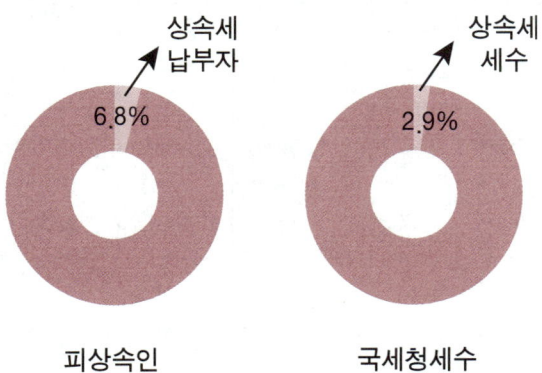

우리나라 상속세율 과연 높은가?

국가별 상속세율은 일본(55%), 한국(50%), 프랑스(45%), 영국·미국(40%) 순으로, 우리나라는 2번째이다. 여기서 언급하는 상속세율은 해당 나라의 최고 세율을 이야기한다. 즉, 명목세율의 최고 값이다. 우리나라는 5단계 초과누진세율(1억이하, 1억초과, 5억초과, 10억초과, 30억 초과 5단계 구조)로 과세표준 30억 초과 시 최고 50% 세율이 적용된다.

그러면 실제 상속세율이 높은 것인가? 꼭 그렇지 않다. 명목세율로 따질 것이 아니라 실부담세율로 판단해야 한다. 실부담세율(유효세율)은 '자진납부할세액'을 '총상속재산가액'으로 나눈 값이다.

| 최근 상속세 실부담세율 |

(단위 : 백만원)

구 분	2018년	2019년	2020년	2021년	2022년	2023년
총상속 재산가액	20,572,647	21,537,994	27,413,896	65,971,374	56,519,432	39,054,915
자진납부할 세액	3,975,696	3,672,276	5,176,495	20,448,353	13,725,275	6,379,383
실부담 세율	19.36%	17.05%	18.88%	31.00%	24.28%	16.33%

상속세 실부담세율은 2021년을 제외하면 약 16%~24% 사이로 형성되어 있다(2021년은 이건희 회장 상속으로 인한 일시적 효과로 상승하였다).

상속세율이 높은 지, 낮은 지에 대한 판단은 명목세율이 아닌 실부담세율로 판단해야 한다. 또한 분모인 총상속재산가액 평가가 국가별로 전부 다르다. 우리나라의 경우만 보더라도 상속재산에 따라 시가, 감정가, 공시가격(기준시가)이 각각 달리 적용되고 있다.

국가별 상속세율 판단은, 실부담세율을 기준으로 상속재산가액 평가의 일관성, 상속공제 및 세율 구간 등을 상호 검토한 후 분석해야 되며, 이를 토대로 우리나라 상속세에 대한 전반적인 검토가 이루어져야 할 것이다.

상속세 부자들만의 세금인가?

2023년 말 기준 상속세 납부자 비율은 약 6.8%, 국세청 세수 대비 약 2.9%를 차지하고 있다. 전년 대비 지속적으로 상승하고 있으나, 아직까지는 국민전체에 영향을 미치는 세금은 아니다. 그러나 간과해서는 안 될 통계치가 있다.

| 최근 상속세 납부자 증가율 |

(단위 : 명)

구 분	2018년	2019년	2020년	2021년	2022년	2023년
납부자	8,002	8,357	10,181	12,749	15,760	19,944
연 증가율	—	4.44%	21.83%	25.22%	23.62%	26.55%

상속세 납부자 증가율은 최근 약 27%로 급증하고 있다. 이는 재산가액 상승이 주된 원인이다. 피상속인 대비 상속세 납부자 비율이 10%대로 진입하는 것은 시간 문제이며, 상속세는 이젠 부자들만의 세금이 아니라 국민전체에 영향을 미칠 것 이다.

이런 관점에서 후술하고 있는 상속통계를 보면 쉽게 이해가 될 것이다.

| 전체 피상속인 중 상속세 납부자 수 |

연 도	전체 피상속인 (A)	상속세납부자 (B)	과세미달자 (A−B)	상속세납부자 비율 (B/A)
2011년	279,972	5,720	271,252	2.04%
2012년	287,094	6,201	290,893	2.16%
2013년	282,232	6,275	275,957	2.22%
2014년	285,723	7,542	278,181	2.64%
2015년	324,349	6,592	317,757	2.03%
2016년	283,877	7,393	276,484	2.60%
2017년	229,826	6,986	222,840	3.04%
2018년	356,109	8,002	348,107	2.25%
2019년	345,290	8,357	336,933	2.42%
2020년	351,648	10,181	341,467	2.90%
2021년	344,184	12,749	331,435	3.70%
2022년	348,159	15,760	332,399	4.53%
2023년	292,545	19,944	272,601	6.82%

(출처 : 국세통계)

국세통계에 의하면 2023년 말 기준 전체 피상속인 292,545명 중에서 상속세 납부자 수는 19,944명으로 6.82%를 기록하였다. 2022년 대비 2023년 상속세 납부자 수는 약 4,184명 증가하였다. 상속세는 기본적으로 최소 10억원 상속공제가 적용되며, 상속재산가액 증가로 상속세 납부자가 지속적으로 증가하리라 예상된다.[1]

---

1 일괄공제 5억원과 배우자 공제 5억원을 합하여 최소 상속공제 10억원을 가정한 것이다(배우자가 없는 경우에는 최소 상속공제는 일괄공제 5억원만 적용될 것이다).

| 국세청 세수 대비 상속세 · 증여세세수 현황 |

(단위 : 백만원)

연 도	국세청세수	상속세세수	비 율	증여세세수	비율
2011년	180,153,200	1,258,637	0.70%	2,074,062	1.15%
2012년	192,092,600	1,718,540	0.90%	2,301,983	1.20%
2013년	190,235,300	1,586,535	0.83%	2,703,224	1.42%
2014년	195,727,100	1,696,147	0.87%	2,929,099	1.50%
2015년	208,161,500	1,943,658	0.93%	3,099,952	1.49%
2016년	233,329,100	1,994,918	0.86%	3,355,142	1.44%
2017년	255,593,200	2,341,875	0.92%	4,443,276	1.74%
2018년	283,535,500	2,831,509	1.00%	4,527,368	1.60%
2019년	284,412,645	3,154,216	1.10%	5,174,942	1.82%
2020년	277,275,291	3,904,234	1.41%	6,471,066	2.33%
2021년	334,471,443	6,944,742	2.08%	8,061,411	2.41%
2022년	384,249,472	7,611,302	1.98%	6,982,717	1.82%
2023년	335,672,348	8,544,422	2.55%	6,089,632	1.81%
2024년	328,389,625	9,643,987	2.94%	5,654,150	1.72%

(출처 : 국세통계)

국세통계에 의하면 2024년 기준 상속세세수는 9.6조원으로 국세청 세수 대비 2.94%를, 증여세세수는 5.7조원으로 1.72%를 기록하였다. 2023년 대비 2024년 상속세세수는 약 1.1조원 증가하였으나, 증여세세수는 약 0.4조원 감소하였다.

거래단계별(취득 · 보유 · 명의이전) 발생하는 세금의 종류

🔍 핵심

세금은 상호 영향을 미치므로, 특정 세목의 절세효과만 볼 것이 아니라 모든 거래 단계에서 미칠 효과를 체크해야 한다. 상속은 사후에 발생하는 세금으로 명의이전을 수반한다.

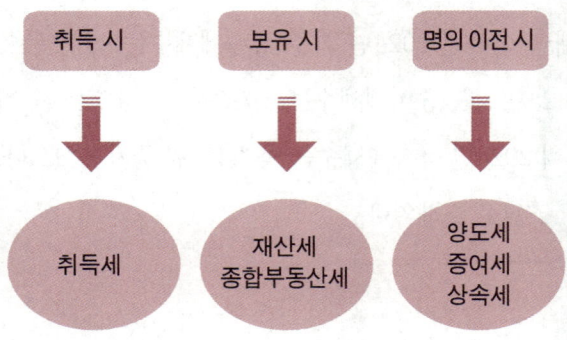

거래 대상을 부동산이라 예를 들면, 취득 시에는 취득세가 발생하고, 보유 시에는 과세기준일 6월 1일 기준으로 재산세(지방세)와 종

합부동산세(국세)가 발생한다. 명의 이전 시에는 유상이전 방식인 양도소득세와 생전 무상이전 방식인 증여세, 사후 무상이전 방식인 상속세로 구분된다. 양도세는 양도자가, 증여세는 증여를 받는 수증자가 부담하며, 상속세는 상속을 받는 상속인이 부담한다. 국세의 대원칙은 이익을 보는 자가 부담하도록 되어 있다. 양도를 통해 양도차익을 얻는 양도자가, 증여를 통해 수증이익을 얻는 수증자가, 상속을 통해 상속이익을 얻는 상속인이 납세의무를 부담한다. 만약, 이익을 본 수증자가 증여세를 부담하지 않고 증여자가 증여세를 대신 부담하면, 증여세에 대해서 증여세가 한번 더 과세된다.

실무에서 상속과 증여의 차이를 묻는 경우가 많은데, 이를 정리해 보면 다음과 같다.

구 분	방 식	사 례
증여	생전 무상 이전 방식	생전 부모가 자녀에게 재산을 증여하는 경우
상속	사후 무상 이전 방식 (유증, 사인증여, 신탁포함)	부모가 돌아가신 후(사후) 자녀에게 재산을 상속하는 경우

세금은 상호밀접한 연관관계가 있다. 부동산 세제는 정권에 따라 큰 변화가 있었는데, 문재인정부 4대 부동산대책으로는 ①2017년 8.2 부동산대책, ②2018년 9.13 부동산대책, ③2019년 12.16 부동산대책, ④2020년 7.10 부동산대책을 꼽을 수 있고, 윤석열정부 하에서 개편된 부동산 세제를 정리해 본다.

문재인 정부 하에서 ①8.2대책으로 조정대상지역 다주택자 양도세 중과적용 및 장기보유특별공제가 배제 되었고, ②9.13대책으로 전반적인 종부세율 인상과 더불어 조정대상지역 다주택자(또는 모든 지역 3주택 이상자)의 경우에는 추가 할증 과세되었다. ③12.16대책으로 조정대상지역 다주택자 양도세 중과 한시적 배제와 더불어 조정대상지역 일시적 2주택자 전입요건 추가 및 중복보유 허용기한을 단축하였다. ④7.10대책으로 단기 보유 주택에 대한 양도소득세율과 다주택자 양도세 중과세율을 인상하였고, 다주택자 종합부동산세 중과세율 및 취득세율을 또한 인상하였다. 윤석열 정부 하에서의 부동산 세제는 감세에 초점이 맞춰있다. 다주택자 양도소득세 중과세율이 한시적 완화(2022년 5월 10일~2026년 5월 9일)되었고, 종합부동산세는 2주택자(과표 12억원 이하 3주택자 포함)의 경우 중과세율에서 일반세율로 인하되었다.

양도세 중과와 종부세 할증과세 2마리 토끼를 잡기 위해서는 사전증여를 적극적으로 선택할 수 있고, 상속은 선택할 수 있는 것이 아니라 지금 준비해야 되는 것이다. 사전증여로 인한 효과를 측정하기 위해서는, 이로 인한 ①양도세와 종부세 절세효과와 ②증여세와 취득세 상승효과를 반드시 숫자로 따져보아야 한다. 더 나아가 ③상속세 절세 효과까지 분석할 수 있다면 세금의 영향을 큰 판에서 볼 수 있는 것이다.

또한 부모재산을 상속으로 받을 것인지, 증여로 받을 것인지 그 장단점을 분석해 보면, 사전 증여 후 10년이 경과하면 상속재산에 합산되지 않기 때문에 사전증여가 절대적으로 유리하다.

사전 증여 후 10년 이내 상속이 이루어지면, 사전증여가액이 상속재산에 합산되기 때문에 사전증여를 하는 경우와 사전증여를 하지 않는 경우 세부담이 동일한 것이 원칙이다.

그러나 사전증여재산가액이 상승하는 경우에는 사전증여가 유리할 것이다. 이는 현재 상승한 가액이 아닌 사전 증여 시 가액으로 평가 받기 때문이다. 역의 경우는 사전 증여가 불리할 것이다.

이 책에서는 절세효과를 가능한 숫자로 보여주기 위해 노력하였으며, 상속세와 증여세에 중점을 두고 집필했다.

03

상속세의 의의 및 과세방법

🔍핵심

상속세는 상속인이 받거나 받을 재산 기준으로 상속세를 계산하는 것이 아니라, 피상속인(사망한 자) 재산총액을 기준으로 상속세를 과세한다.

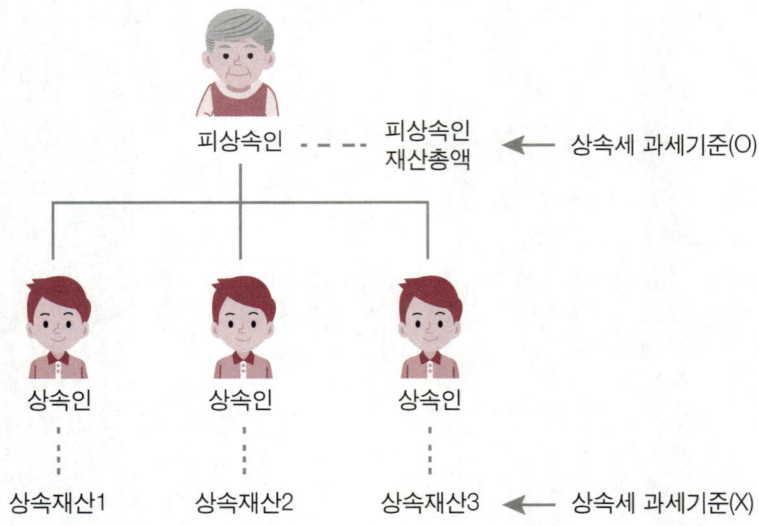

상속세의 의의

상속세는 사망을 원인으로 한 재산의 무상이전에 대하여 부과하는 세금이다. 즉, 부모 또는 배우자 등의 사망에 따라 남은 가족 등이 재산을 물려받는 경우에 그 재산에 대하여 과세되는 세금이다. 사망한 자를 피상속인이라 하고, 재산을 물려받는 자를 상속인이라 한다.[2]

상속세 과세방법

우리나라의 상속세는 상속분에 따라 분할하지 않고 피상속인의 유산총액을 과세기준으로 초과누진세율을 적용하는 유산과세형(유산세체계)을 선택하고 있다. 즉, 상속인이 2명이든, 5명이든, 상속인 수는 상속세에 영향이 없다.

이에 반해 증여세는 수증인(증여 받은 사람)이 증여받은 재산을 과세기준으로 하는 취득과세형을 선택하고 있다. 즉, 수증인이 2명인 경우보다 5명인 경우, 증여세는 줄어들게 되어 있다.

---

2 증여를 받는 사람을 증여를 받다, 즉 수증인이라 한다. 상속재산을 물려 받는 사람을 상속을 받는 사람, 즉 상속을 받다 = 피상속인으로 알고 있는 사람이 적지 않다. 피상속인은 사망하신 분이며, 상속인은 상속을 받는 사람을 뜻한다

상속세 과세대상

상속개시일 현재 피상속인의 거주자 여부에 따라 다음과 같이 상속세를 부과한다.

구분(피상속인)	과세 대상
거주자인 경우	국내외 상속재산
비거주자인 경우	국내 상속 재산

피상속인이 거주자인 경우에는 국내외의 모든 재산에 대하여 상속세가 과세되며, 피상속인이 비거주자인 경우에는 국내에 있는 재산만 상속세가 과세된다.

거주자라 함은 국내에 주소를 두거나, 1과세 기간동안 183일 이상 거소를 둔 자로서 가족 및 자산의 유무 등과 관련하여 생활근거가 국내에 있는 것으로 보는 개인을 말하며, 비거주자란 거주자가 아닌 사람을 말한다.

상속세 계산구조

🔍 핵심

대부분의 세목은 관련 수입에서 비용을 차감한 소득에 세율을 곱하여 과세한다. 상속세 관련 수입은 상속재산이고, 관련 비용은 상속부채와 상속공제이다.

상속세의 계산구조는 다음과 같다.

구 분	내 역	비 고
총 상 속 재 산 가 액	- 본래의 상속재산(사망 또는 유증·사인증여·신탁으로 취득한 재산) - 간주상속재산(보험금, 신탁재산, 퇴직금 등) - 추정상속재산 [상속개시일 전 1년 이내에 2억원 또는 2년 이내에 5억원 이상 재산처분·금전인출·채무부담으로 용도 불분명한 금액]	
(−) 비 과 세 상 속 재 산	국가·지자체에 유증, 금양임야, 묘토 등	
(−) 과 세 가 액 공 제 액	공과금, 장례비, 채무액	
(+) 사 전 증 여 재 산 가 액	상속인(10년), 상속인 이외의 자(5년) (창업자금, 가업승계 증여세 과세 특례의 경우에는 기간에 관계없이 합산함)	

(−) 과 세 가 액 불 산 입 액	공익법인 출연한 재산, 공익신탁재산	
= 상속세과세가액		
(−) 상 속 공 제 금 액	기초공제와 그 밖의 인적공제 합계와 일괄공제(5억원) 중 큰 금액 배우자상속공제, 가업 · 영농상속공제, 금융재산상속공제, 재해손실공제, 동거주택상속공제 (단, 상속공제 한도 주의)	
(−) 감정평가수수료	- 부동산, 서화, 골동품 등 : 5백만원 한도 - 비상장주식 : 평가대상법인(신평사) 수 별로 각각 1천만원 한도	
= 과 세 표 준		
(×) 세 율	10% ~ 50% 5단계 초과누진세율 최대주주 할증과세 적용	
= 산 출 세 액	세대생략 상속 30%(40%)할증 (대습상속은 제외)	
(−) 세 액 공 제	증여세액공제, 외국납부세액공제, 단기상속세액공제, 신고세액공제(3%)	
= 신 고 납 부 세 액		
(+) 가 산 세	신고불성실, 납부지연가산세	
= 총 납 부 세 액		

피상속인이 거주자인 경우 상속공제액은 상속공제 한도 범위(⑨)
내에서 아래 ① ~ ⑧ 합계액을 공제한다. 다만, 피상속인이 비거주자
인 경우에는 상속공제 한도 범위(⑨)내에서 기초공제 2억원만 공제
한다. 상속세의 상속공제액은 다음과 같다.

구 분		상 속 공 제 액
인적공제	① 기초공제	- 기초공제 : 2억원
	② 그 밖의 인적공제	- 자녀공제 : 자녀 수 × 1명당 5천만원 - 미성년자공제 : 상속인(동거가족포함) 중 미성년자수 × 1천만원 × 19세까지의 잔여 연수 - 연로자공제 : 상속인(동거가족포함, 배우자 제외) 중 65세 이상 연로자수 × 5천만원 - 장애인공제 : 상속인(동거가족포함) 중 장애인수 × 1천 만원 × 기대여명 연수
	③ 일괄공제	일괄공제 : MAX (A, B) A : (① 기초공제 2억원 + ② 그 밖의 인적공제 합계) B : 5억원 * 상속인이 배우자 단독인 경우 : 일괄공제 적용 불가 (기초공제 2억원만 적용)

	④ 배우자상속공제	배우자상속공제 : MAX (A, B)
		A : MIN (ⓐ, ⓑ)
		  ⓐ 배우자가 실제 상속받은 금액
		  ⓑ 공제한도 : MIN (ⅰ , ⅱ)
		    ⅰ) (상속재산의 가액×배우자 법정상속지분) − (상
		      속재산에 가산한 증여재산가액 중 배우자에게
		      증여한 재산에 대한 증여세 과세표준)
		    ⅱ) 30억원
		B : 5억원

물적공제	⑤ 가업·영농상속공제	- 가업상속공제액 : 가업상속재산가액
		  한도 : 피상속인 가업영위기간 10년 이상 300억원(20
		  년 이상 400억원, 30년 이상 600억원)
		- 영농상속공제액 : 영농상속재산가액
		  한도 : 30억원

	⑥ 금융재산상속공제	순금융재산가액(금융재산가액 − 금융채무)
		- 2천만원 초과 시 : MIN (A, B)
		  • A : 순금융재산가액의 20%와 2천만원 중 큰 금액
		  • B : 2억원
		- 2천만원 이하 시 : 순금융재산가액

	⑦ 재해손실공제	신고기한 이내에 재난으로 인하여 상속재산이 멸실· 훼손된 손실가액

물적공제	⑧ 동거주택상속공제	「주택가액(부수토지 포함)−담보채무액」의 100% (6억원 한도)
	⑨ 상속공제 한도[3]	상속세 과세가액 (−)선순위 상속인이 아닌 자에게 유증 등을 한 재산가액 (−)선순위 상속인의 상속포기로 그 다음순위의 상속인이 상속받은 재산가액 (−)상속세과세가액에 가산한 증여재산가액

📕 사례 – 상속세 계산
. . . .

상속인 K씨는 부친 장례식 이후 (상속개시일 : 20×6년 12월 1일), 상속세를 계산하기 위한 자료를 준비 중에 있다. 부친의 상속재산은 총 22억원으로, 이 중 부동산 14억원, 유가증권 3억원, 예금 4억원, 기타 재산 1억원으로 구성되어 있었다. 상속인은 모친과 K씨, K씨 남동생 총 3명이다.

구 분	금 액	비 고
부동산	14억	아파트
유가증권	3억	주식
예금	4억	정기예적금 등
기타재산	1억	
합 계	22억	

부친의 장례비용은 15백만원을 지출하였고, 상속개시일 현재 부친 명의의 공과금 10백만원과 채무 90백만원이 존재하였다. 모친은 건강히 생활하고 계시며, 배우자 법정지분대로 상속을 승계할 예정이다(배우자공제는 법정지분대로 상속받을 경우 해당 공제액을 극대화 할 수 있다). 상속세는 얼마나 산출되는가?

---

3 「본래의 상속인」이 「상속받을 때 실제로 물려받은 재산」을 한도로 적용함.

구 분		내 역	비 고
	총상속재산가액	2,200,000	부동산 : 14억원 / 유가증권 : 3억원 예금 : 4억원 / 기타 : 1억원
(−)	과세가액공제액	(−) 110,000	장례비용 : 10백만원(한도) 공과금 : 10백만원 채무 : 90백만원(비금융채무)
=	상속세과세가액	2,090,000	
(−)	상 속 공 제 금 액	1,480,000	일괄공제 : 5억원 배우자공제 : 9억원 금융재산공제 : 0.8억원
=	과 세 표 준	610,000	
(×)	세 율		
=	산 출 세 액	123,000	
(−)	세 액 공 제	(−) 3,690	3% 세액공제
=	신 고 납 부 세 액	119,310	

배우자공제 계산

   = 상속재산가액 × 1.5/3.5

   = (2,200,000 − 100,000 (공과금 및 채무)) × 1.5/3.5

   = 2,100,000 × 3/7

   = 900,000 (천원)

상속세 계산은 상기 산식에 의거 3% 신고세액공제 후 최종 신고 납부세액이 119,310천원 산출되었다. 피상속인 총상속재산가액은 22억원이며, 장례비용은 15백만원을 지출하였지만 한도 규정상 천만원만 인정되어 과세가액공제액 총 1.1억원이 차감되어 상속세과세가액은 20.9억원이 된다. 상속인은 배우자와 자녀 2명으로 상속공제 중, 일괄공제 5억원을 적용하였고, 배우자공제는 법정지분대로 상속받을 경우 최대공제액을 선택하여 9억원을 적용하였고, 금융재산 공제는 예금의 20%인 0.8억원을 적용하였다(주식은 최대주주로 금융재산공제에 해당 되지 않는 것으로 가정함).

05

상속 협의 분할 시(증여세 과세 여부)

🔍 **핵심**

| 상속재산 등기 완료 후에 당초 상속분을 초과 취득하는 경우에는
| 증여세가 과세된다.

  상속재산 협의 분할 후 특정 상속인에게 상속 등기가 이루어진 후
에, 제3자에게 상속재산을 양도한 후 양도대금을 상속인들 간에 나누
는 경우에는 증여세 risk가 크다. 실무에서 매매 절차 간소화를 위해
단독명의로 등기한 후 분배하는 경우를 종종 볼 수 있다. 처분 후 양
도대금을 나눌 예정이라면, 당초 상속 등기 시 특정 상속인에게 단독
명의 등기를 할 것이 아니라, 양도대금을 공유할 상속인끼리 공동명
의로 등기하는 것이 세무상 리스크를 차단하는 것이다.

사례 – 당초 상속분을 초과 취득하는 경우 증여세 부과

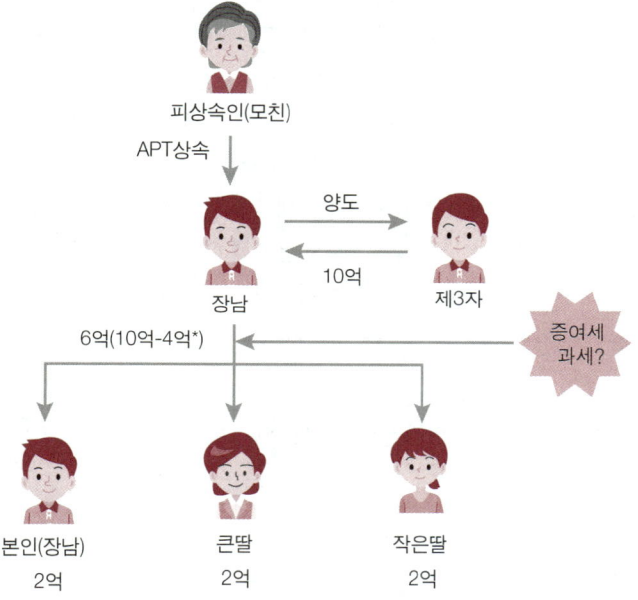

최근 모친 상속개시 이후 유일한 상속재산인 APT(10억원)를 장남에게 상속등기 완료한 후 제3자에게 매각하였다. 상속인은 장남, 큰딸, 작은 딸 3명으로 구성되어 있다. 장남은 국내에 거주하고 있고 큰딸과 작은 딸은 해외에 거주하고 있어, 상속재산 매각에 따른 편의성을 위해 국내 거주하는 장남 앞으로 상속재산을 승계하기로 협의분할하여 상속등기를 마쳤다. 양도가액 10억원에서 전세보증금 3.5억원, 제반 비용 0.5억원을 포함한 총 4억원을 차감한 후 잔액 6억원에 대해서 장남, 큰딸, 작은딸에게 각각 2억원씩 분배하였다.

이런 경우 장남이 큰딸과 작은 딸에게 각각 2억원씩 증여한 것으로 보아 증여세 과세대상에 해당되는가?

→ 증여세가 과세될 수 있는 경우로 각별히 주의를 요하는 부분이다. 상속이후 재산을 분배할 예정이라면 다소 불편하더라도 상속등기시에도 공동등기를해야 되는 것이다.

상증법 제4조 [증여세 과세대상]

③ 상속개시후 상속재산에 대하여 등기·등록·명의개서 등으로 각 상속인의 상속분이 확정된 후, 그 상속재산에 대하여 공동상속인이 협의하여 분할한 결과 특정상속인이 당초 상속분을 초과하여 취득하게 되는 재산은 그 분할에 의하여 상속분이 감소한 상속인으로부터 증여받은 것으로 보아 증여세를 부과한다. 다만, 상속세 과세표준 신고기한 이내에 분할에 의하여 당초 상속분을 초과하여 취득한 경우와 당초 상속재산의 분할에 대하여 무효 또는 취소 등 대통령령으로 정하는 정당한 사유가 있는 경우에는 증여세를 부과하지 아니한다.

📕 **사례** — 「상속회복청구의 소」에 의한 명의이전 시 증여세 미 부과

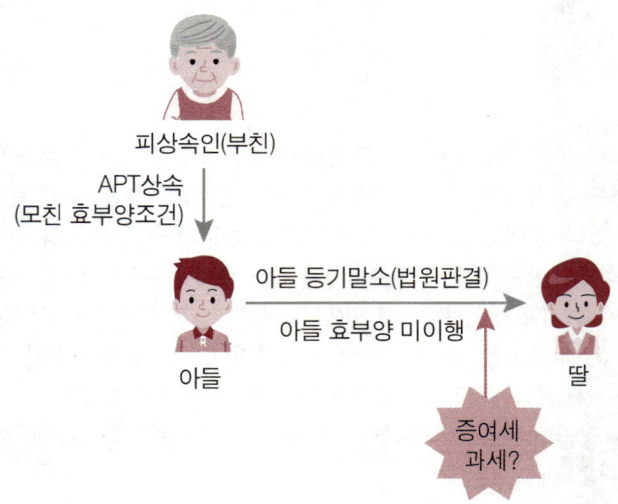

피상속인(부친)

APT상속
(모친 효부양조건)

아들 등기말소(법원판결)

아들 효부양 미이행

아들

딸

증여세
과세?

과거 5년 전 배우자 사망 후 본인은 배우자 명의의 아파트를 아들에게 물려주기로 딸과 협의하여 아들에게 상속등기를 해 주었다. 단, 아들이 본인에게 효도 부양을 잘 하겠다는 서약을 받고 상속재산인 아파트를 아들에게 단독으로

등기를 해 준 것이다.

그러나 아들은 등기 후 본인에게 효도 부양은 커녕 말썽을 부리고 전혀 아들로서 도리를 다 하지 못하여, 법원에 소유권이전등기말소 청구 소송을 제기하여 최근 아들명의 등기를 말소하라는 승소판결을 받았다. 이에 소유권이전 등기가 확정되어 이젠 아파트 명의를 딸에게 하기로 협의분할 상속등기를 하는 경우, 아들에서 딸에게 증여한 것으로 보아 증여세가 과세되는지 여부?

→「상속회복청구의 소」에 의한 정당한 사유에 해당되어 증여세가 부과되지 않으며, 상속 이후 정당한 사유에 해당하는 경우는 ① 상속회복청구의 소 ② 채권자 대위권 행사 ③ 물납 변경의 경우에 한정되니 유념해야 할 부분이다.

· ·

╢규정╟

상증법 시행령 제3조의 2 【증여세 과세대상】

법 제4조 제3항 단서에서 "무효 또는 취소 등 대통령령으로 정하는 정당한 사유"란 다음 각 호의 어느 하나에 해당하는 경우를 말한다.

1. 상속회복청구의 소에 의한 법원의 확정판결에 따라 상속인 및 상속재산에 변동이 있는 경우
2. 「민법」 제404조에 따른 채권자대위권의 행사에 의하여 공동상속인들의 법정상속분대로 등기등이 된 상속재산을 상속인 사이의 협의분할에 의하여 재분할하는 경우
3. 법 제67조에 따른 상속세과세표준 신고기한 내에 상속세를 물납하기 위하여 「민법」 제1009조에 따른 법정상속분으로 등기 · 등록 및 명의개서 등을 하여 물납을 신청하였다가 제71조에 따른 물납허가를 받지 못하거나 물납재산의 변경명령을 받아 당초의 물납재산을 상속인 사이의 협의분할에 의하여 재분할하는 경우

06

상속세 납부의무 및 관할관청

🔍 **핵심**

배우자는 배우자법정지분까지 상속받아 배우자공제를 최대로 하고, 상속세는 배우자가 전액 부담함으로써 자녀들은 상속세 부담없이 상속받을 수 있도록 한다.

상속세는 자기가 상속받은 재산 범위 내에서 연대 납부의무를 부담한다. 배우자는 배우자공제를 최대로 하기 위해 배우자 법정지분만큼 상속을 받고 상속받은 재산 범위내에서 상속세를 전액 부담하는 경우, 자녀들은 물려받은 상속재산이 있음에도 불구하고 상속세를 전혀 부담하지 않더라도 증여세 문제는 발생하지 않는다. 다음 사례를 살펴보자.

사례 – 배우자 상속지분 내에서 상속세 전액 부담

- 상속재산 : 부동산 등 28억원
- 상속인 : 배우자, 자녀2명, 총 3명
- 배우자공제
  배우자 법정상속지분 비율대로 12억원 상속 받음
  (28억원 × 1.5/3.5 = 12억원)
- 자녀들은 각각 8억원씩 상속받음
- 예상 상속세는 2.7억원이며, 상속세는 배우자가 전액 부담함

상기 사례와 같이, 배우자는 본인 상속지분 12억원 범위내에서 상속세 2.7억원을 전액 부담하여도 세무상 문제는 없다. 이는 상속받은 재산을 한도로 연대 납부의무를 부담하기 때문이다. 상속세 해당액만큼 배우자가 상속받아 배우자 공제를 극대화할 수 있을 뿐더러, 상속세를 배우자가 전액 부담함으로써 자녀들은 상속세 부담없이 재산을 상속받을 수 있는 장점이 있다.

상속세 납부의무

상속인(또는 수유자[4])은 상속재산(사전증여재산 포함) 중 각자가 받았거나 받을 재산을 기준으로 계산한 비율에 따라 납부할 의무가 있으며, 또한 상속받은 재산(자산총액에서 부채와 상속세 및 증여재산에 대한 증여세를 공제한 금액)을 한도로 하여 연대 납부의무를 진다. 즉, 상속세 신고 및 납부는 상속인(또는 수유자)들이 공동으로 해야 하며, 상속인 중 특정인이 상속세를 납부하지 못하는 경우에는 다른 상속인들이 자기가 상속받은 재산을 한도로 하여 연대 납부의무를 부담하게 된다.

---

4 유증을 받은 자 또는 사인증여에 의하여 재산을 취득한 자

관할관청

　상속세는 피상속인(사망자)의 주소지를 관할하는 세무서에 신고 및 납부하여야 한다. 다만, 상속개시지가 국외인 경우에는 상속재산 소재지를 관할하는 세무서장 등이 과세하고, 상속재산이 둘 이상의 세무서장 등의 관할구역에 있을 경우에는 주된 재산의 소재지를 관할하는 세무서장 등이 과세한다.

07

상속세 신고 · 납부기한

🔍 **핵심**

상속세는 상속인 또는 세금이 확정되지 않았다 하더라도 신고기한 내에 반드시 신고하여 3% 신고세액공제를 획득하자.

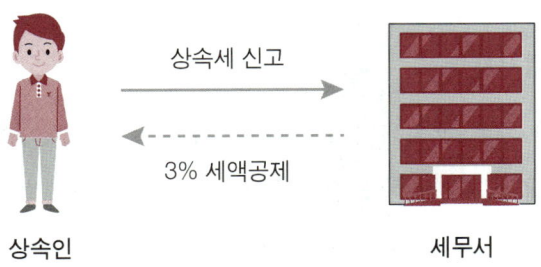

세금은 신고납부기한이 존재한다. 3월말이면 모든 세무대리인이 법인세 신고로 매년 혼줄이 난다. 결산 및 세무조정이 다소 확정되지 않았다 하더라도 신고기한인 3월 31일 밤 12시 전에는 무조건 신고한다. 그것처럼 상속세 신고에서도 세금이 확정되지 않은 경우도 일

I. 상속의 이해 | 27 |

단 신고한 후, 수정신고 (또는 경정청구) 절차를 거치면 되는 것이다. 상속인이 확정되지 않은 경우에도 확정된 날로부터 30일 이내에 확정된 상속인의 상속관계를 적어 세무서에 제출할 수 있으므로 일단 미비한 상태에서라도 상속세과세표준신고서를 제출하여야 한다.

상속세 신고·납부 기한

상속세 납세의무는 피상속인의 상속개시일(사망일 · 실종선고일)에 성립하며, 상속개시일이 속하는 달의 말일부터 6개월(피상속인 또는 상속인 중 1명이라도 외국에 주소를 둔 경우에는 9개월)이내에 신고 · 납부하여야 한다(그렇지 않으면 신고불성실 및 납부지연가산세가 부과된다). 만일 상속세 신고기한까지 상속인이 확정되지 아니한 경우에는 그 신고와는 별도로 상속인이 확정된 날부터 30일 이내에 확정된 상속인의 상속관계를 적어 관할세무서에 제출하여야 한다.

상속세 결정기한

세무서장 등은 상속세 신고기한으로부터 9개월 이내에 납세자가 신고한 과세표준과 세액을 결정하여야 하나, 실무에서는 신고기한으로부터 1년 후에 결정되는 사례가 많다.

상속개시일

상속개시일은 피상속인이 사망한 날로, 상속세 납세의무 성립일이며 상속재산 평가 및 신고기한 등의 기준일로 매우 중요하다. 또한 상속개시일은 사망의 종류에 따라 아래와 같이 구분된다.

• 자연적 사망 : 실제로 사망한 사실이 발생하는 시점
• 실종(부재)선고 : 실종선고일

추가로, 2인 이상이 동일한 위난으로 사망한 경우로서 사망시점의 선후가 불분명한 경우에는 동시 사망으로 추정한다. 상속세 차원에서는 '동시 사망으로 보느냐', '순차적 사망으로 보느냐' 차이가 배우자공제 및 단기재상속공제 등의 효과로 세금에 적지 않은 영향을 미친다. 1초 차이라도 '순차적 사망'으로 보는 것이 세금차원에서 유리하다.

상속재산 확인 방법

🔍 **핵심**

상속인이 모르는 피상속인 재산이 발견될 수 있다. 피상속인 모든 재산을 간단하고 쉽게 조회할 수 있는 '안심상속 원스톱서비스'를 이용하자.

안심상속 원스톱서비스
이제는 전국 어디서나 신청

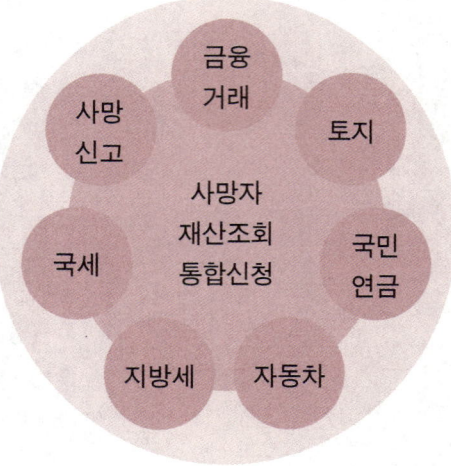

전국 어디서나 시·구청, 읍·면·동사무소를 방문하거나 정부24에서 온라인 신청하면 피상속인의 모든 재산을 간단하고 쉽게 조회할 수 있다. 행안부는 2016년 2월 15일부터 안심상속 원스톱서비스를 시행하였으며, 관련 보도자료에 포함된 사례 등에서 다음과 같이 설명한다.

 사례[5] － 안심상속 원스톱서비스

최근 부친상을 당한 김모 씨(57세, 남). 장례절차를 무사히 마쳤지만 부담이 여전히 앞선다. 하지만 김 씨는 2016년 2월 15일부터 자신이 거주하는 곳에서도 안심상속 원스톱서비스를 통해 사망신고와 상속재산 조회 등을 신청할 수 있다는 사실을 알고 한숨을 돌렸다. 김씨는 '부친상을 당해 몸과 마음이 지친 가운데, 사망신고 및 상속재산 확인을 하러 먼 길을 가야 해 걱정이 앞섰는데, 이제 어디에서나 서비스를 신청해 받을 수 있다고 하니 그나마 안심'이라고 되뇌었다.

행정안전부에서는 상속을 위한 사망자의 금융거래, 토지, 자동차, 세금 등의 재산 확인을 개별기관별로 일일이 방문하지 않고, 한 번의 통합신청으로 문자·온라인·우편 등으로 결과를 확인하는 안심상속 원스톱서비스를 제공하고 있다.

신청자격 및 이용절차

□ 신청자격
- 제1순위 상속인(직계비속, 배우자)
- 제2순위 상속인(직계존속, 배우자)
- 제3순위 상속인(형제자매)

---

5 사례 : 행정안전부 보도자료 인용 (안심상속 원스톱서비스, 이제는 전국 어디서나 신청 (2016.2.15))

- 대습상속인
- 실종선고자의 상속인
□ **접수처**
  - 온라인 : 정부24
  - 오프라인 : (전국 어디서나) 시 · 구청, 읍 · 면 · 동사무소
□ **구비서류**
  - 상속인이 신청할 경우에는 상속인 본인의 신분증 지참
  - 대리인이 신청할 경우에는 대리인의 신분증, 상속인의 위임장, 상속인의 본인서명사실확인서(또는 인감증명서) 지참

조회내용

- 금융거래 : 예금 · 대출 · 보험 · 상조회사가입 유무
- 국세 : 체납 · 고지세액 · 환급세액
- 지방세 : 체납 · 결손 · 고지세액 · 환급세액
- 토지 : 소유내역
- 자동차 : 소유내역
- 국민(공무원, 사립학교교직원)연금 가입 유무

결과 회신

자동차 · 건축물 · 어선은 즉시, 토지 · 지방세는 총 7일 이내, 금융 · 국세 · 연금 · 공제회 · 4대 보험료는 총 20일 이내에 결과를 받아볼 수 있다.

토지·지방세 정보는 문자·우편·방문 중에서 선택 가능하며, 금융거래(금융감독원)·국민연금(국민연금공단) 정보는 각 기관의 홈페이지에서, 국세(국세청)는 홈택스에서 확인 가능하다.

생전 금융내역 조회

〈내 계좌 한 눈에! 어카운트인포 서비스〉

생전에 본인의 모든 금융내역을 확인하고자 하는 경우에는 「내 계좌 한 눈에! 어카운트인포 서비스」를 이용하면 된다. 이 서비스는 은행, 제2금융권 및 증권사의 계좌를 한 눈에 조회하고, 1년이상 입출금거래가 없거나 만기 후 1년이 경과한 비활동성계좌 중 잔고가 100만원 이하인 경우에 한해 계좌해지 및 잔고이전을 신청할 수 있다.

상기 계좌정보통합관리서비스를 통해 추가로 「내계좌지급정지」, 「내카드한눈에」, 「내투자성향한눈에」, 「금융정보조회」 등 다양한 서비스를 이용할 수 있다.

상속포기, 한정승인

🔍핵심

상속인이 상속포기를 하는 경우에도 상증법상 상속세 신고·납부 의무가 있다. 상속재산보다 부채가 많은 경우에는 상속포기나 한정승인 제도를 이용하여 재산을 보호하자.

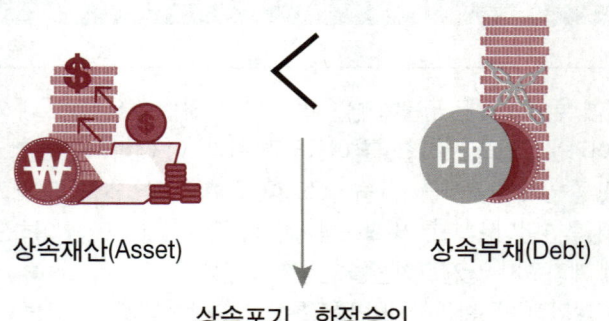

상속재산(Asset)　　　　　　상속부채(Debt)

상속포기, 한정승인

상속이 개시되면 피상속인의 재산상의 모든 권리와 의무는 당연히 포괄적으로 상속인에게 승계된다. 그러나 상속재산보다 부채가 많은 경우 상속인에게 포괄적으로 승계시키는 것은 상속인 본인의 고유재산을 침해하여 엄청난 부담을 초래할 수 있다.

이러한 경우에 민법에서는 상속포기와 한정승인 제도를 두어 상속인의 재산을 보호하고 있다.

한정승인은 상속인이 상속으로 인하여 취득할 재산의 한도에서 피상속인의 채무를 변제할 조건으로 상속을 승인하는 것이며, 상속개시를 안 날로부터 3개월내에 상속 개시지의 가정법원에 한정승인 신고를 하면 된다.

상속포기는 상속인으로서 피상속인의 재산에 대한 모든 권리와 의무의 승계를 부인하고, 처음부터 상속인이 아니었던 것과 같은 효력의 의사표시로, 상속개시를 안 날로부터 3개월내에 상속 개시지의 가정법원에 상속포기 신고를 하면 된다. 포기한 상속분은 다른 후순위 상속인의 상속분 비율로 그 상속인에게 귀속됨에 주의하자.

이로 인하여 실무에서는 피상속인의 채무가 선순위 상속인의 상속포기로 2 · 3순위 뿐만 아니라 4순위(4촌 이내의 방계혈족)까지 승계되는 경우가 발생한다. 후순위까지 피상속인의 채무가 승계되는 것을 방지하기 위해서는 1순위 상속인 전원이 상속포기할 것이 아니라, 그 중 1인은 한정승인을 하면 된다.

예를 들어, 주상속인이 배우자·장남·차남인 경우에 배우자는 한정승인하고, 장남과 차남은 상속포기를 할 때 종전에는 문제가 발생할 수 있었다. 상속포기한 장남 또는 차남의 자녀가 있는 경우에는, 그 자녀(손주)에게 채무가 승계될 수 있기 때문이다. 그러나 최근 자녀가 부모 빚을 상속포기한 때에는 손주도 상속에서 제외된다는 대법원 판결(23.3.23)이 나왔다. 이는 손주도 공동상속인이라고 봤던 기존 대법원 판례를 8년만에 바꾼 것으로, 대법원은 "부모의 상속을 포기한 자녀는 채무가 자기 자녀에게도 승계되는 효과를 원천적으로 막을 목적으로 보는 게 자연스럽고, 손주들이 공동상속인이 된다고 보는 건 당사자 의사에 반하고 법 감정에도 반한다"는 취지이다.

상속인이 상속포기를 하더라도 상속세및증여세법상 상속세 신고 납부의무가 있으며, 일단 상속의 승인이나 포기를 하면 3개월 내에도 이를 취소할 수 없다.

🔍**핵심**
부동산 경매는 양도소득세 과세대상이며, 단순승인 뿐만 아니라 한정승인의 경우에도 경매 시 발생하는 양도소득세를 상속인은 부담할 의무를 진다.

한정승인 상속할 때에는 양도소득세 과세대상 물건(부동산 등)이 있는 경우에는 양도소득세도 반드시 고려해야 한다.

사례 – 한정승인 상속 시 양도소득세 납부의무 발생

상속인은 부친(피상속인)이 상속재산으로 부동산 약 10억원(정확한 시세 모름)과 채무 약 10억원을 남기고 소천하신 것으로 인지하고 있다. 상속인은 상속재산이 상속부채보다 많은 지에 대한 확신이 없어 관할법원에 한정승인을 득했다. 그 와중에 피상속인의 채권자인 금융기관들은 상기 부동산을 상속인 앞으로 대위 등기한 후 경매를 진행하여 낙찰되었다. 낙찰가액이 만일 11억원이라면 상속인은 양도소득세 부담의무가 발생하는지?

→ 한정승인으로 상속받는 경우에 양도소득세 납부의무가 발생한다. 본 사례에서는 양도차익 1억원 (낙찰가액 11억원 – 취득가액 10억원)에 대한 양도소득세 신고납부의무가 발생한다. 경매는 양도소득세 과세대상으로 상속포기 시에는 양도소득세는 발생되지 않지만, 한정승인 시에는 양도소득세가 과세됨에 유념해야 된다. 물론, 낙찰가액이 10억원 이하이면 양도차익이 없어 양도소득세는 발생하지 않는다.

10

상속재산 법정지분

🔍 **핵심**

상속재산 법정상속분은 상속순위에 따라 결정되며, 상속인으로 자녀 2명과 배우자가 있는 경우 배우자의 법정상속분은 0.5가 가산되어 1.5/3.5 (＝1+1+1.5)이다.

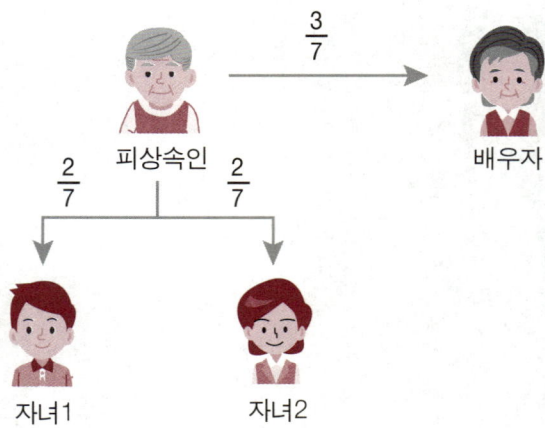

| 법정상속분 비율 계산 |

구 분	상 속 인	상속분	비율
자녀 및 배우자가 있는 피상속인의 경우	장남, 배우자만 있는 경우	장남 1	2/5
		배우자 1.5	3/5
	장남, 장녀, 배우자만 있는 경우	장남 1	2/7
		장녀 1	2/7
		배우자 1.5	3/7
	장남, 장녀, 차남, 배우자가 있는 경우	장남 1	2/9
		장녀 1	2/9
		차남 1	2/9
		배우자 1.5	3/9
자녀는 없고 배우자 및 부모가 있는 피상속인의 경우	배우자와 부모만 있는 경우	부 1	2/7
		모 1	2/7
		배우자 1.5	3/7

상기와 같이 법정상속분은 상속순위에 따라 결정된다. 같은 순위 상속인이 여러 명인 경우 상속분은 균등하게 배분되나, 배우자의 상속분에 대하여는 0.5가 가산된다.

상속권 및 상속순위

🔍 핵심

손자인 친손자와 외손자는 직계비속이나, 며느리와 사위는 직계비속에 해당되지 않는다.

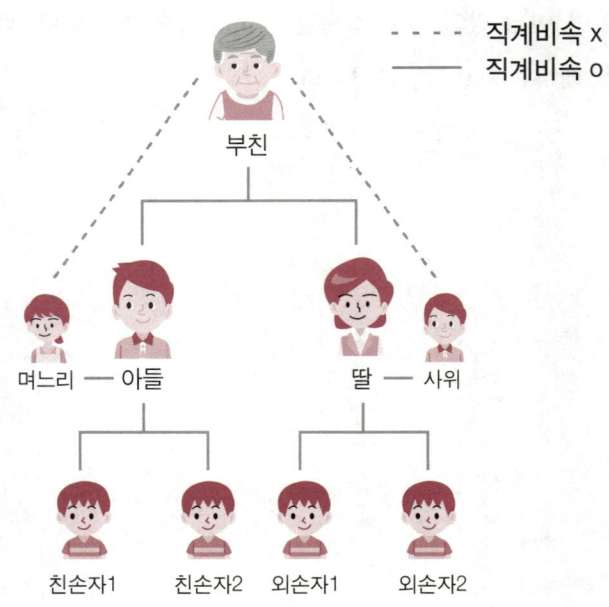

사례 – 유언으로 상속인 지정(유증)

최근에 U씨 부인으로부터 급한 상담전화를 받았다. 내용인즉, 본인 아래 여동생이 위급하다는 것이다.

- 여동생은 현재 미혼상태이며, 상속인으로는 모친과 본인, 남동생인데 여기에 추가로 이복형제가 4명이 더 있다는 것이다. 현재 이복형제는 미국에 거주하고 있으며, 연락을 하지 않은 지 수년이 지났다고 한다.
- 여동생 재산은 부동산 포함 약 20억원 남짓이며, 모친은 현재 고령이고 건강 상태가 좋지 않은 상태이다.
- 현 상태 그대로 상속이 이루어진다면, 여동생은 직계비속과 배우자가 없기 때문에 1순위는 모친인데, 이는 모친뿐만 아니라 본인과 남동생 역시 원하는 바가 아니라는 것이다. 만약 모친이 상속을 포기하면 2순위는 형제자매가 될 텐데 이런 경우는 이복형제 4명이 추가로 상속인이 되어 복잡해 진다는 것이다.

이 문제를 어떻게 풀어야 할까?

→ 유언으로 상속인을 지정하는 경우에는 유언상속이 우선하기 때문에, 먼저 여동생으로부터 유언을 받아서 상속인을 본인과 남동생으로 지정하는 공증을 받아야 한다.

그러면, 본인과 남동생이 1순위자가 되어 상기 문제가 해결될 것이다. 그러나 여기서 간과해서는 안 되는 것이 「상속공제 한도」이다. 상속공제 한도는 상속일 현재 "주상속인이 상속받을 때 실제로 물려받은 재산"을 한도로 적용하기 때문에, 상기 사례의 경우처럼 여동생 재산 전부를 유증하거나 모친이 상속포기를 하는 경우에는 어느 쪽이든 상속공제 한도가 0이어서 상속공제를 전혀 인정받지 못하는 문제가 발생한다.

필자는 실제 상담에서 상속공제를 전혀 인정받지 못하는 문제를 해결하기 위해 고심을 하였는 바, 이 부분은 「상속공제 한도」part(Ⅱ. 8. 상속공제-상속공제한도)에서 살펴보자.

유언으로 상속인을 지정한 경우에는 유언상속이 우선하며, 유언이 없는 경우에는 민법상 순위를 따르며, 민법상 상속순위는 다음과 같다.

우선순위	피상속인과의 관계	상속인 해당 여부
1순위	직계비속과 배우자	항상 상속인이 된다
2순위	직계존속과 배우자	직계비속이 없는 경우 상속인이 된다
3순위	형제자매	1,2 순위가 없는 경우 상속인이 된다
4순위	4촌 이내의 방계혈족	1,2,3 순위가 없는 경우 상속인이 된다

상기와 같이 상속이 개시된 경우 피상속인의 상속재산(유산)에 대하여 배우자, 직계비속, 직계존속, 형제자매 및 4촌이내의 방계혈족에게 상속권이 부여된다.

▫ 피상속인의 배우자는 직계비속과 직계존속이 있는 경우에는 같은 순위로 공동상속인이 되고, 직계비속과 직계존속이 모두 없는 경우에는 단독상속인이 된다.

▫ 1순위는 피상속인의 직계비속(태아를 포함[6])으로 직계비속이 2인 이상인 경우에는 촌수가 같으면 동 순위이며, 촌수가 다르면 가까운 쪽이 선순위 상속인이 된다(대습상속 인정).

▫ 2순위는 피상속인의 직계존속(부계, 모계 또는 양가, 생가를 불문)으로, 직계비속이 없는 경우에 상속인이 되며 직계존속이 2인 이상인 경우에는 촌수가 같으면 동 순위이며, 촌수가 다르면 가까운 쪽이 선순위 상속인이 된다(대습상속 불인정).

6 상속순위를 결정할 때 태아는 이미 출생한 것으로 본다

□ 3순위는 피상속인의 형제자매로, 배우자 및 1, 2 순위가 없는 경우
에 상속인이 되며, 형제자매는 2인 이상인 경우 같은 상속인이 된
다(대습상속 인정).

□ 4순위는 피상속인의 3촌부터 4촌 이내의 방계혈족으로, 직계비속,
직계존속, 배우자, 형제자매가 없는 경우에만 상속인이 된다(대습
상속 불인정).

선순위 상속인의 상속포기 시 상속받은 후순위 상속인

선순위인 단독상속인 또는 동순위의 공동상속인 전원이 상속을 포기
함으로써 그 다음 순위에 있는 상속인(이하 "후순위 상속인")이 재산을
상속받게 되는 경우에는 후순위 상속인에게 상속세를 과세하며, 증
여세는 과세하지 않는다. 이는 후순위 상속인은 상속인의 지위이지,
수증인의 지위가 아니기 때문이다. 이 경우 후순위 상속인이 피상속
인의 1촌 외의 직계비속인 경우에는 세대생략할증과세를 적용한다
(상증세법 기본통칙 3의2-0…1).

유류분(遺留分) 제도

유언 상속의 경우, 특정 상속인 한 사람에게 또는 타인에게 전 재산
을 유증함으로써 상속인들 간 다툼이 발생할 수 있다. 그래서 민법에
서는 각 상속인이 최소 한도로 받을 수 있는 상속분을 법으로 정하고
있는데 이를 '유류분'이라고 하며, 상속인의 유류분은 다음과 같다.

민법 제1112조 【유류분의 권리자와 유류분】
상속인의 유류분은 다음 각 호에 의한다.
1. 피상속인의 직계비속은 그 법정상속분의 2분의 1
2. 피상속인의 배우자는 그 법정상속분의 2분의 1
3. 피상속인의 직계존속은 그 법정상속분의 3분의 1
4. 피상속인의 형제자매는 그 법정상속분의 3분의 1 (삭제)

민법 제1112조 4호 형제자매에 대한 유류분은 2024년 9월 20일 삭제되었다. 1977년 도입된 유류분 제도는 세월이 흘러 가족관계에 변화가 생기면서 여러 문제점이 제기되었다. 특히 형제자매가 유류분 권리자의 범위에 포함돼 법정상속분의 1/3을 받을 수 있도록 규정한 조항은, 형제자매와의 관계가 경제적으로 느슨해진 이 시대와 맞지 않는다는 의견이 많았다. 헌법재판소에서는 이에 대해 위헌 결정을 내렸고 이에 따라 이 조항이 삭제된 것이다. 헌재는 피상속인의 배우자 및 직계비속 등 다른 유류분 권리자에 대해서도 유류분 상실사유를 별도로 규정하지 않은 점이 불합리하다며 이에 대해서도 법 개정이 필요하다고 주문했다. 유기·학대를 비롯해 패륜적인 행동을 일삼은 유족에게 유류분을 인정해서는 안 된다는 취지이다. 현재 민법에 규정된 유류분 조항은 2025년 12월 31일을 시한으로 유지된다. 앞으로 법이 개정되면 어느 범위까지 유류분이 인정될지 지켜 봐야 할 것 같다.

| 상속세와 유류분 차이 |

구 분	주상속인에게 사전 증여	주상속인 외 자에게 사전 증여	재산 가액 평가
상속세	10년 이내 증여분 상속재산 합산	5년 이내 증여분 상속재산 합산	증여 시점 평가
유류분	기간과 상관 없이 유류분 대상	1년 이내 증여분만 유류분 대상	상속 개시 시점 시가 평가

상속세는 주상속인에게 사전 증여하는 경우에는 10년, 주상속인이 아닌 자에게는 5년이내 증여분만 상속재산에 합산되고, 증여 당시 가액으로 평가된다. 그러나, 민법에서 규정하고 있는 유류분의 경우는 주상속인에게 증여하는 경우에는 기간과 상관없이, 주상속인이 아닌 자에게는 1년이내 증여분만 상속재산에 합산되고, 증여 당시 가액이 아닌 상속개시일 현재 시가(감정가)로 평가된다.

📚 **사례** – 유류분(장남 가족들에게 상가 증여)
. . . .

A씨는 상속개시일 2년 전에 장남 가족들에게 상가를 사전증여하였다(장남 1/4, 며느리 1/4, 손자 1/4, 손녀 1/4). A씨 사망 후, 차남은 장남가족을 상대로 유류분 청구가 가능한지요?

→ 피상속인이 주상속인이 아닌 자에게 한 증여는 상속개시 전 1년 이내에 증여한 경우 유류분 청구 대상이 되지만, 상속인에게 한 증여는 기간과 관계없이 유류분 대상에 포함된다. 즉, 장남에게 증여한 것은 상속개시 전 기간과 상관없이 유류분 대상이지만, 며느리와 손자녀에게 증여한 것은 1년 이내 분만 유류분 청구대상이 된다.
. . . .

사례 – 유류분(학교에 전 재산 기부)

··

　A씨는 상속개시일 3달 전에 본인의 전 재산을 모교의 후학양성을 위해 대학에 기부하였다. 장례 절차를 치른 후 이 사실을 알게 된 상속인은 대학을 상대로 유류분 청구가 가능한지요?

　→ 피상속인이 주상속인이 아닌 대학에 기부(증여)한 것은 상속개시 전 1년 이내이므로 유류분 청구 대상에 해당된다. 즉, 기부한 금액의 50%에 해당되는 금액을 되돌려 받을 수 있을 것이다.
만약에, 피상속인이 모교에 기부를 하고 1년 후에 상속이 개시되었다면 상속인들은 안타깝지만 유류분 청구로 되돌려 받을 수 없을 것이다.

··

12

영리법인을 활용한 상속

🔍 **핵심**

피상속인이 영리법인에 유증 시 영리법인의 상속세는 면제되나, 상속인(상속인의직계비속 포함)이 영리법인의 주주 또는 출자자 라면 상속인에게 상속세가 과세된다.

영리법인이 상속 또는 증여를 받는 경우에는, 순자산증가설에 따라 각 사업연도소득금액을 구성하여 법인세 납세의무가 생기므로 원칙적으로 상속세 납세의무는 발생하지 않는다. 그러나 법인세율이 상속세율보다 낮아 변칙 상속 수단으로 영리법인을 이용하는 사례를 방지하고자, 2014년 초 상속인과 그 직계비속이 영리법인의 주주인 경우 영리법인에게 면제된 상속세 중 지분상당액을 그 상속인과 직계비속이 납부하도록 개정되었다.

즉, 영리법인이 수유자인 경우 그 영리법인이 납부할 상속세를 면제하되, 그 영리법인의 주주 또는 출자자 중 상속인과 그 직계비속이 있는 경우에는 대통령령으로 정하는 바에 따라 계산된 지분상당액을 그 상속인 및 직계비속이 납부할 의무가 발생한 것이다.

┤규정├

상증세법 제3조의 2 【상속세 납부의무】
② 특별연고자 또는 수유자가 영리법인인 경우로서 그 영리법인의 주주 또는 출자자(이하 "주주등"이라 한다) 중 상속인과 그 직계비속이 있는 경우에는 대통령령으로 정하는 바에 따라 계산한 지분상당액을 그 상속인 및 직계비속이 납부할 의무가 있다.

상속인과 그 직계비속이 납부해야 할 지분상당액

{영리법인이 받았거나 받을 상속재산에 대한 상속세 상당액 — (영리법인이 받았거나 받을 상속재산 × 10 ÷ 100)} × 상속인과 그 직계비속의 주식 또는 출자지분의 비율

만일, 영리법인의 주주 또는 출자자가 상속인과 그 직계비속이 아니라, 상속인 외의 자(예 : 사위, 며느리)로 구성되었다면 영리법인에게 면제된 상속세를 납부할 의무가 발생하지 않을 것이다.

II

상속세 주요 사례
및 핵심전략

01

상속재산 및 재산평가

상속재산은 피상속인에게 귀속되는 모든 재산을 말하며, 금전으로 환가할 수 있는 경제적 가치가 있는 모든 물건과 재산적 가치가 있는 법률상 또는 사실상의 모든 권리를 포함한다. 다만, 피상속인의 일신에 전속하는 것으로서 피상속인의 사망으로 인하여 소멸되는 것은 제외한다.

> 총상속재산가액 = 본래의 상속재산 + 간주(의제)상속재산 + 추정상속재산

총상속재산가액은 본래의 상속재산과 간주(의제)상속재산, 추정상속재산으로 구분된다.

간주(의제)상속재산은 상속이나 유증 및 사인증여라는 법률상 원인에 의하여 취득한 재산은 아니더라도, 그 실질이 상속 등에 의한 재산의 무상이전, 취득과 동일한 결과가 발생하여 실질과세원칙에 따라 상속재산으로 간주되는 재산을 뜻한다.

추정상속재산은 상속개시일 전에 피상속인이 재산을 처분하여 받거나 재산에서 인출한 금액 또는 부담한 채무로서 그 용도가 객관적으로 명백하지 않은 금액 중, 일정금액을 초과하는 경우 이를 상속인이 현금으로 상속받은 것으로 추정하여 상속세 과세가액에 산입하는 것을 뜻한다.

상속재산가액 평가 원칙 : 시가

🔍 **핵심**

상속재산 평가 원칙인 시가는 범위로 설정되어 있어 늘 다툼의 대상이 되고 있다. 시가가 형성되기 어려운 토지·단독주택·상가 등 가능한 경우는 기준시가로 평가해 세부담을 줄일 수 있다.

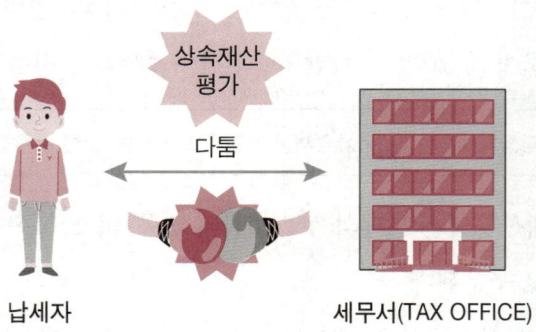

납세자   세무서(TAX OFFICE)

상속재산 평가의 대원칙은 시가이다. 일반적으로 시가는 특정 가격이 아니라 하한가에서 상한가까지 범위로 설정되어 있다. 10억원대 아파트의 시가는 통상 9억원에서 11억원으로 형성되어 있다.

10억원을 기준으로 하한가 1억원, 상한가 1억원 차이로, 최고세율 (50%)적용 대상인 경우에는 세금에 미치는 영향이 크다(재산가액 평가 1억원당 약 5천만원 영향). 따라서 시가 판단이 늘 다툼의 대상으로 조세불복의 대상이 되고 있다.

시가가 없는 경우나 시가가 형성되기 어려운 경우에는 보충적 평가 방법으로 기준시가를 적용하도록 되어 있다.[7] 토지, 단독주택, 일반 건물, 상가, 호텔 등은 기준시가로 적용 가능하기 때문에 상속이나 증여 시 세부담이 시가 적용 시 보다 적게 발생한다. 최근 발표된 국토교통부 보도자료[8]에 의하면, 24년 공동주택 공시가격은 전년대비 3.65% 상승하였고 표준주택과 표준지 역시 전년대비 각각 1.96%, 2.93% 상승하였다. 공시가격 대비 시세반영률(현실화율)은 공동주택 69.0%, 단독주택 53.6%, 토지 65.5%를 형성하고 있다.

조사 기관과 조사 시점에 따른 차이가 있으나, 부동산별 시세 반영률은 다음과 같다.

| 부동산별 시세 반영률 |

구 분	공동주택	단독주택	토지
시세 반영률	69.0%	53.6%	65.5%

---

7 고가의 주택·비주거용 부동산과 나대지의 경우에는 감정가액을 적용할 수 있음에 유념하자.
8 공동주택 — 2025년 공동주택 공시가격(안)(국토교통부, 2025. 03. 13)
　토지, 단독주택 — 2025년 표준지, 표준주택 공시가격(안)(국토교통부, 2024. 12. 18)

사례 – 시가 10억원 아파트와 상가 증여 시 세금 차이

시가 10억 아파트를 증여 받은 경우와 상가를 증여받은 경우, 시세가 같은데 왜 세금차이가 많이 나는 걸까?

→ 그것은 바로 재산가액 평가 때문이다. 상속이나 증여 재산 평가 기준은 시가인데, 시가를 객관적으로 확인할 수 있는 아파트의 경우에는 시가인 10억으로 평가해야 되지만 시가를 객관적으로 확인할 수 없는 상가의 경우에는 기준시가 6억으로 평가할 수 있기 때문이다.

세금효과를 따져보면, 10억원 아파트를 증여한 경우에는 증여세가 약 2억 1,800만원, 상가를 증여한 경우에는 증여세가 약 1억185만원, 총 1억1,640만원 정도 세금 차이가 발생한다.

| 아파트와 상가 증여시 비교 |

(단위 : 원)

구분	아파트	상가
증여세 과세가액	10억	6억
과세표준	9.5억	5.5억
신고납부세액	2.18억	1.02억

부동산 시세를 확인하고자 하는 경우에는 한국부동산원, 국토교통부, KB부동산을 주로 참고해서 판단한다.

한국부동산원   KB부동산

국토교통부 실거래가 공개시스템

| **재산가액 평가는 평가기간뿐만 아니라 평가기간 외로써 평가기준일 전 2년 이내, 평가기간 경과 후 법정결정기한(상속은 15개월, 증여는 9개월)까지 고려하라!**

상속증여재산 평가의 원칙은 시가이며, 평가기준일 전·후 6개월 (증여는 전 6개월·후 3개월)을 평가기간으로 하고 있다. 그러나 상증법시행령 제49조 단서 조항에 의해, 예외적으로 평가기간 외로써 평가기준일 전 2년 이내이거나 평가기간 경과 후 법정결정기한까지의 기간 중에 매매등이 있는 경우에도 평가심의위원회의 심의를 거쳐 해당 매매등의 가액을 적용할 수 있다.

| **상속증여 재산 평가기간과 평가기간 외 기간** |

구 분		내 역
평가기간	원 칙	전·후 6개월 (증여는 전 6·후 3개월) 시가
평가기간 외	예 외 ①	평가기준일 전 2년 이내
	예 외 ②	평가기간 경과 후 법정결정기한까지

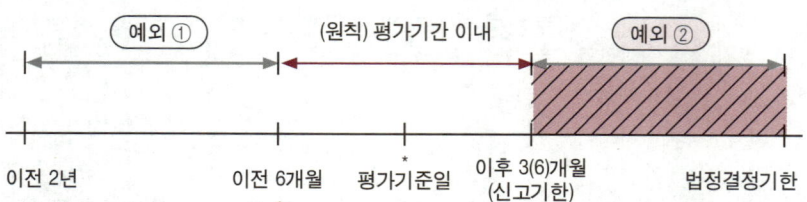

구 분	신고기한	법정결정기한	사후평가기한
증여세	3개월	신고기한부터 6개월	9개월 (3개월+6개월)
상속세	6개월	신고기한부터 9개월	15개월 (6개월+9개월)

사례 – 평가기간 외로써 평가기준일 전 2년 이내 가액 적용

피상속인의 상속재산은 시가 15억원~17억원(주택공시가액은 10억원)의 아파트로 총 2동 40세대로 큰 평수의 적은 세대단지이다. 상속개시일 기준으로 전후 6개월 동안 거래가 전혀 이루어지지 않아 유사자산의 매매사례가액이 존재하지 않았다. 그러나 상속개시일 전 2년 이내(1년 10개월 전)에 유사매매사례가액 16억원이 있다는 것을 확인하였다.

• 상속재산 평가를 어떻게 해야 할까요?

1안) 상속개시일 전후 6개월, 평가기간 내 유사매매사례가액이 없으므로 주택공시가액 10억원으로 신고한다.

2안) 평가기간은 아니지만 평가기간 외로써, 평가기준일 전 2년 이내 유사 매매사례가액이 존재하므로 16억원으로 신고한다.

• 결론 : 평가기준일 전 2년 이내 유사매매사례가액 16억원으로 신고하여야 한다. 다만, 16억원을 유사매매사례가액으로 보기 어려운 경우에는 감정을 받아서 제출하는 것도 대안이 될 수 있다.

유사매매사례가액

🔍 **핵심**

> 유사자산의 매매사례가액은 평가기준일 전 6개월부터 신고일까지 기간에 한하여 시가로 적용되기 때문에, 상속세 신고를 빨리 할수록 유리할 수 있다.

 사례 – 높은 매매사례가액 나오기 전 상속세 신고

. . . .

피상속인의 상속재산 A오피스텔은 매매가 빈번하게 이루어지지 않고 있으며, 최근 주변 시세 상승이 예상되고 있다.

상속개시일 기준으로 기준일 전 6개월부터 현재 (개시일 인접한 날)까지는 유사자산의 매매사례가액이 약 2억원에서 형성되고 있으나, 몇 달 후에는 2.5억원으로 예상된다. 그래서 상속인은 2.5억원 매매사례가액이 나오기 전에 미리 신고하고자 한다.

. . . .

상속세가 부과되는 재산의 가액은 상속개시일 현재의 시가에 따른다. 즉, 시가로 평가한다. 시가란 불특정 다수인 사이에 자유롭게 거래가 이루어지는 경우에 통상적으로 성립된다고 인정되는 가액으로 한다. 이 경우 평가기준일 전후 6개월 이내의 기간 중 매매 · 감정 · 수용 · 경매 또는 공매가 있는 경우에는 그 금액도 시가로 인정한다. 그러나 해당 물건에 대한 매매 · 감정 · 수용 · 경매 또는 공매가액이 없다면 유사한 다른 재산의 가액을 적용할 수 있는데 이를 유사매매사례가액이라 한다.

이는 해당 자산과 면적·위치·용도·종목 및 기준시가가 동일하거나 유사한 다른 재산에 대한 매매·감정·수용·경매 또는 공매가액을 뜻하는데 이를 시가로 본다.

다만, 해당 자산의 매매 등 가액이 있는 경우에는 유사자산의 매매사례가액을 적용하지 않는다.

유사매매사례가액 확인

국세청 홈택스 '상속증여재산 평가하기'와 국토교통부 실거래가 공개시스템에서 확인할 수 있다. 부동산 매매계약을 체결한 경우에는 체결일로부터 30일 이내에 해당 지자체장에게 매매계약 내용을 신고하도록 되어 있는데, 이렇게 신고한 내용이 국세청 홈택스와 국토교통부 실거래가 시스템에 공개가 된다.

공동주택(아파트)의 경우 유사매매사례가액 조건

① 평가대상 주택과 동일한 공동주택단지 내에 있을 것

② 평가대상 주택과 주거전용면적의 차이가 평가대상 주택의 주거전용면적의 5% 이내일 것

③ 평가대상 주택과 공동주택가격의 차이가 평가대상 주택의 공동주택가액의 5% 이내일 것

상기 요건을 모두 충족해야 하는데, 해당 주택이 둘 이상인 경우에는 평가대상 주택과 공동주택가격 차이가 가장 작은 주택을 선택해야 한다.

유사매매사례가액 평가기간

평가기준일 전 6개월부터 신고일까지이며, 신고일 이후 유사매매사례가액은 인정하지 않는다. 그래서 신고를 빨리 할수록 유리할 수 있다.

만약 평가기간에 유사매매사례가액이 존재하지 않는다면, 예외적으로 평가기간 외로써 평가기준일 전 2년 이내이거나 평가기간 경과 후 법정결정기한(상속은 신고기한부터 9개월, 증여는 6개월)까지의 기간 중에 매매 등이 있는 경우에는 평가심의위원회의 심의를 거쳐 시가로 사용할 수 있다.

유사매매사례가액 '신고일'의 의미

유사매매사례가액은 신고일까지 가액만 인정하는데, '신고일' 의미가 신고일 현재 조회된 것만 인정한다는 의미인지, 신고일까지 계약된 것을 인정한다는 의미인지에 대한 의견이 분분한 상태이다. 납세자 입장에서는 신고일 현재 조회된 것까지만 인정해야 할 것이다. 이는 신고일 직전이나 당일 계약된 것은 신고일에 조회가 되지 않고 최소 2~3개월 후에 공시되기 때문에 납세자가 확인할 수 있는 방법이 없기 때문이다.

예를 들어 증여를 금년 5월 3일에 실행했고 5월 4일에 증여세 신고를 했다면, 5월 4일 신고일 현재 조회되는 유사매매사례가액은 몇 달 전에 계약된 것만 조회되며 5월 4일 계약된 것은 최소 몇 달 후에 조회가 가능하다.

그래서 세무조사를 진행하는 도중에 납세자가 당초 신고한 가액보다 높은 유사매매사례가액이 확인되어 세금을 추징하는 사례가 발생하고 있는데, 이에 대한 제도적 보완이 필요한 상황이다.

결론적으로 유사매매사례가액 평가 관련 세금 추징사례를 줄이기 위해서는 첫째, 유사매매사례가액은 신고일까지 사례만 인정하므로 세금신고를 빨리 하자. 둘째, 신고기한 종료일 직전 다시 유사매매사례가액을 살펴보고 당초 신고가액과 차이가 난다면 재산가액 변동신고를 하자. 셋째, 상기 과정이 복잡하고 시가가 수시로 변동한다면 감정평가서를 제출하자. 이는 해당 물건의 감정가액이 유사매매사례가액보다 우선 적용되기 때문이다.

〈홈택스 상속ㆍ증여재산 평가하기(유사매매사례가액)〉

고가의 주택·비주거용 부동산과 나대지 : 감정가액 적용 가능

🔍 핵심
고가의 주택 · 비주거용 부동산과 나대지, 감정가액 적용 여부를 체크하라!

2020년 1월 말 국세청은 "상속·증여세 과세형평성 제고를 위한 꼬마빌딩 등 감정평가사업을 시행한다"고 발표하면서 납세자의 불만이 야기되었다. 비주거용 부동산과 나대지를 대상으로 보충적 평가방법(기준시가 평가 등)에 따라 신고함으로써 시가와 차이가 큰 고가 부동산을 중심으로 감정평가를 실시한다는 내용이다. 하지만 조세회피 목적에 악용된다는 이유로 감정평가 대상이 되는 고가 부동산의 기준을 제시하지 않아 논란이 되었으나, 궁색해진 국세청은 2023년 7월 상속세및증여세 사무처리규정을 개정하여 평가대상을 드디어 명시하였다.

┤규정├

상속세및증여세사무처리규정 제1조의 2(정의)

16. "부동산 감정평가 사업"이란 상속세 및 증여세 부과대상이 되는 부동산등(일부를 상속·증여하는 경우를 포함한다)에 대해 지방국세청장 또는 세무서장이 감정기관에 감정평가를 의뢰하여 과세하는 사업을 말한다.

17. 제16호에 따른 "부동산등"이란 다음 각 목에 해당하는 재산을 말한다.

　　가. 「부동산 가격공시에 관한 법률」 제2조 제1호에 따른 주택

　　나. 「부동산 가격공시에 관한 법률」 제2조 제4호에 따른 비주거용 부동산

　　다. 지상에 건축물이 없는 토지(「조세특례제한법」 제71조 제1항 각 호의 요건을 모두 충족하는 농지 등을 상속 또는 증여하는 경우 제외한다)

┤규정├

상속세및증여세사무처리규정 제72조(감정평가 대상 및 절차)
다음 각 호의 사항을 고려하여 비주거용부동산 감정평가 대상을 선정할 수 있으며, 이 경우 대상 선정을 위해 5개 이상의 감정평가법인에 의뢰하여 추정시가(최고값과 최소값을 제외한 가액의 평균값)를 산정할 수 있다.
1. 추정시가와 법 제61조부터 제66조까지 방법에 의해 평가한 가액(이하 "보충적 평가액"이라 한다)의 차이가 **5억원 이상**인 경우
2. 추정시가와 보충적 평가액 차이의 비율이 10%**이상**
   [(추정시가-보충적평가액)/추정시가]인 경우

　최근(2024년 말)에는 초고가아파트, 단독주택, 상가겸용주택도 감정평가 대상에 포함시켜, 모든 종류의 주택도 감정평가가 가능해졌다.
　국세청은 감정평가사업 시행 배경으로, 상속·증여세는 시가평가가 원칙이나 주택·비주거용 부동산과 나대지는 시가 대비 저평가되어 늘 형평성 논란이 있었던 바, 과세형평성을 제고하기 위해 감정평가사업을 시행한다는 취지이다. 평가대상으로는 주택·비주거용 부동산 및 지상에 건축물이 없는 토지(나대지)를 대상으로 하며, 보충적평가방법에 따라 신고하여 시가와의 차이가 큰 고가의 부동산을 중심으로 감정평가를 실시한다.

사례 – 비주거용 부동산 보충적 평가방법 VS 감정가액 적용

최근에 부친은 본인 소유 상가빌딩 중 절반을 아들에게 증여하고, 보충적 평가방법인 기준시가로 신고하였는데, 국세청으로부터 시가와 기준시가와의 차이가 큰 부동산에 해당이 되어 감정가액 적용대상이라는 안내문을 받았다.

보충적평가방법인 기준시가로 평가 시에는 35억원이고, 감정가액 적용 시에는 55억원이라고 하는데, 각각의 경우 세금효과가 어떻게 될까요?

┃ 비주거용 부동산 기준시가 vs 감정가액 적용 시 세액 비교 ┃

(단위 : 백만원)

구 분	보충적평가방법 (기준시가)신고	감정가액 적용	차 액
증 여 재 산 가 액	3,500	5,500	2,000
(−) 증 여 재 산 공 제	50	50	
= 과 세 표 준	3,450	5,450	2,000
(×) 세 율			
= 산 출 세 액	1,265	2,265	1,000
(+) 신고불성실가산세 납 부 지 연 가 산 세	−	−	−
= 총 납 부 세 액	1,265	2,265	1,000

보충적평가방법인 기준시가로 평가 시에는 납부세액은 1,265백만원이다. 그러나 감정가액 적용 시에는 납부세액은 2,265백만원으로 양자 간 세금차이가 무려 10억원 발생한다. 여기서, 상속증여 재산가액 평가 차이로 인한 신고불성실 및 납부지연 가산세는 발생하지 않는다.

고가의 주택·비주거용 부동산과 나대지 감정가액 적용 이슈가 불거져, 행정소송이 줄을 잇고 있고 최근에 행정소송에서 납세자(건물주)가 승소를 하고 있다. 과세관청의 근본적인 대책 마련이 절실히 요청된다.

[기고] 이데일리 2020. 02. 21.

비주거 부동산 감정평가, 기준 명확히 해야

나철호 공인회계사 · 재정회계법인 대표이사

최근 국세청이 "상속 · 증여세 과세형평성 제고를 위한 꼬마빌딩 등 감정평가사업을 시행한다"고 발표하면서 납세자 불만이 커지고 있다. 비주거용 부동산과 나대지를 대상으로 보충적 평가방법(기준시가 평가 등)에 따라 신고함으로써 시가와 차이가 큰 고가 부동산을 중심으로 감정평가를 실시한다는 내용이다. 감정가액을 해당 자산의 평가가액으로 적용함으로써 추가 세액을 징수하겠다는 것이 골자다. 하지만 조세회피 목적에 악용된다는 이유로 감정평가 대상이 되는 고가 부동산의 기준을 제시하지 않아 논란이 되고 있다.

조세전문가로서 이번 국세청 보도자료에 몇 가지 문제점과 개선방안을 건의한다.

첫째, 보도자료에 정확성을 기하고 과세대상의 일관성을 유지하라는 것이다. 최근 국세청 보도자료의 제목은 '꼬마빌딩 등 감정평가사업 시행 안내'다. 그러나 실제 감정평가 사업 대상은 꼬마빌딩이 아닌 고가의 비주거용 부동산이라는 점이다. 제목이 오해를 부른다. 지난해 8월 언론보도에 따르면 단독주택과 일반상가 건물에 대해서 적용하겠다고 했지만, 이번 보도자료에는 단독주택은 빠지고 고가의 비주거용 부동산과 나대지를 대상으로 하고 있다. 일관성이 결여된 점을 지적하고 싶다.

둘째, 감정평가대상 기준을 명확히 제시하고 납세자의 예측가능성과 형평성도 함께 높여주기를 바란다. 조세회피 목적에 악용되어 공정한 업무수행이 어렵다는 이유로, 국세청이 감정평가 대상 기준 공개를 두려워해서는 곤란하다. 납세자를 이해시키는 노력과 배려도 필요하다. 상속 · 증여세 대상 부동산이 기준시가 신고 대상인지, 고가의 부동산에 해당돼 감정가액 신고 대상인지 납세자에게 정확히 알려야 한다. 납부세액에 영향을 미치는 중요한 사안이기 때문이다. 납세자는 상속을 준비하거나 사전증여를 선택할 때 심사숙고해 절세전략을 수립하게 된다.

이번 발표는 납세자의 예측가능성을 떨어뜨릴 뿐 아니라, 오히려 납세편법을 부추기고 조세저항을 키울 뿐이다. 국세청은 감정평가대상 기준을 과감히 제시해야 한다. 부동산 간 과세형평성을 제고하겠다면, 건물의 각종 지수(가격 · 위치 · 용도 · 구조 등)를 현실화하는 방안을 검토해야 한다. 그래야 국민 대다수가 공감할 것이다.

셋째, 세금은 준비하고 계획한 만큼 절세가 되고 기쁜 마음으로 납부할 수 있어야 한다. 이것이 바로 조세저항 없는 조세순응이다. 일부 자산가들이 저평가된 꼬마빌딩 등 비주거용 부동산을 편법 증여수단으로 악용한다는 이유가 감정평가 사업시행의 배경이다. 증여 당시 관점에서만 바라봤다는 점이 아쉽다.

등기자산인 부동산 증여로 증여세는 100% 과세되며, 세대생략증여와 미성년자 증여는 할증과세가 적용되거나 증여공제가 과소 적용되어 추가 납세 불이익으로 이어진다. 또한 보충적 평가방법으로 증여 당시 시가보다 낮은 가액으로 평가되었다면, 추후 양도 시 양도세 부과로 추가 과세될 것이다. 바꿔 말하면 부동산 거래 전체관점에서 과소 징세가 분명 아니라는 것이다.

세금저항은 조세민란으로까지 이어질 수 있다. 세금은 미리 준비하고 계획하면 절세가 될 수 있다는 납세자들의 인식 변화도 필요하지만, 조세저항 없이 기꺼이 납세의무를 다 할 때 조세정의를 바라는 납세자의 만족도가 커질 것이 자명하다.

"꼬마빌딩 '복불복 세금' 위법"…건물주 잇단 승소

국세청 '깜깜이 감정평가'에 제동 건 법원
법원 "일방적으로 산정, 시가로 보기 어렵다" 과세 취소 명령
상속·증여세 결정 뒤집혀…건물주들 '줄소송' 이어질 듯

국세청이 자의적으로 대상을 선정해 시가로 '꼬마빌딩'에 부과한 상속·증여세 결정이 잇따라 뒤집히고 있다. 법원이 세금이 부당하다며 제기한 소송에서 건물주의 손을 들어주고 있어서다. 부과 당시 '복불복 세금'에 분통을 터뜨렸던 건물주들이 줄소송에 나설 것이란 관측이 나온다.

○ 법원, "국세청 부과 기준 비객관적"
5일 법원에 따르면 서울행정법원 행정4부(재판장 김정중 부장판사)는 국세청이 증여세 약 27억원을 더 부과한 조치에 불복해 건물주 A·B·C씨가 제기한 소송에서 최근 원고 승소 판결을 내렸다. 재판부는 "감정가액은 일반적이고도 정상적인 거래에 의해 형성되는 객관적 교환가치를 적정하게 반영해야 한다"며 "국세청이 과세 목적으로 일방적으로 의뢰해 나온 가격은 시가로 보기 어렵다"고 판단했다. 그러면서 국세청에 과세 처분을 취소하라고 명령했다. 원고들은 2019년 7월 아버지와 삼촌이 보유하던 서울 서초구의 꼬마빌딩을 증여받았다.

그 후 당시 공시가격(92억7,000만원)을 바탕으로 증여세 약 26억
5,000만원을 신고해 납부했다. 그런데 2020년 4월 국세청이 외부에
감정평가를 의뢰해 이 건물을 시가(155억2,000만원)로 평가하면서 증
여세가 53억5,000만원으로 뛰었다. 원고들은 이 같은 처분에 반발해
곧바로 행정소송을 냈다.

재판부는 지난달 초에도 같은 이유로 건물주가 상속세 부과를 취소
해달라고 낸 소송에서 원고 손을 들어줬다. 원고들은 아버지 사망 후
상속받은 서울 영등포구 꼬마빌딩 두 채에 대한 상속세(9억8,000만
원)를 공시가격(33억7,000만원) 기준으로 신고해 냈는데, 국세청이 그
후 시가(84억9,000만원)로 평가해 26억원을 더 내라고 요구하면서 분
쟁이 시작됐다.

○ 꼬마빌딩 세금 소송전 '신호탄' 관측

꼬마빌딩 상속·증여세 불복소송은 국세청이 2020년 '상속세 및 증
여세법 시행령'을 시행하면서 불거졌다. 국세청은 "시가 기준으로 세
금을 내는 주택 보유자와의 조세 형평성을 맞추겠다"며 비주거용 부
동산 과세 방침을 변경했다. 비주거용 부동산은 거래가 자주 일어나
지 않아 대체로 공시가격 기준으로 과세가 이뤄진다. 시세와의 격차
가 있을 수밖에 없다. 꼬마빌딩 증여가 한때 자산가들 사이에서 절세
수단으로 조명받았던 이유이기도 하다.

법 개정 전만 해도 상속세는 상속일 전후 6개월, 증여세는 증여일 전후 3개월간 비슷한 자산의 매매나 수용, 공매, 감정 등 특별한 사정이 없다면 비주거용 자산의 가치를 공시가격 기준으로 산정할 수 있었다. 개정 이후엔 기간이 지나더라도 3개월(법정 결정기한)간 과세 대상 부동산이나 이와 비슷한 자산의 매매·감정·수용 등이 있다면 심의위원회를 통해 시가로 평가하는 것이 가능해졌다. 국세청이 감정기관에 의뢰한 평가 결과도 심의위가 다룰 수 있게 됐다.

이 같은 기준 변경에 건물주들은 거세게 반발했다. 국세청만 아는 기준으로 감정평가 대상과 가격을 정하면 예상치 못한 '세금폭탄'을 맞을 수 있어서다. 국세청은 현재 '시가와 차이가 크고 고가에 해당할 경우' 정도로만 기준을 공개하고 있다. 선정 기준을 공개하면 납세자들이 조세 회피 목적으로 악용할 수 있다는 이유에서다.

여기에 인력과 예산 등의 한계로 일부 건물을 상대로만 감정평가를 하다 보니 "형평성에 어긋난다"는 비판이 잇따랐다. 서울행정법원도 이런 방침을 두고 "납세자를 자의적인 기준에 따라 다르게 취급해 재산권을 부당하게 침해했다"고 지적했다.

법조계에선 건물주의 잇단 승소가 꼬마빌딩 세금 소송전의 '신호탄'이 될 것으로 보고 있다. 한 로펌 조세담당 변호사는 "법원이 최근 같은 법리로 연달아 건물주 손을 들어줬다는데 의미가 있다"며 "수십억원의 세금이 달린 문제인 만큼 다른 집주인들도 소송에 뛰어들 것"이라고 전망했다.

한국경제 2023.04.05 〈김진성/박시온 기자〉

시가가 없는 경우 : 보충적 평가 방법 적용

 핵심
> 임대중이고 대출이 끼어 있는 부동산을 상속받는 경우에는 반드시 시세조회 뿐만 아니라, 임대차계약과 저당권 등에 대한 평가를 함께 수행해야 한다.

📕 **사례** – 상속받은 부동산(아파트) 평가

. . . .

상속받은 재산 중 아파트는 ① 시가 10억원이고, ② 보증금 4.5억원, 월세 50만원을 받고 있으며, ③ 은행 대출금이 3억원인 경우 아파트 평가가액은 얼마인가?

MAX (①, ②, ③) = 10억원
① 시가 : 10억원
② 상기 임대차계약이 체결된 자산 평가
  4.5억원 + 600만원/0.12 = 5.0억원
③ 저당권 등이 설정된 자산 평가 : 3억원 + 4.5억원 = 7.5억원

. . . .

상증세법상 재산의 평가는 원칙적으로 상속개시일 현재의 시가에 의해 평가한다. 단, 시가를 산정하기 어려운 경우에는 당해 재산의 종류·규모·거래상황 등을 감안하여 기준시가 등 규정된 보충적 방법에 의하여 평가한다. 주요 보충적 평가방법은 다음과 같다.

| 주요 보충적 평가방법 |

구 분	보충적 평가방법
토지	개별공시지가
일반건물	신축가격·구조·용도·위치·신축연도·개별건물의 특성 등을 참작하여 매년 1회 이상 국세청장이 산정·고시하는 가액
오피스텔 및 상업용 건물	국세청장이 토지와 건물에 대하여 일괄하여 산정·고시한 가액 (단, 일괄 산정·고시한 가액이 없는 경우에는 상기와 같이 토지와 건물을 별도로 평가한 가액)
주택	「부동산 가격공시 및 감정평가에 관한 법률」에 의한 개별 주택가격 및 공동 주택가격
부동산을 취득할 수 있는 권리	- 재건축(개발)조합 입주권 : 조합원권리가액+추가부담금 +프리미엄상당액 - 일반아파트 분양권 : 불입한 분양대금+프리미엄상당액
임대차계약이 체결된 재산 (임차권이 등기된 재산)	MAX(①, ②) ① 각 재산에 대한 보충적 평가액 ② 임대보증금+(1년간 임대료÷12%)
저당권 등이 설정된 재산	MAX(①, ②) ① 각 재산에 대한 시가(또는 보충적)평가액 ② 각 재산이 담보하는 채권액[9] 등

---

9 각 재산이 담보하는 채권액이란 평가기준일 현재 남아 있는 채권액을 의미함

🔍 핵심

상속재산 중 부동산이 있는 경우에는 상속세와 양도소득세 효과를 비교하여 시가 신고 여부를 판단하라.

 사례 – 상속공제 범위 내에서 상속재산 시가로 신고

부친이 남긴 상속재산은 토지가 유일하다. 토지의 공시지가는 6억원이다. 정확한 시세는 알 수 없으나 부동산업자에 의하면 약 12억원 정도 형성되며, 감정평가사에 의하면 감정가액은 10억원 정도 예상한다고 한다. 상속인은 모친과 아들 1명, 딸 1명이다. 부친이 남긴 유일한 토지를 어떻게 신고하는 것이 좋을까?

→ 상속받은 부동산을 양도하는 경우, 취득시기는 상속개시일이며 취득가액은 상속재산가액이다. 즉, 상속재산 신고가액이다.

배우자인 모친이 생존해 있어, 상속공제는 최소 10억원 가능하다. 상속세가 발생하지 않는다고 하여 신고를 하지 않으면, 상속으로 취득한 토지 취득가액은 6억원으로 간주되어 추후 양도시 양도차익 6억원(예상 시세 (12억원)−취득가액 6억원)이 발생된다.

적극적으로 부동산 감정평가서를 받아서 감정가액인 10억원으로 신고한다면, 상속세는 발생하지 않고 상속받은 토지 취득가액은 10억원으로 인정받아 추후 양도시 양도차익은 2억원으로 낮아져 절세효과를 가져올 수 있다.

사례 – 기준시가로 신고할 수 있는 상속재산, 시가로 신고하는 경우
(상속세보다 양도소득세 절세하기)

기준시가로 신고할 수 있는 상가·토지의 경우, 시세보다 낮게 신고할 수 있는 이점이 있는 데도 불구하고 시가로 적극적으로 신고하는 경우가 있다던데, 이 경우는 왜 그런가?

→ 그것은 상속받은 물건을 양도하는 경우 양도소득세 효과 때문에 그렇다. 지금 상속받은 물건을 기준시가로 신고하면, 기준시가가 취득가액이 되고 시세로 신고하면 시세가 바로 취득가액이 된다. 즉, 시세로 신고하는 경우에는 상속재산이 증가해 상속세는 늘어나지만, 양도소득세는 줄어들기 때문이다.

세금효과를 따져보면 다음과 같다.

예를 들어, 상속받은 토지를 기준시가 신고 시 6억원, 시가 신고 할 때 12억원이라고 한다면, 상속재산을 기준시가로 신고하는 경우 상속세는 제로이나 양도소득세는 2억3,651만원으로 총 납부세액 2억3,651만원이다. 그러나 상속토지를 적극적으로 시가로 신고하는 경우에는 상속세 2,910만원, 양도소득세 제로, 총납부세액이 2,910만원으로 무려 2억원 정도 세금 차이가 발생한다.

| 상속재산 기준시가 vs 시가 평가 시 세액 비교 |
(단위 : 원)

구 분	상속토지−기준시가 신고시	상속토지−시가 신고시
총부담세액	2억 3,651만	2,910만
상속세 납부세액	−	2,910만
양도세 납부세액	2억 3,651만	−

02

간주상속재산(보험금, 신탁재산, 퇴직금)

🔍 **핵심**

> 보험은 보험료 불입자와 보험금 수익자를 일치시키면 상속세가 발생하지 않는다.

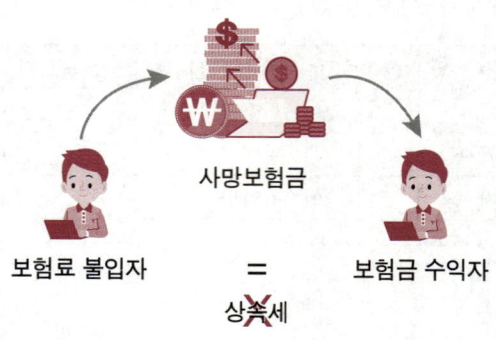

간주(의제)상속재산

간주상속재산은 상속이나 유증 및 사인증여라는 법률상 원인에 의하여 취득한 재산은 아니지만, 그 실질이 상속 등에 의한 재산의 무상이전, 취득과 동일한 결과가 발생하여 실질과세원칙에 따라 상속재산으로 간주되는 재산을 뜻한다.

▢ 보험금 : 피상속인의 사망으로 인하여 지급받는 생명보험 또는 손해보험의 보험금으로서 피상속인이 보험계약자가 된 보험계약(또는 피상속인이 불입한 경우)에 따라 받는 것은 상속재산으로 본다.

▢ 신탁재산 : 피상속인이 신탁한 재산은 상속재산으로 본다. 다만, 신탁의 이익을 받을 권리를 타인이 소유하고 있는 경우에는 그 이익에 상당하는 가액은 상속재산으로 보지 아니한다.

▢ 퇴직금 등 : 퇴직금, 퇴직수당, 공로금, 연금 또는 이와 유사한 것으로서 피상속인의 사망으로 인하여 지급되는 경우 그 금액은 상속재산으로 본다. 다만, 국민연금법 · 공무원연금법 · 사립학교교직원연금법 · 군인연금법 등에 따라 지급 받는 유족연금 · 유족일시금 · 유족보상금 등은 상속재산으로 보지 아니한다.

과세대상 보험금

　보험은 계약자, 불입자, 피보험자, 수익자로 구성되어 있는데, 이 구조를 이해하면 쉽다.

　계약자는 당초 보험을 계약한 사람이고, 불입자는 실제 보험료를 납입하는 사람이고, 피보험자는 보험의 대상자로, 즉 누구를 대상으로 하는 보험인지, 수익자는 보험 만기 시(해지 시 포함) 보험금을 수령하는 사람이다.

　상속세나 증여세 과세 대상이 되는 경우는 보험료를 불입한 사람(불입자)과 보험금을 수령하는 사람(수익자) 관계만 보면 된다. 이 두 사람이 일치하면 세금 문제는 발생하지 않는 것이고, 불일치하면(불입자≠수익자) 세금 문제가 발생한다.

　만기 등 보험 사고가 발생하여 피보험자가 생전에 보험금을 수령하는 경우에는 증여세 문제가 발생 가능하고, 피보험자가 사망하여 보험금을 수령하는 경우에는 상속세 문제가 발생 가능하다.

사례 1 – 상속세 과세대상 보험금 계산(보험 사고가 발생한 경우)

· ·

부인이 보험 계약을 체결하고, 남편과 부인이 각각 보험료를 50%씩 불입하였다. 남편을 피보험자로 한 종신보험 구조는 아래와 같다.

- 계약자 : 부인
- 불입자 : 부인 50%, 남편 50%
- 피보험자 : 남편
- 수익자 : 부인

남편의 사망으로 인해 보험금 2억원이 발생하였고, 불입보험료는 총 5천만원 (부인 50%, 남편 50%)인 경우 세금 문제가 어떻게 되나요?

→ 보험 불입자(보험료 납부자)와 보험 수익자(보험금 수령인)가 다른 경우에 세금 문제가 발생하며, 피보험자인 남편의 사망으로 발생한 것이므로 상속세가 발생한다.

상속재산으로 보는 보험금의 가액은 다음 산식에 따라 계산한 금액으로 한다.

$$\text{지급받은 보험금 총합계액} \times \frac{\text{피상속인이 부담한 보험료의 금액}}{\text{피상속인의 사망시까지 납입된 보험료의 총합계액}}$$

계산산식에 대입해 보면,

$$\text{2억원} \times \frac{\text{2천5백만원}}{\text{5천만원}} = \text{2억원} \times \frac{1}{2} = \text{1억원}$$

간주상속재산으로 포함될 보험금은 1억원이다. 여기에서 만일 부인이 보험료 불입을 100%했다면, 보험료 불입자와 수익자가 일치하게 되어 상속재산에 포함되지 않게 된다.

· ·

사례 2 — 상속재산에 해당하는 피상속인이 납부한 보험료 상당액(보험 사고가 발생하지 않는 경우)

20**년 당시 부친이 자녀를 피보험자로 자녀가 60세가 되는 시점부터 연금을 받는 것으로 연금보험을 가입하고 3억원을 불입하였다.

• 계약자(불입자) : 부친
• 피보험자 : 자녀
• 수익자 : 자녀

계약자인 부친이 연금개시일 이전에 사망한 경우 세금 문제가 어떻게 되나요?

→ 보험료 불입자와 피보험자가 다른 경우로서 보험사고가 발생하기 전에 보험계약자가 사망한 경우에는 보험금의 상속·증여 규정이 적용되지 않으며, 피상속인이 납부한 보험료 상당액은 상속재산으로서 상속개시일까지 피상속인이 납부한 보험료의 합계액과 이에 가산되는 이자수입상당액을 합계하여 평가한다. 다만, 상속인이 상속개시 후에 당해 보험계약을 해지하고 수령하는 해약환급금을 상속재산의 가액으로 하여 상속세를 신고하는 경우에는 그 해약환급금 상당액으로 평가할 수 있다.

앞선 사례 1과 사례 2를 비교해 보면, 사례 1의 경우에는 피보험자가 사망하여 보험금이 지급되는 경우로 보험금을 불입비율대로 안분하여 (간주)상속재산을 계산한 것이고, 사례 2의 경우에는 피보험자가 사망하지 않아 보험금이 지급되지 않는 경우(보험 사고가 발생하지 않는 경우)로 피상속인(부친)이 불입한 보험료 상당액을 상속재산으로 과세한 경우다. 사례 1과 사례 2의 차이를 정확히 구분해야 할 것이다.

사망보험금은 상속인의 고유재산이므로, 상속인들이 상속을 포기해도 보험금을 받을 수 있고 피상속인의 채권자는 강제집행할 수 없다.

상속인들이 상속을 포기해도 사망보험금을 받을 수 있고, 피상속인의 채권자는 강제집행할 수 없다. 아래 판례를 통해 살펴보자.

┤ 판례 ├

아버지가 자녀를 수익자로 하여 종신보험에 가입하고 아버지의 사망으로 보험회사가 자녀들에게 보험금을 지급하는 경우 그 보험금은 민법상 아버지의 상속재산에 해당되지 않는다(대법원 판례 2001.12.24, 2001다 65755).
사망보험금은 상속인의 고유재산이므로 피상속인의 채권자가 상속보험금에 대하여 강제집행할 수는 없다(대법원 판례 2000다 31502).

상기 사례처럼 자녀들은 상속을 포기해도 사망보험금은 자녀들의 고유재산이므로 보험금을 수령할 수 있고 채권자들은 보험금에 대하여 강제집행할 수 없는 것이다. 다만, 수령한 보험금은 민법상 상속재산에 해당되지 않지만 상증법상 간주상속재산에 해당이 되어 상속세를 부담해야 한다.

신탁재산

최근 신탁시장이 급성장하고 있다. 신탁의 사전적인 의미는 믿고(信) 맡긴다(託)라는 것이다.

피상속인이 신탁한 재산은 상속재산으로 본다. 다만, 타인이 신탁의 이익을 받을 권리를 소유하고 있는 경우 그 이익에 상당하는 가액은 상속재산으로 보지 아니한다. 즉, 수익자의 증여재산가액으로 보는 것이다.

또한 피상속인이 신탁으로 인하여 타인으로부터 신탁의 이익을 받을 권리를 소유하고 있는 경우에는 그 이익에 상당하는 가액을 상속재산에 포함한다.

최근, 위탁자 또는 수익자 사망과 연계한 새로운 유형의 신탁에 대한 과세방법을 명확화하였다.

□ 수익자연속신탁

「수익자가 사망한 경우 그 수익자가 갖는 수익권이 소멸하고 타인이 새로 수익권을 취득하는 신탁」으로, 타인이 취득한 신탁의 이익을 받을 권리의 가액은 사망한 수익자의 상속재산에 포함하였다.

□ 유언대용신탁

「신탁계약에 의해 위탁자의 사망 시 수익자가 수익권을 취득 또는 신탁재산에 기한 급부를 받는 신탁」으로, 유증·사인증여와 유사한 성격이므로 증여세를 과세하지 않고 피상속인의 상속재산에 포함하였다.

유언대용신탁은 두 가지 큰 이슈가 있다.

첫째, 유언장을 대체하는 효과가 있으며 공증 유언장에 비해 여러 조건들을 다양하게 추가할 수 있다.

유언대용신탁은 유언장 없이도 안전하게 재산을 물려줄 수 있다. 이는 신탁계약서가 유언장과 동일한 효력이 있기 때문이다. 즉, 생전에 재산을 맡기면서 수익자를 지정하면 사망 후 수익자에게 신탁한 재산을 물려줄 수 있다.

둘째, 유언대용신탁은 유류분 대상에서 제외될 수 있다는 설왕설래가 있으나, 현재까지 판례를 분석해 보면 유언대용신탁은 유류분 대상에 포함하는 것이 타당하다.

"신탁재산이 상속재산은 아니라고 할지라도 특별수익에는 해당한다고 보아 유류분 산정의 기초가 되는 재산액에 포함함이 상당하다(창원지방법원 마산지원 2022. 5. 4. 선고 2020가합100994)."

추정상속재산

🔍**핵심**

피상속인이 인출한 금액은 상속개시일로부터 소급하여 2년 이내는 상속인이 입증을, 2년 초과하는 기간은 과세당국이 용도 입증을 해야 한다.

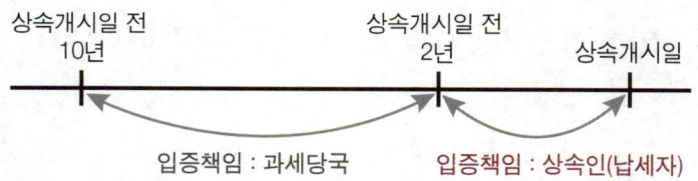

상속개시일 전　　　　　　　　　상속개시일 전
　　10년　　　　　　　　　　　　　　2년　　　　　상속개시일

입증책임 : 과세당국　　　　　입증책임 : 상속인(납세자)

　　상속개시일로부터 소급하여 2년 이내 기간은 추정상속기간으로, 일정 금액 이상의 재산처분이나 금전인출 등의 경우에 어디에 사용하였는지에 대한 입증을 상속인이 부담한다. 반면, 상속개시일로부터 소급하여 2년을 초과하는 기간은 과세당국이 입증을 해야 세금을 과세할 수 있다.

🔍 핵심

상속세는 상속개시일 현재 눈에 보이지 않는 자산 즉, 추정상속재산이 중요하다. 이는 소급하여 재산을 처분하거나 금전을 인출하여 상속인에게 현금 증여한 성격을 과세하기 위한 것이다.

　상속개시 전에 재산을 처분하여 현금화함으로써, 상속인에게 과세 포착이 어려운 현금으로 증여하여 세금을 부당하게 감소시키는 것을 방지하고자 상속세법은 추정상속제도를 두고 있다. 추정상속제도는 상속개시 전 일정기간 내 일정한 금액 이상을 처분하고 처분금액의 용도가 불분명한 경우에는 상속세를 과세하겠다는 취지이다.

　상속은 돌아가시기 2년 전에 충분히 계획하고 준비하면 절세할 수 있을 것이다.

📚 사례 1 – 상속개시 직전 예금 인출

· ·

　상속인 A씨는 부친 생명이 위태로워지자 상속 재산을 줄이기 위해 통장에서 예금 1억원을 인출하려고 한다. 과연 그렇다면 1억원은 피상속인 상속재산에서 차감될 수 있을까?

　→ 상속개시 전 2년 이내 인출금액에 해당이 되기 때문에, 설령 예금 1억원을 현금으로 인출하여 상속인 통장이 아닌 금고에 현금으로 보관하고 있다하더라도 상속인이 입증해야 할 금액에 해당되므로 상속재산에 가산될 확률이 매우 높다.

· ·

📚 사례 2 – 피상속인 통장에서 현금 인출하여 상속인 통장으로 입금

· ·

　상속인 A씨는 피상속인 통장에서 현금으로 9백만원씩 여러 차례 인출하여 본인 통장으로 현금 입금하였다. 현행 현금 거래 1천만원 이상은 금융정보분석원(FIU)에 보고되므로, 현금 인출 1천만원 미만은 은행 기록에 남지 않는다고 하여

9백만원씩 현금 인출하였다. 이런 경우는 문제가 없는가?

→ 보통 현금 인출하면 피상속인의 재산을 줄일 수 있다고 생각하여 인출하는 경우가 종종 발생한다. 여기서 1천만원은 은행 기준으로 현금 인출 시 기록에 남지 않는 최저선을 뜻하는 것이지, 세무상 문제가 되지 않는 것은 아니다. 비록 피상속인과 상속인간 직접 이체는 하지 않았지만, 피상속인 통장에서 여러 차례 9백만원씩 인출되어 상속인 통장으로 입금되었다면, 이는 사전증여로 밝혀질 RISK가 높다.

사전 증여로 밝혀진 경우, 증여세와 증여세 미신고에 따른 가산세 및 상속세가 추가 과세될 수 있다.

📕 사례 3 – 자녀들에게 부동산 처분대금 균등 배분

재산가인 A씨는 현재 고령으로, 본인 소유 부동산을 처분하여 3자녀들에게 처분대금 6억원을 각각 2억원씩 균등하게 배분해주었다. 상속개시일로부터 소급하여 2년 이내와 2년 후인 경우 상속세에 미치는 영향은 어떻게 되는가?

▢ 직접이체한 경우
- 처분대금 6억원을 상속개시일 8년 전에 이체해 준 경우 = 사전 증여 100%로 상속 재산 가산
- 처분대금 6억원을 상속개시일 전 2년 이내에 이체해 준 경우 = 사전 증여 100%로 상속 재산 가산

▢ 용도 불분명한 경우
- 처분대금 6억원을 상속개시일 8년 전에 어디에 사용했는지 파악할 수 없는 경우 = 과세 여부는 과세당국이 판단하에 입증해야 한다.

- 처분대금 6억원을 상속개시일 전 2년 이내에 어디에 사용했는지 파악할 수 없는 경우 = 상속인이 입증하지 못하면, 상속인이 현금으로 증여받은 것으로 추정하여 추정상속재산으로 상속세가 부과된다.

···

결론적으로, 2년 이내든 8년 전이든 직접 이체한 금액은 사전증여로 과세되는 것이고, 어디에 사용했는지 파악할 수 없는 경우 2년 이내 것은 상속인이 입증책임을, 2년이 경과한 것은 과세당국이 용도 입증을 해야 한다.

추정상속재산

상속개시일 전에 피상속인이 재산을 처분하여 받거나 재산에서 인출한 금액 또는 부담한 채무로서 그 용도가 객관적으로 명백하지 않은 금액 중, 아래와 같이 일정금액을 초과하는 경우 이를 상속인이 현금으로 상속받은 것으로 추정하여 상속세 과세가액에 산입하는 것을 뜻한다.

□ 상속개시일 전 처분재산 및 인출의 경우

피상속인이 재산을 처분하여 받은 금액이나 피상속인의 재산에서 인출된 금액이 다음 중 하나에 해당하는 경우로서 '용도가 객관적으로 명백하지 아니한 경우'에는 상속인이 상속받은 재산으로 본다.

- 1년 이내 : 재산종류별[10]로 2억원 이상인 경우
- 2년 이내 : 재산종류별로 5억원 이상인 경우

10 ① 현금·예금 및 유가증권, ② 부동산 및 부동산에 관한 권리, ③ 기타자산

□ 상속개시일 전 국가 · 지방자치단체 · 금융기관에 부담한 채무

피상속인이 부담한 채무를 합친 금액이 다음 중 하나에 해당하는 경우로서 '용도가 객관적으로 명백하지 아니한 경우'에는 상속인이 상속받은 재산으로 본다.

- 1년 이내 : 부담한 채무 합계액이 2억원 이상인 경우
- 2년 이내 : 부담한 채무 합계액이 5억원 이상인 경우

□ 객관적으로 용도가 명백하지 아니한 경우

- 피상속인이 재산을 처분하여 받은 금액이나 피상속인의 재산에서 인출한 금전 등 또는 채무를 부담하고 받은 금액을 지출한 거래상대방이 거래증빙의 불비 등으로 확인되지 아니하는 경우
- 거래상대방이 금전 등의 수수사실을 부인하거나 거래상대방의 재산상태 등으로 보아 금전 등의 수수사실이 인정되지 아니하는 경우
- 거래상대방이 피상속인의 특수관계인으로서 사회통념상 지출 사실이 인정되지 아니하는 경우
- 피상속인이 재산을 처분하거나 채무를 부담하고 받은 금전 등으로 취득한 다른 재산이 확인되지 아니하는 경우
- 피상속인의 연령 · 직업 · 경력 · 소득 및 재산상태 등으로 보아 지출 사실이 인정되지 아니하는 경우

피상속인의 상속개시 전에 재산 처분 내역이나 금전 인출 내역을 상속인이 정확하게 소명하는 것은 어려운 일이다.

따라서 상증세법에서는 미소명금액 전부를 상속재산으로 보는 것이 아니라, 사용처 미소명금액에서 처분재산가액, 재산인출금액 또는 채무부담액의 20%와 2억원 중 적은 금액을 차감한 금액을 상속세 과세가액에 산입하도록 하고 있다.

 사례 – 미소명금액 중 추정상속재산 해당분

2년 이내 예금에서 인출한 총합계액이 5억원이고, 사용처 소명금액이 3억원인 경우에는 미소명금액 2억원 전액이 추정상속재산이 아니라, 1억원만 추정상속재산으로 보아 상속세 과세가액에 산입한다.

2억원 – MIN(5억원×20%, 2억원) = 1억원

상기에서 '1년 이내 2억원(2년 이내 5억원)' 여부 판단은 해당 기간 동안에 피상속인 계좌의 인출된 금액 합계액에서 재입금된 금액을 차감한 후 금액 기준으로 판단하되, 피상속인 전체 예금계좌를 합산하여 적용한다.
추정상속재산은 상속개시 전 1년 이내에 2억원에 미달하고, 2년 이내에 5억원에 미달하는 경우에는 용도를 밝히지 않아도 되나, 미달하더라도 상속인에게 직접 증여한 사실이 명백한 경우에는 사전증여로 본다.

비과세(금양임야, 묘토 등)

🔍 핵심
상속재산 중에 선산이나 조상들의 묘지를 포함한 농지가 있는 경우
비과세 여부를 확인하자.

전사자 등에 대한 상속세 비과세

전쟁 또는 공무의 수행 중 사망하거나 해당 전쟁 또는 공무의 수행
중 입은 부상 또는 그로 인한 질병으로 사망하여 상속이 개시된 경우
에는 피상속인의 모든 재산에 대하여 상속세를 부과하지 아니한다.

비과세되는 상속재산

- 국가·지방자치단체 또는 공공단체에 유증 또는 사인증여한 재산
- 제사를 주재하는 상속인을 기준으로 다음에 해당하는 재산

  ① 피상속인이 제사를 주재하고 있던 선조의 분묘에 속한 9,900㎡ (3,000평) 이내의 금양임야[11]와 분묘에 속하는 1,980㎡(600평) 이내의 묘토인 농지(한도액 2억원)

  ② 족보 및 제구(한도액 1천만원)
- 정당이나 사내근로복지기금·우리사주조합·공동근로복지기금·근로복지진흥기금에 유증 또는 사인증여한 재산
- 사회통념상 인정되는 이재구호금품, 치료비 기타 이와 유사한 것으로서 불우한 자를 돕기 위하여 유증 또는 사인증여한 재산
- 상속재산 중 상속인이 상속세 과세표준 신고기한 이내에 국가·지방자치단체 또는 공공단체에 증여한 재산

---

11 피상속인의 선조의 분묘에 속하여 있는 임야.

과세가액 공제액(공과금, 장례비용, 채무)

🔍 **핵심**

피상속인이 납부할 의무가 있는 소득세, 재산세 등은 공제 가능한
대표적 공과금이다.

공과금

'공과금'이란 상속개시일 현재 피상속인이 납부할 의무가 있는 것
으로서 상속인에게 승계된 조세·공공요금·기타 이와 유사한 것을
말한다. 상속개시일 이후 상속인이 책임져야 할 사유로 납부 또는 납
부할 가산세, 가산금, 체납처분비, 벌금, 과료, 과태료 등은 공제하지
아니한다.

▢ 실무에서 자주 발생하는 과세가액에서 공제되는 공과금 사례

　• 상속개시일 전에 발생한 피상속인 사업에 대한 소득세, 부가가치세

- 피상속인이 6월 1일 이후 사망하고 납부하지 않은 재산세 및 종합 부동산세(보유세 과세기준일 : 6월 1일)
- 다만, 상속인이 상속재산을 등기하기 위한 취득세 등은 공제되는 공과금이 아님(피상속인이 납부할 의무가 없음)

장례비용

장례비용은 「일반장례비용」과 「봉안시설 또는 자연장지의 사용에 소요된 금액」으로 구분된다.

□ 일반장례비용

피상속인의 사망일로부터 장례일까지 장례에 직접 소요된 금액으로, 그 금액이 500만원 미만인 경우에는 500만원으로 하고 그 금액이 1천만원을 초과하는 경우에는 1천만원으로 한다. '장례에 직접 소요된 금액'에는 시신의 발굴 및 안치에 직접 소요된 비용과 묘지구입비(공원묘지 사용료를 포함한다), 비석, 상석 등 장례에 직접 소요된 비용을 포함한다.

□ 봉안시설 또는 자연장지의 사용에 소요된 금액 : 500만원 한도
- 봉안시설 비용 : 유골을 봉안묘와 봉안당, 봉안탑 등의 봉안시설에 안치하는 비용으로, 시신을 매장하는 것을 제외한 비용
- 자연장지 비용 : 화장한 유골을 나무나 화초 등의 자연장으로 장사할 경우 지출한 비용

채무

🔍 **핵심**

채무(차입거래)는 금융증빙과 이자 지급 사실을 반드시 준비하고, 국세청 사후 관리(채무 변제에 따른 자금 출처 및 흐름)에 대비하라.

🔍 **핵심**

피상속인 병원비는 사망 후에 지불해서 채무로 인정을 받거나, 사망 전에 지불한다면 피상속인 계좌에서 지불하라.

 사례 – 상속인 명의 차입금이 피상속인의 채무로 인정되는 Case 1

부친은 빌딩 건물을 짓던 중 사망하였다. 건물 공사자금이 필요하여 모친 명의로 대출금을 받아 공사대금을 지급한 것으로 확인되었다. 피상속인 명의의 채무는 아니지만, 모친 명의의 차입금이 공사대금으로 사용되었을 경우 채무로 인정될 수 있는가?

→ 비록 차입금 명의는 모친이지만, 차입금이 공사대금으로 명백하게 사용되었다면 채무로 인정된다.

 사례 – 상속인 명의 차입금이 피상속인의 채무로 인정되는 Case 2

부친은 모친 명의로 7억원을 차입하였다. 차입한 금액 7억원 중 ① 피상속인 통장으로 3억원이 입금되었고, 나머지 4억원은 피상속인 부동산 취득자금으로 사용되었다. ② 차입금 7억원에 대한 담보는 피상속인의 부동산이 제공되었고, ③ 이자는 전액 피상속인이 부담한 경우, 피상속인의 채무로 인정될 수 있는가?

→ 비록 차입금 명의는 모친이지만, 차입금 원금은 피상속인에게 이체되었고, 이자는 피상속인이 부담하였으며 또한 피상속인의 부동산이 담보로 설정되었기 때문에 채무로 인정된다.

상속인은 피상속인의 재산에 관한 권리와 의무를 포괄적으로 승계하므로 채무도 함께 상속된다. 그러므로 상속세 계산 시 승계한 채무를 공제해 주고 있다. '채무'란 명칭 여하에 불구하고 상속개시 당시 피상속인이 부담하여야 할 확정된 채무로서 공과금 이외의 모든 부채로써 입증된 것을 말한다.

□ 상속세 과세가액에서 차감하는 채무 범위

  • 미지급이자 : 상속개시일 현재 소비대차에 의한 피상속인의 채무에 대한 미지급이자

  • 보증채무 : 피상속인이 부담하고 있는 보증채무 중 주채무자가 변제불능의 상태로서 상속인이 주채무자에게 구상권을 행사할 수 없다고 인정되는 부분에 상당하는 금액

  • 연대채무 : 피상속인이 연대채무자인 경우 상속재산에서 공제할 채무액은 피상속인의 부담분에 상당하는 금액에 한하여 공제할 수 있음. 다만, 연대채무자가 변제불능의 상태가 되어 피상속인이 변제불능자의 부담분까지 부담하게 된 경우로서 그 부담분에 대하여 상속인이 구상권행사에 의해 변제받을 수 없다고 인정되는 경우에 상당하는 금액

  • 피상속인이 상속개시일 현재 상속재산인 건물 등을 임대함으로써 반환의무가 있는 임대보증금

  • 사용인의 퇴직금상당액에 대한 채무
    피상속인의 사업과 관련하여 고용한 사용인에 대한 상속개시일까지의 퇴직금 상당액(근로기준법에 의하여 지급하여야 할 금액)

□ 채무의 입증방법

상속개시 당시 피상속인의 채무로서 상속인이 실제로 부담하는 사실이 다음 어느 하나에 따라 증명되어야 함

- 국가 · 지방자치단체 및 금융회사 : 해당 기관에 대한 채무임을 확인할 수 있는 서류
- 상기 외의 자에 대한 채무 : 금융거래증빙 채무부담계약서, 채권자확인서, 담보설정 및 이자지급에 관한 증빙 등에 의하여 채무부담사실을 확인할 수 있는 서류

06

사전증여재산 합산

🔍 핵심

상속이냐! 사전증여냐!!
물려받을 재산을 상속으로 받을 것인가! 사전증여로 받을 것인가!
절대적 기준은 없다. 각각 처한 상황에 따라 상속이 나을 수 있고,
사전 증여가 나을 수 있다.

주위의 많은 분들이 사전 증여에 관심이 많다. 세금 차원에서 보면 이는 절세를 통한 부의 이전이 이루어질 수 있기 때문이다. 절세가 이루어질 수 있는 것은 상속세 세율 구조에 해답이 있다.

일반적으로 물건을 많이 사는 경우에는, 많이 살수록 보다 저렴한 가격으로 구입이 가능하다. 이와는 반대로 세금은 소득이 많을수록 더 높은 세율이 적용된다. 상속세율이 단일 세율로 구성되어 있다면 절세전략이 나올 수 없다. 5단계 초과 누진세율 구조를 띠고 있기 때문에 재산을 분산시키면 (사전 증여를 통한 시기별 재산 분산) 보다 낮은 세율(한계세율)을 적용받을 수 있어, 사전증여에 관심이 많은 것이다.

필자는 오랜기간 공인회계사(세무사) 업무를 수행하면서, 상속인에게 "사전 증여를 하는 것이 유리한 것"인지 아니면 "상속으로 물려주는 것이 나은 것"인지에 대한 질문을 가장 많이 받고 있다. "부친이 병세가 악화되어, 노령으로 생이 얼마 남지 않으셔서 부친 재산을 현재 어떻게 하는 것이 좋나요?"라는 문의를 받는데, 대개 상속으로 가는 것이 유리하다고 조언한다. 이러한 위급상황에서의 사전 증여는 상속재산에 합산될 확률이 매우 크기 때문이다.

사전증여재산은 10년이 지나면 상속재산에 합산되지 않으므로, 이런 경우에는 사전 증여가 유리하다. 그렇지만 사전 증여 후 10년 이내 상속이 이루어진다면 각각의 상황별로 유·불리가 달라진다

얼마 전 상속인 L 부인은 망인 남편을 떠올리며, 저희 남편은 돌아가시기 1년 전 "이제 편히 눈을 감아도 좋겠다. 아들들에게 증여한 지 이젠 10년이 지나서 아버지로서 마지막 도리를 다했다."라는 말씀을 남기셨다는 것이다.

이것이 바로, 사전증여 합산기간인 10년이 지나 이제는 상속세 계산시 합산되지 않는다는 의미이다.

생전 사전 증여는 일반적으로 절세효과가 존재한다. 더욱이 사전증여 후 10년이 지나면 상속재산에 합산 배제되기 때문에 그 절세효과가 크다. 사전 증여 후 10년이 지나지 않아 상속재산에 합산되는 경우에는, 사전 증여가 반드시 유리하지 않다. 어떤 경우에는 사전 증여가 오히려 불리하게 될 수도 있다.

□ 다음 4가지 상황을 가지고 상속이냐! 사전증여냐!! 판단해 보자.

📚 **사례** － 4가지 상황별 상속과 사전증여 절세효과 분석

상 황	사전증여시기	구 분	사전증여 재산 예	당초 증여 시	상속 시
상황1	10년 이내	사전증여재산가액 불변 case	예금	10억원	10억원
상황2	10년 이내	사전증여재산가액 상승 case	시세가 상승한 부동산	10억원	15억원
상황3	10년 이내	사전증여재산가액 하락 case	시세가 하락한 부동산	10억원	5억원
상황4	10년 경과	－	－	－	－

〈상황1〉 예금 사전증여

상황1은 생전에 예금 10억원을 사전 증여하고, 10년 이내 상속이 발생된 경우(사전 증여한 예금 10억원이 상속 시에도 변동이 없는 경우)이며, 재산 변동 현황은 다음과 같다.

구 분	당초 증여 시	상속 시	비 고
사전증여재산	10억원	10억원	불변
기타 상속재산	15억원	15억원	
합 계	25억원	25억원	

〈상황1 - 각각의 경우 세금 계산〉

(단위 : 천원)

구 분	일반 상속	(10년 이내) 사전증여 + 상속
총납부세액 (상속세+증여세)	349,200	349,200

상속세계산	일반 상속	(10년 이내) 사전증여 + 상속
총 상 속 재 산 가 액	2,500,000	1,500,000
(+) 사 전 증 여 재 산 가 액	−	1,000,000
= 상 속 세 과 세 가 액	2,500,000	2,500,000
(−) 인 적 공 제	1,000,000	1,000,000
(−) 물 적 공 제	200,000	200,000
= 과 세 표 준	1,300,000	1,300,000
(×) 세 율		
= 산 출 세 액	360,000	360,000
(−) 기 납 부 증 여 세 액 공 제	−	(−)225,000
(−) 신 고 세 액 공 제	(−)10,800	(−)4,050
= 신 고 납 부 세 액	349,200	130,950

증여세계산	일반 상속	(10년 이내) 사전증여 + 상속
증 여 재 산 가 액	−	1,000,000
(−) 증 여 재 산 공 제	−	50,000
= 과 세 표 준	−	950,000
(×) 세 율		
= 산 출 세 액	−	225,000
(−) 신 고 세 액 공 제	−	(−)6,750
= 신 고 납 부 세 액	−	218,250

상황1의 경우에는 일반상속과 예금 10억원을 10년 이내 사전증여하고 상속이 이루어진 경우 총납부세액은 동일하다.[12] 이는, 사전증여를 하였지만, 10년 이내 상속이 이루어지면 사전증여재산가액 상속세 계산 시 포함되어 계산되고 기존 납부한 증여세는 기납부증여세액공제로 차감받기 때문에 그 효과는 동일하게 나타나게 되어 있다.

사전증여가 10년을 경과하면 상속세 계산 시 포함되지 않기 때문에 절세효과가 존재한다.

---

12 상속공제 한도에 영향이 없기 때문에 총납부세액은 동일하나, 사전증여효과가 상속공제에 영향을 미친다면 총납부세액에 영향을 미칠 수 있다.

⟨상황2⟩ 시세가 상승한 부동산 사전증여

상황2는 생전에 부동산 가액 10억원을 사전 증여하고, 10년 이내 상속이 발생된 경우(사전 증여한 부동산 가액 10억원이 상속 시 15억원으로 상승)이며, 재산 변동 현황은 다음과 같다.

구 분	당초 증여 시	상속 시	비 고
사전증여재산	10억원	15억원	5억원 상승
기타 상속재산	15억원	15억원	
합 계	25억원	30억원	

⟨상황2 – 각각의 경우 세금 계산⟩

(단위 : 천원)

구 분	일반 상속	(10년 이내) 사전증여 + 상속
총납부세액 (상속세+증여세)	543,200	349,200

상속세계산	일반 상속	(10년 이내) 사전증여 + 상속
총 상 속 재 산 가 액	3,000,000	1,500,000
(+) 사 전 증 여 재 산 가 액	–	1,000,000
= 상 속 세 과 세 가 액	3,000,000	2,500,000
(−) 인 적 공 제	1,000,000	1,000,000
(−) 물 적 공 제	200,000	200,000
= 과 세 표 준	1,800,000	1,300,000
(×) 세 율		
= 산 출 세 액	560,000	360,000
(−) 기 납 부 증 여 세 액 공 제	–	(−)225,000
(−) 신 고 세 액 공 제	(−)16,800	(−)4,050
= 신 고 납 부 세 액	543,200	130,950

증여세계산	일반 상속	(10년 이내) 사전증여 + 상속
증 여 재 산 가 액	−	1,000,000
(−) 증 여 재 산 공 제	−	50,000
= 과 세 표 준	−	950,000
(×) 세 율		
= 산 출 세 액	−	225,000
(−) 신 고 세 액 공 제	−	(−)6,750
= 신 고 납 부 세 액	−	218,250

상황2의 경우에는 사전증여한 경우 총세액은 349,200천원으로 사전증여하지 않고 상속이 이루어진 경우보다 194,000천원만큼 세금이 절약된다(절세된다). 이는 사전증여 시 부동산 가액보다 상속 시 부동산가액이 상승하였지만, 상속세 계산 시 당초 증여재산가액인 10억원으로 신고하기 때문에 그만큼 절세가 된 것이다.

〈상황3〉 시세가 하락한 부동산 사전증여

상황3은 생전에 부동산 가액 10억원을 사전 증여하고, 10년 이내 상속이 발생된 경우(사전 증여한 부동산 가액 10억원이 상속 시 5억원으로 하락)이며, 재산 변동 현황은 다음과 같다.

구 분	당초 증여 시	상속 시	비 고
사전증여재산	10억원	5억원	5억원 하락
기타 상속재산	15억원	15억원	
합 계	25억원	20억원	

〈상황3 - 각각의 경우 세금 계산〉

(단위 : 천원)

구 분	일반 상속	(10년 이내) 사전증여 + 상속
총납부세액 (상속세+증여세)	174,600	349,200

상속세계산		일반 상속	(10년 이내) 사전증여 + 상속
	총 상 속 재 산 가 액	2,000,000	1,500,000
(+)	사 전 증 여 재 산 가 액	−	1,000,000
=	상 속 세 과 세 가 액	2,000,000	2,500,000
(−)	인 적 공 제	1,000,000	1,000,000
(−)	물 적 공 제	200,000	200,000
=	과 세 표 준	800,000	1,300,000
(×)	세 율		
=	산 출 세 액	180,000	360,000
(−)	기 납 부 증 여 세 액 공 제	−	(−)225,000
(−)	신 고 세 액 공 제	(−)5,400	(−)4,050
=	신 고 납 부 세 액	174,600	130,950

증여세계산	일반 상속	(10년 이내) 사전증여 + 상속
증 여 재 산 가 액	−	1,000,000
(−) 증 여 재 산 공 제	−	50,000
= 과 세 표 준	−	950,000
(×) 세 율		
= 산 출 세 액	−	225,000
(−) 신 고 세 액 공 제	−	(−)6,750
= 신 고 납 부 세 액	−	218,250

　　상황3의 경우 사전증여한 경우의 총세액은 349,200천원으로 사전증여하지 않고 상속이 이루어진 경우보다 174,600천원만큼 세금이 불리하다(부담된다). 이는 사전증여 시 부동산 가액보다 상속 시 부동산가액이 하락하였지만, 상속 세 계산 시 당초 증여재산가액인 10억원으로 신고하기 때문에 그만큼 세금을 더 부담하게 된다.

〈상황4〉 사전증여후 10년 경과

상황4는 생전에 예금 10억원을 사전 증여하고, 10년이 경과 후 상속이 발생된 경우로 재산 변동 현황은 다음과 같다.

구 분	당초 증여 시	상속 시	비 고
사전증여재산	10억원	10억원	불변
기타 상속재산	15억원	15억원	
합 계	25억원	25억원	

〈상황4 – 각각의 경우 세금 계산〉

(단위 : 천원)

구 분	일반 상속	(10년 경과) 사전증여 + 상속
총납부세액 (상속세+증여세)	349,200	266,750

상속세계산		일반 상속	(10년 경과) 사전증여 + 상속
	총 상 속 재 산 가 액	2,500,000	1,500,000
(+)	사 전 증 여 재 산 가 액	—	—
=	상 속 세 과 세 가 액	2,500,000	1,500,000
(−)	인 적 공 제	1,000,000	1,000,000
(−)	물 적 공 제	200,000	200,000
=	과 세 표 준	1,300,000	300,000
(×)	세 율		
=	산 출 세 액	360,000	50,000
(−)	기 납 부 증 여 세 액 공 제	—	—
(−)	신 고 세 액 공 제	(−)10,800	(−)1,500
=	신 고 납 부 세 액	349,200	48,500

증여세계산	일반 상속	(10년 경과) 사전증여 + 상속
증 여 재 산 가 액	−	1,000,000
(−) 증 여 재 산 공 제	−	50,000
= 과 세 표 준	−	950,000
(×) 세 율		
= 산 출 세 액	−	225,000
(−) 신 고 세 액 공 제	−	(−)6,750
= 신 고 납 부 세 액	−	218,250

상황4의 경우 일반상속과 예금 10억원을 사전증여하고 10년이 경과 후 상속이 이루어진 사례로 사전증여가 절대적으로 유리하다. 이는 사전증여를 한 후 10년이 경과하면 상속세 계산 시 합산되지 않기 때문에 절세효과가 존재한다. (82,450천원 (=349,200천원 − 266,750천원))

· ·

피상속인이 생전에 상속인 등에게 재산을 사전 증여함으로써 상속세 누진세율 부담을 경감하는 것을 방지하고자, 상속개시일 전 일정기간 내에 사전 증여한 재산은 상속세 과세가액에 가산하여 상속세를 과세한다. 현행 상속세 합산과세 대상 사전증여재산 범위는 다음과 같다.

구 분	증여재산가액
상속인에게 증여한 경우	상속개시일 전 10년 이내 증여재산
상속인 이외의 자에게 증여한 경우	상속개시일 전 5년 이내 증여재산

사전 증여받은 수증인이 피상속인보다 먼저 사망한 경우에는 합산되지 않는다. 상속개시일 전 10년 이내에 피상속인이 상속인에게 증여한 재산가액은 상속세 과세가액에 가산하는 것이나, 피상속인으로부터 재산을 증여받은 수증자가 피상속인보다 먼저 사망한 경우에는 그러하지 않기 때문이다(재산상속 46014-473, 2000.4.17.).

그러나 창업자금에 대한 증여세 과세특례와 가업승계에 대한 증여세 과세특례의 경우에는 기간과 관계없이 상속재산에 합산되도록 되어 있다. 상속세 합산 과세되는 증여재산의 가액은 상속개시일 현재가 아니라 증여일 현재의 시가로 평가하며, 합산하는 증여재산에 대한 증여세액은 상속세 계산 구조 상 공제(증여세액공제)함으로써 증여세와 상속세 이중과세를 조정하고 있다.

상속세 과세가액에 합산 가산하지 않는 증여재산은 다음과 같다.
① 비과세되는 증여재산
② 공익법인 등이 출연받은 재산
③ 공익신탁 재산
④ 장애인이 증여받은 재산
⑤ 합산배제증여재산
  • 전환사채 등의 주식전환 등에 따른 이익의 증여
  • 주식등의 상장 등에 따른 이익의 증여
  • 합병에 따른 상장 등 이익의 증여
  • 재산 취득 후 재산가치 증가에 따른 이익의 증여

- 재산 취득자금 등의 증여추정
- 명의신탁재산의 증여의제
- 특수관계법인과의 거래를 통한 이익의 증여의제
- 특수관계법인으로부터 제공받은 사업기회로 발생한 이익의
  증여의제

결론적으로 사전 증여 후 10년 이내 상속이 이루어진 경우는 다음과 같다.

구 분	당초 증여 시	상속 시	효 과	사전증여재산 예
사전증여재산가액 불변 case	10억원	10억원	무차별	예금
사전증여재산가액 상승 case	10억원	15억원	사전 증여 유리	(시세가 상승한) 부동산
사전증여재산가액 하락 case	10억원	5억원	사전 증여 불리	(시세가 하락한) 부동산

사전 증여 후 10년 이내 상속이 발생하여 사전증여재산가액이 상속
재산에 포함이 되는 경우에, 예금(화폐성자산)처럼 증여가액이 불변하
는 재산은 사전증여하는 경우와 상속하는 경우 세금차이가 없다. 그러
나 사전증여한 부동산(비화폐성자산)이 상속개시일에 상승해 있다면
사전증여가 유리하고(사전 증여 시 절세), 반대로 상속개시일에 하락
해 있다면 사전 증여가 불리할 것이다.

사전 증여 후 10년 후 상속이 이루어진 경우에는, 사전 증여재산은
상속재산에 합산이 되지 않기 때문에 사전 증여하는 것이 절대적으
로 유리하다.

🔍 핵심

피상속인의 재산이 상속공제 이내 금액이면 사전증여가 아니라 상속을 선택하라!

상속세는 기본적으로 배우자가 생존해 있으면, 최소 10억원 공제 가능(배우자공제 5억원+일괄공제 5억원)하고, 배우자가 없으면 최소 5억원 공제(일괄공제 5억원)가능하다. 즉, 배우자가 생존해 있으면 최소 상속재산 10억원, 배우자가 없으면 최소 상속재산 5억원이 넘어야 상속세가 과세된다. 상속공제 금액 이내이면 반드시 상속을 선택하는 것이 유리하다.

또한, 부동산 평가의 대원칙은 시세이다. 그러나 공동주택을 제외한 시세가 형성되어 있지 않은 단독주택·토지·일반 건물 등은 기준시가(공시가격)로 판단한다.

📚 사례 – 시골 농지 공시지가로 평가하여 상속으로 물려받기
....

평소에 잘 알고 지내는 L 사장이 어느 날 면담을 요청해 왔다. 노령인 부친의 향후 상속 시 예상 상속세가 어떻게 되는 지에 대한 문의사항이었다. 90세인 부친이 소유하고 있는 재산은 농지(답) 5,000평, 현재 시세는 가격이 많이 올라 약 30억원 정도라 한다. 부친은 고령이지만 아직까지는 일을 하실 정도로 건강하시다고 한다. 모친 역시 건강하신 편이다. 해당 토지는 시골에 위치하고 있으며, 현재 공시지가는 약 11억원이며, 과거 10년 전에 토지 담보로 대출받은 금액이 2억원 존재한다.
해당 토지를 사전 증여할 것인가? 상속으로 받을 것인가? 그리고, 해당 토지 대출금 2억원을 부모에게 효도 차원에서 자식들이 상환해 줘도 되는가?

→ 결론적으로 상속으로 받아야 한다. 그리고, 향후 이 토지를 담보로 대출받거나, 토지신탁연금을 신청해서는 안 된다. 대출 등 실행 시 토지에 대한 감정가액이 나오면 상기 토지는 기준시가가 아닌 감정가액으로 상속세가 과세될 수 있기 때문이다.

| 상속으로 받는 경우와 사전 증여로 받는 경우 |

(단위 : 천원)

상속세계산	금액	증여세계산	금액
총상속재산가액	1,100,000	증여재산가액	1,100,000
(−) 채 무	200,000	(−) 채 무	200,000
= 상속세과세가액	900,000	= 증여세과세가액	900,000
(−) 배 우 자 공 제	500,000	(−) 증 여 재 산 공 제	50,000
(−) 일 괄 공 제	500,000		
= 과 세 표 준	−	= 과 세 표 준	850,000
(×) 세 율		(×) 세 율	
= 산 출 세 액	−	= 산 출 세 액	195,000

상속으로 가는 경우 상속세 과세가액이 최소 상속공제 10억원 미만으로 세금이 과세되지 않는 반면, 증여(장남 단독 증여가정)로 가는 경우에는 무려 세액이 약 2억원 과세될 수 있다.

또한, 부채 2억원을 자식들이 상환해 준 순간 2억원을 부친이 자식들한테 증여받은 꼴이 되고, 상속세 과세가액도 2억원 증가되어 상속세가 과세될 수 있다(당초 상속세 과세가액 9억원(11억원−2억원)에서 11억원으로 상승).

🔍핵심

| 적정사전증여비율, 황금률(Golden Ratio)을 찾아라!

적정사전증여비율(Golden Ratio)

　매년 사전증여에 대한 관심이 뜨겁다. 그러나 실무에서 잘못된 증여가 적지 않게 발생한다. 증여를 실행하기 전에는 관련 세금(취득세, 보유세, 양도 · 상속 · 증여세)의 효과를 살펴보고 이를 숫자로 비교할 수 있어야 한다. 그리고, 사전증여는 언제, 누구한테, 얼마만큼을, 어떤 가액으로 평가해서 증여하는지가 중요하다. 이를 정확히 판단하지 못하면 잘못된 증여가 발생한다.

　사전증여를 계획하고 있다면, 본인의 재산을 기준으로 생전에 사전증여할 금액과 끝까지 보유해야 할 금액(상속가액)을 구분해서 세금을 최소화하는 적정사전증여금액을 도출할 수 있어야 한다. 적정사전증여비율(Golden Ratio)이란, 관련 세금을 최소화하는 적정사전증여금액을 본인의 총재산으로 나눈 값이다. 개인마다 사상체질이 다르듯이, 각자의 재산상태에 따른 적정사전증여 비율이 존재한다. 즉, 각자의 황금률이 존재하는 것이다.

▢ 상속재산 별 예상 상속세 (배우자공제 5억, 일괄공제 5억 가정)

(단위 : 억원)

구 분	20억 재산가	30억 재산가	50억 재산가	100억 재산가
총상속재산(A)	20.0	30.0	50.0	100.0
상속세(B)	2.3	6.2	14.9	39.2
상속세율(B/A)	약 10% (11.6%)	약 20% (20.7%)	약 30% (29.9%)	약 40% (39.2%)

상속재산 별 예상 상속세를 살펴보면, 20억 재산가는 약 10%의 상속세를, 30억 재산가는 약 20%의 상속세를, 50억 재산가는 약 30%의 상속세를, 100억 재산가는 약 40%의 상속세를 일반적으로 부담한다. 재산가액이 100억을 초과할수록 상속세부담은 50%에 근접한다.

□ 50억 재산가, 적정사전증여비율 도출

50억 재산가는 상속세가 약15억원이 산출되는데, 10년 간격으로 2차례 사전증여를 가정하고 사전증여비율을 시뮬레이션 해 보면 최적의 사전증여비율이 도출된다. 예를 들어, 1차 15억원을 사전 증여 후 10년이 경과하면 최대 3.9억원이 절세가 되며, 다시 2차 15억원을 사전 증여 후 10년이 경과하면 추가로 최대 2.9억원이 절세가 된다. 즉, 1·2차 사전 증여를 통해 총 6.8억원이 절세되며, 준비 없이 상속하는 경우보다 약 46% 세금이 감소한다. 그래서, 50억 재산가의 경우에는 3(1차 사전증여 15억) : 3(2차 사전증여 15억) : 4(상속 20억)의 적정사전증여비율(황금률)이 산출되는 것이다.

(단위 : 억원)

구 분	현재 상속시 (50억)	1차 사전증여 (15억)후 10년 경과	2차 사전증여 (15억)후 10년 경과
상속세	14.9	8.1	2.3
증여세	-	2.9	5.8
합 계	14.9	11.1	8.1
차 이		(-)3.9	(-)6.8

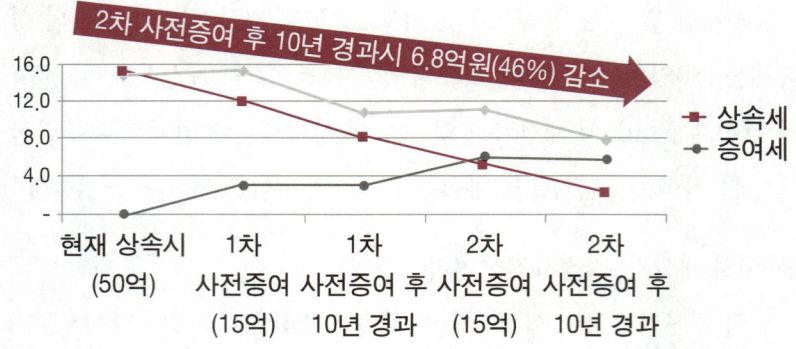

상기 사례는 상속세와 증여세 효과만 살펴보았지만, 관련 세금(취득세, 보유세, 양도세) 효과까지 살펴보면 더 정교한 적정사전증여비율이 도출될 것이다. 또한, 사전증여 상속재산 합산기간이 10년이기 때문에, 10년 단위로 2차례 사전증여하는 것이 절세가 된다. 1번에 큰 금액보다는 10년 단위로 2번에 나눠서 사전증여하는 것이 유리하기 때문에, 기본적으로 충분한 시간을 두고 상속증여PLAN을 수립하는 것이 중요하다. 그리고, 주상속인이 아닌 손주·며느리·사위에게 증여 시에는 합산기간이 5년으로 줄기 때문에, 기간을 단축해서 절세효과를 인식할 수 있을 것이다.

▫ 재산가액 별 적정사전증여비율(2차례 증여 시)

(단위 : 억원)

총세금 재산가액	현재 상속시	1차 사전증여후 10년 경과	2차 사전증여후 10년 경과	Golden Ratio
100억	39.2	32.3	26.4	4 : 4 : 2
50억	14.9	11.1	8.1	3 : 3 : 4
30억	6.2	4.4	3.0	2.5 : 2.5 : 2.5
20억	2.3	1.6	1.0	2 : 2 : 6

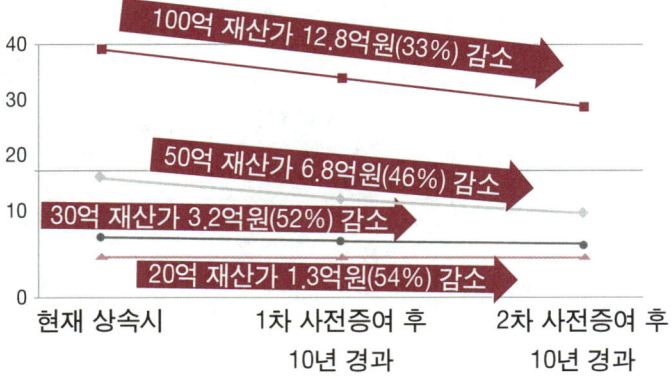

재산가액 별로 2차례 증여 시 적정사전증여비율을 살펴보면, 100억 재산가는 40%인 40억씩 2차례 증여하고, 20%인 20억을 상속으로 가는 경우 12.8억 절세효과(세금 33% 감소)를 가져온다. 즉, 100억 재산가의 적정사전증여비율은 4 : 4 : 2이다.

50억 재산가는 앞서 설명한 바와 같이 30%인 15억씩 2차례 증여하고, 40%인 20억을 상속으로 가는 경우 6.8억 절세효과(세금 46% 감소)를 가져온다. 즉, 50억 재산가의 적정사전증여비율은 3 : 3 : 4이다.

30억 재산가는 25%인 7.5억씩 2차례 증여하고, 50%인 15억을 상속으로 가는 경우 3.2억 절세효과(세금 52% 감소)를 가져온다. 즉, 30억 재산가의 적정사전증여비율은 2.5 : 2.5 : 5이다.

20억 재산가는 20%인 4억씩 2차례 증여하고, 60%인 12억을 상속으로 가는 경우 1.3억 절세효과(세금 54% 감소)를 가져온다. 즉, 20억 재산가의 적정사전증여비율은 2 : 2 : 6이다.

□ 재산가액 별 적정사전증여비율(1차례 증여 시)

(단위 : 억원)

총세금 재산가액	현재상속시	1차 사전증여 후 10년 경과	Golden Ratio
100억	39.2	29.9	6 : 4
50억	14.9	11.4	5 : 5
30억	6.2	3.8	4 : 6
20억	2.3	1.4	3 : 7

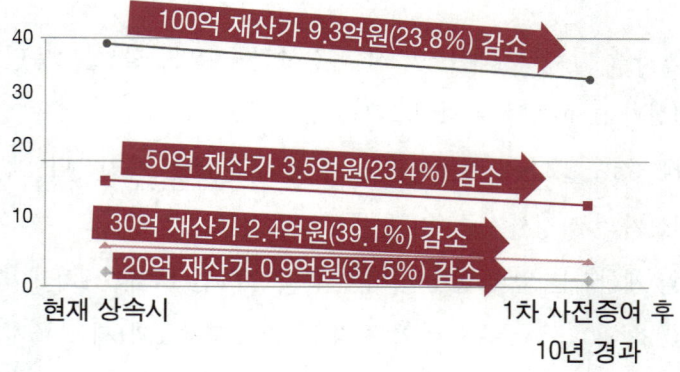

　　재산가액 별로 1차례 증여 시 적정사전증여비율을 살펴보면, 100억 재산가는 60%인 60억을 증여하고, 40%인 40억을 상속으로 가는 경우 9.3억 절세효과(세금 23.8% 감소)를 가져온다. 즉, 100억 재산가의 적정사전증여비율은 6 : 4이다.

　　50억 재산가는 50%인 25억을 증여하고, 50%인 25억을 상속으로 가는 경우 3.5억 절세효과(세금 23.4% 감소)를 가져온다. 즉, 50억 재산가의 적정사전증여비율은 5 : 5이다.

30억 재산가는 40%인 12억을 증여하고, 60%인 18억을 상속으로 가는 경우 2.4억 절세효과(세금 39.1% 감소)를 가져온다. 즉, 30억 재산가의 적정사전증여비율은 4 : 6이다.

20억 재산가는 30%인 6억을 증여하고, 70%인 14억을 상속으로 가는 경우 0.9억 절세효과(세금 37.5% 감소)를 가져온다. 즉, 20억 재산가의 적정사전증여비율은 3 : 7이다.

🔍 **핵심**

(상속세 과세 최저한 이내의) 상속재산을 특정 상속인에게 귀속시키려면 사전증여 방식보다 유증을 활용해 보아라!

재산을 특정 상속인에게 귀속시키려면 충분한 계획과 시간을 가지고 사전 증여 방식을 고려할 수 있다. 그런데, 상속세 과세 최저한 이내의 재산을 가지신 분은 절세차원에서 상속으로 가는 것이 100% 유리하다. 그렇지 않고 사전 증여 방식을 선택한다면 상속세가 과세됨에도 불구하고 사전 증여 방식을 선택하려고 하는 분들이 있다. 이유는 둘 중 하나 이다.

첫째는, 상속세 과세 최저한 공제 금액을 잘 모르는 경우이고, 둘째는, 특정 상속인에게 사전 증여를 통해 재산을 귀속시키고자 함이다. 상속이 발생하면 특정 상속인에게 재산이 귀속되지 않고 상속인 법정 지분 별로 귀속되기 때문이다. 다음과 같은 사례를 통해서 묘안을 찾아 보자.

사례 – 오씨 부인 최고의 묘수, 유증

오씨 부인은 최근 병세가 악화되어 본인 명의의 아파트(시세 10억원)를 두 딸들에게 물려주고자 한다. 남편은 생존해 있으나, 남편과는 사이가 좋지 않아 현재 별거 중이다. 오씨 부인은 아파트 외 다른 재산은 없다. 상기 아파트를 상속으로 물려 주면 세금은 나오지 않으나, 얄미운 남편이 본인 몫(3/7)을 챙길거라 생각하니 여전히 마음이 무겁다. 그렇다고 생전 두 딸들에게 사전증여를 하려고 하니 세금이 만만치 않다. 어떤 묘수가 없을까?

상속으로 가는 경우와 사전 증여의 경우 각각의 장단점은 다음과 같다.

구 분	상 속	사전증여
장점	세금 부담 없음.	남편 동의 없이 두 딸에게 아파트 이전 가능.
단점	상속 시, 상속인 간 재산 분배로 다툼 발생. 법정지분으로 가는 경우 남편에게 상속(3/7)가능.	세금 부담 많음. - 증여세 : 155,200천원 - 상속세 : 48,500천원 - 총세금 : 203,700천원

구 분	일반 상속	(10년 이내) 사전증여 + 상속
총납부세액 (상속세+증여세)	—	203,700

상속세계산	일반상속	(10년 이내) 사전증여 + 상속
총 상 속 재 산 가 액	1,000,000	—
(−) 과 세 가 액 공 제 액	—	—
(+) 사 전 증 여 재 산 가 액	—	1,000,000
= 상 속 세 과 세 가 액	1,000,000	1,000,000
(−) 상 속 공 제[13] (일 괄 , 배 우 자 공 제)	1,000,000	100,000
= 과 세 표 준	—	900,000
(×) 세 율		
= 산 출 세 액	—	210,000
(−) 기 납 부 증 여 세 액 공 제	—	160,000
(−) 신 고 세 액 공 제	—	1,500
= 신 고 납 부 세 액	—	48,500

---

13 ㅣ상속공제액 한도 계산ㅣ

구 분	상 속	(10년 이내) 사전증여+상속
상 속 세 과 세 가 액	1,000,000	1,000,000
(−) 사전증여재산가액	—	900,000
= 상 속 공 제 액 한 도	1,000,000	100,000

증여세계산	일반 상속	(10년 이내) 사전증여 + 상속
증 여 세 과 세 가 액	—	500,000
(−) 증 여 재 산 공 제	—	50,000
= 과 세 표 준	—	450,000
(×) 세 율		
= 산 출 세 액	—	80,000
(−) 신 고 세 액 공 제	—	2,400
= 신 고 납 부 세 액	—	77,600
× 2 명		×2
총 증 여 세		155,200

상속으로 가는 경우에는 세금 부담이 전혀 없는 반면 상속인간 재산분쟁이 있을 수 있고, 사전증여 시에는 두 딸에게 아파트를 넘길 수 있으나 세 부담이 적지 않다.

결론적으로 이런 경우에는 유증(유언증여) 방식을 택한다면, 상증법상 유증 은 상속재산에 포함되어 증여세 대신 상속세 과세대상이며 역시 특정 상속인을 귀속시킬 수 있다는 장점이 있다.[14] 또한 두 딸도 1순위 상속인이기 때문에 「선순위 상속인이 아닌 자에게 유증 등을 한 재산가액」에 포함되지 않기 때문 에, 상속공제액 한도에 영향을 미치지 않는다.

· ·

---

14 실제 상속 발생시(상속방식, 사전증여방식, 유증방식 어떠한 방식이든) 남편은 유류분을 주장할 수 있어, 그 런 경우에는 1.5/7 권리가 남편에게 존재 가능하다(법정 지분(3/7)의 50%=1.5/7).

┤규정├

상증법 제2조 【정의】

이 법에서 사용하는 용어의 뜻은 다음과 같다.

1. "상속"이란 「민법」제5편에 따른 상속을 말하며, 다음 각 목의 것을 포함한다.

가. 유증(遺贈)

나. 「민법」제562조에 따른 증여자의 사망으로 인하여 효력이 생길 증여(상속개시일 전 10년 이내에 피상속인이 상속인에게 진 증여채무 및 상속개시일 전 5년 이내에 피상속인이 상속인이 아닌 자에게 진 증여채무의 이행 중에 증여자가 사망한 경우의 그 증여를 포함한다. 이하 "사인증여"(死因贈與)라 한다)

다. 「민법」제1057조의 2에 따른 피상속인과 생계를 같이 하고 있던 자, 피상속인의 요양간호를 한 자 및 그 밖에 피상속인과 특별한 연고가 있던 자(이하 "특별연고자"라 한다)에 대한 상속재산의 분여(分與)

라. 「신탁법」제59조에 따른 유언대용신탁

마. 「신탁법」제60조에 따른 수익자연속신탁

상기 오씨 부인 사례는 실무에서 중요한 사례이다. 특히 상속인으로 이복형제가 있는 경우에는 각별히 유념해야 한다. 더욱이 이복형제와 교류가 없거나 연락이 되지 않는 경우에는 미리 준비하지 않으면 상속등기를 하는데 꽤 애를 먹는다. 이는 피상속인 아버지를 기준으로는 전처와 후처 자식들은 직계비속으로 주상속인에 해당되기 때문에, 미리 사전증여를 하든 유증을 준비하지 못하면 주어진 기한 내에 상속등기를 수행하지 못한 경우가 자주 발생한다.

| 피상속인과 상속인간의 계좌이체는 절제하라. 현금과 금융재산은 건별로 증여로 볼 수 있다. 피상속인을 위한 비용은 피상속인 계좌에서 직접 사용하라.

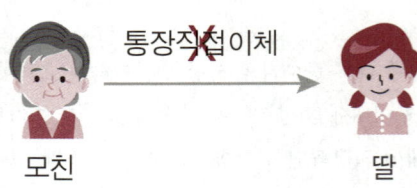

모친   통장직접이체   딸

상속세 신고를 준비하다 보면, 피상속인과 상속인간의 계좌이체가 수시로 많이 이루어진 경우를 볼 수 있다. 이런 경우는 생활비, 경조사비 등 비용 성격으로 소명이 되지 않으면 대가성 없이 사전 증여한 성격으로 볼 수 있다. 이런 경우는 상속인이 상속세 신고하는데 실무적 어려움이 많다.

📕 **사례** – 피상속인과 상속인간의 자금이체
· ·

최근 D 부인이 주상속인으로서 상속세 신고를 의뢰한 적이 있었다. 피상속인(모친)은 주로 해외 생활하면서 틈틈이 귀국하였고, 배우자 사망 직후에는 해외 생활을 접고 국내에 귀국하신 후 여생을 마감하였다. 그동안 피상속인의 국내 예금 등 재산을 D 부인이 본인 계좌로 이체하여 관리 운영하였다.

상속개시일 전 5년 기간 동안 자금흐름을 살펴보니, 피상속인에서 상속인으로 흘러간 돈이 약 4억원, 이 중 상속인에서 다시 피상속인으로 흘러간 돈이 약 2억원, 상속인이 피상속인을 위하여 케어비용(진료비, 약제비, 생활비 등)성격으로 2억원을 사용하였다고 주장한다. 이 주장을 뒷받침하기 위해 D 부인은 최근 5개년 본인 신용카드 내역, 가계부, 피상속인 출입국관리기록 등을 검토해 가면서 케어비용에 대한 소명을 준비하느라 굉장히 고생을 하였다.

결론적으로 피상속인과 상속인간의 자금이체는 각각 이체한 순간 증여로 간주하기 때문에 유념해야 한다.

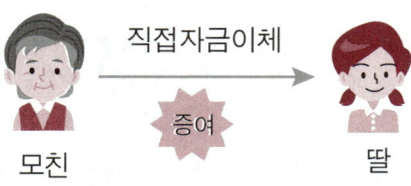

상기 사례의 경우, 피상속인에서 상속인에게 당초 이체된 금액 4억원과 상속인에서 피상속인에게 이체된 금액 2억원 각각 증여세 과세대상에 해당될 수 있다. 그러므로 피상속인과 상속인간의 자금 직접 이체는 절제해야 하며, 필요하다면 반드시 통장에 사용 명목을 표시해 두어야 한다.

∥규정∥

국세기본법 제26조의 2 【국세의 부과제척기간】

국세 중 상속세와 증여세를 부과할 수 있는 제척기간(권리의 존속기간)은 부정행위로 국세 포탈, 무신고, 허위신고(거짓 또는 누락신고)의 경우 15년이다(그 밖의 경우 10년임).

그러나 다음 어느 하나에 해당하는 경우에는 해당 재산의 상속 또는 증여가 있음을 안 날부터 1년 이내에 상속세 및 증여세를 부과할 수 있다. 다만 상속인이나 증여자 및 수증자가 사망한 경우와 포탈세액 산출의 기준이 되는 재산가액(다음 각 호의 해당 재산 가액을 합친 것)이 50억원 이하인 경우에는 그러하지 아니한다.

① 제3자의 명의로 되어 있는 피상속인 또는 증여자의 재산을 상속인이나 수증자가 취득 한 경우
② 계약에 따라 피상속인이 취득할 재산이 계약이행기간에 상속이 개시됨으로써 등기·등록 또는 명의개서가 이루어지지 아니하고 상속인이 취득한 경우
③ 국외에 있는 상속재산이나 증여재산을 상속인이나 수증자가 취득한 경우

④ 등기·등록 또는 명의개서가 필요하지 아니한 유가증권, 서화, 골동품 등 상속재산 또는 증여재산을 상속인이나 수증자가 취득한 경우

⑤ 수증자의 명의로 되어 있는 증여자의 「금융실명거래 및 비밀보장에 관한 법률」 제2조 제2호에 따른 금융자산을 수증자가 보유하고 있거나 사용·수익한 경우

⑥ 「상속세 및 증여세법」 제3조 제2호에 따른 비거주자인 피상속인의 국내재산을 상속인이 취득한 경우

⑦ 「상속세 및 증여세법」 제45조의 2에 따른 명의신탁 재산의 증여의제에 해당하는 경우

⑧ 상속재산 또는 증여재산인 「특정 금융거래정보의 보고 및 이용 등에 관한 법률」에 따른 가상자산사업자(같은 법 제7조에 따라 신고가 수리된 자로 한정한다)를 통하지 아니하고 상속인이나 수증자가 취득한 경우

상기 경우의 제3자 명의, 계약이행기간 중, 국외소재 재산, 서화·골동품 등, 수증자 명의 재산, 비거주자인 피상속인의 국내자산의 은닉재산이 50억원을 초과하는 경우에는 15년이 지났더라도 해당 재산의 상속 또는 증여가 있음을 안 날로부터 1년 이내에 상속세 및 증여세를 부과할 수 있도록 되어 있다. 이는 과세포착이 어려운 재산에 대해서는 50억원이 초과하는 경우 시기와 관계없이 평생 부과할 수 있도록 하여 부의 세습적 이전을 차단하고자 하는 취지라 볼 수 있다.

상속 개시 10년 이내 사전 증여 시 불리한 경우

사전 증여 후 10년 이내 상속이 이루어진 경우에는 원칙적으로 사전증여를 하든 상속으로 가든 효과는 동일하다. 그러나 사전증여가 불리한 경우를 정리해 보면 아래와 같다.

- 사전 증여한 재산의 시가가 하락한 경우
- 과다한 사전 증여로 인해 상속공제 한도가 축소되는 경우
- 피상속인 재산가액이 상속공제 이내 금액인 경우

과세가액 불산입(공익법인 출연)

🔍 **핵심**

| 피상속인(고인)의 뜻을 받들어 공익법인 등에 상속재산을 출연하는
경우에는 상속세가 절감된다.

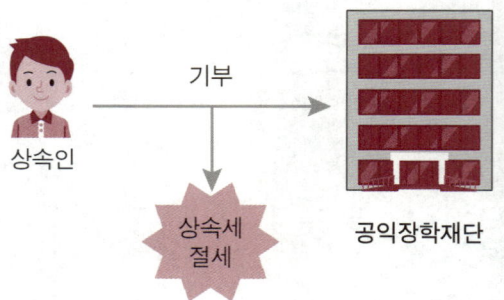

공익장학재단 설립에 대한 문의가 끊기지 않는다. 이는 기존 설립되어 있는 공익법인에 기부를 하는 것도 하나의 방법이지만 본인이 지속적으로 의지를 갖고 상당액의 기부를 하기 위해 직접 공익법인을 설립하고자 하는 경우가 적기 않기 때문이다.

그러나 공익법인 관계자들에 의하면 "국내에서는 공익재단법인 설립이 어렵기 때문에 절반 이상이 시작단계에서 포기한다"고 한다.

사회적으로 부와 명성을 겸비할수록 본인명의의 장학재단을 가지고 봉사하려고 하시는 분이 의외로 많다. 더러 장학재단을 이용하여 부의 세습적 이전 및 조세 탈루 수단으로 악용하는 경우가 있지만, 기부문화가 하나 둘씩 정착해가는 모습이 보인다.

한편, 정부에서는 공익법인이 부의 세습적 이전이나 조세 탈루 수단으로 이용될 소지를 없애기 위해 철저히 사후관리를 하고 있으며, 상속인이 출연받은 공익법인 등의 이사 현원의 1/5을 초과하여 이사가 되거나 이사의 선임 등 공익법인 등의 사업운영에 관한 중요사항을 결정할 권한을 가지고 있는 경우에는 공익법인에 출연한 재산에 대해서는 상속세를 과세하도록 하고 있다(상증법 시행령 13조).

공익법인 성격별 타법인 주식 취득 한도 및 요건

□ 타법인 주식 취득 한도

구 분	한도
공익법인	10%*
의결권 불행사 & 자선 · 장학 · 사회복지사업 공익법인	20%
상호출자제한기업집단과 특수관계인 공익법인	5%

* ①~⑤경우에는 주식 5% 초과분에 대해 증여세 부과
① 공익목적사업에 운용소득의 80% 이상 미사용
② 공익목적사업에 출연재산가액의 1% 이상 미사용
③ 출연자 · 특수관계인이 이사 수의 1/5 초과 취임
④ 정당한 대가없이 출연자 · 특수관계인이 출연재산사용
⑤ 정당한 대가없이 특수관계법인 광고 · 홍보

상증법 제16조(공익법인등에 출연한 재산에 대한 상속세 과세가액 불산입)

① 상속재산 중 피상속인이나 상속인이 종교 · 자선 · 학술 관련 사업 등 공익
성을 고려하여 대통령령으로 정하는 사업을 하는 자(공익법인등)에게 출연
한 재산의 가액으로서 상속세 신고기한 이내에 출연한 재산의 가액은 상속
세 과세가액에 산입하지 아니한다.

상증법 시행령 제13조

② 상속인이 상속받은 재산을 공익법인 등에 출연한 경우에는 다음 요건을 모
두 갖추어야 과세가액에 산입하지 아니한다.

· 상속인의 의사에 따라 상속받은 재산을 상속세 신고기한까지 출연할 것
· 상속인이 공익법인 등의 이사 현원(5명에 미달하는 경우에는 5명으로 본
다)의 5분의 1을 초과하여 이사가 되지 아니하여야 하며, 이사의 선임 등 공
익법인 등의 사업운영에 관한 중요사항을 결정할 권한을 가지지 아니할 것

상증법 제16조 2항

내국법인의 의결권 있는 주식 등을 5% 초과 출연한 경우 상속세 과세(단, 성실
공익법인등에게 주식 등을 출연한 경우에는 10%(또는 20%)까지는 상속세 과
세제외)

② 내국법인의 의결권 있는 주식 또는 출자지분("주식 등")을 공익법인등에 출
연하는 경우로서 출연하는 주식등과 다음의 주식등을 합한 것이 그 내국법
인의 의결권 있는 발행주식총수 또는 출자총액(자기주식과 자기출자지분은
제외한다)의 10%(의결권불행사 & 자선 · 장학 · 사회복지사업 공익법인 경
우 20%, 상호출자제한기업집단과 특수관계인 공익법인 경우 5%)를 초과하
는 경우에는 그 초과하는 가액을 상속세 과세가액에 산입한다.

1. 출연자가 출연할 당시 해당 공익법인등이 보유하고 있는 동일한 내국법
인의 주식 등

2. 출연자 및 그의 특수관계인이 해당 공익법인등 외의 다른 공익법인등에
출연한 동일한 내국법인의 주식 등

3. 상속인 및 그의 특수관계인이 재산을 출연한 다른 공익법인등이 보유하고 있는 동일한 내국법인의 주식 등

상증법 제16조 4항

출연 재산과 이익이 상속인 등에게 귀속되는 경우 상속세 과세

④ 공익법인등에 출연한 재산의 가액을 상속세 과세가액에 산입하지 아니한 경우로서 다음 어느 하나에 해당하는 경우에는 대통령령으로 정하는 가액을 상속세 과세가액에 산입한다.

1. 상속세 과세가액에 산입하지 아니한 재산과 그 재산에서 생기는 이익의 전부 또는 일부가 상속인(상속인의 특수관계인을 포함한다)에게 귀속되는 경우

2. 제3항 제2호에 해당하는 경우로서 초과보유일부터 3년 이내에 발행주식총수등의 100분의 10을 초과하여 출연받은 주식등을 매각(주식등의 출연자 또는 그의 특수관계인에게 매각하는 경우는 제외한다)하지 아니하는 경우

공익법인의 범위 및 납세의무

□ 공익법인등의 범위 (상증법 시행령 제12조)

법 제16조 제1항에서 "대통령령으로 정하는 사업을 하는 자"란 다음 각 호의 어느 하나에 해당하는 사업을 하는 자(이하 "공익법인등"이라 한다)를 말한다.

1. 종교의 보급 기타 교화에 현저히 기여하는 사업
2. 「초·중등교육법」 및 「고등교육법」에 의한 학교, 「유아교육법」에 따른 유치원을 설립·경영하는 사업
3. 「사회복지사업법」의 규정에 의한 사회복지법인이 운영하는 사업
4. 「의료법」에 따른 의료법인이 운영하는 사업

5. 삭제 〈2018. 2. 13.〉

6. 삭제 〈2018. 2. 13.〉

7. 삭제 〈2018. 2. 13.〉

8. 「법인세법」 제24조 제2항 제1호에 해당하는 기부금을 받는 자가 해당 기부금으로 운영하는 사업

9. 「법인세법 시행령」 제39조 제1항 제1호 각목[15]에 따른 공익법인 등 및 「소득세법 시행령」 제80조 제1항 제5호에 따른 공익단체가 운영하는 고유목적사업. 다만, 회원의 친목 또는 이익을 증진시키거나 영리를 목적으로 대가를 수수하는 등 공익성이 있다고 보기 어려운 고유목적사업은 제외한다.

10. 「법인세법 시행령」 제39조 제1항 제2호 다목에 해당하는 기부금을 받는 자가 해당 기부금으로 운영하는 사업. 다만, 회원의 친목 또는 이익을 증진시키거나 영리를 목적으로 대가를 수수하는 등 공익성이 있다고 보기 어려운 고유목적사업은 제외한다.

11. 삭제 〈2018. 2. 13.〉

---

15 가. 「사회복지사업법」에 따른 사회복지법인
     나. 「영유아보육법」에 따른 어린이집
     다. 「유아교육법」에 따른 유치원, 「초·중등교육법」 및 「고등교육법」에 따른 학교, 「국민 평생 직업능력
        개발법」에 따른 기능대학, 「평생교육법」 제31조 제4항에 따른 전공대학 형태의 평생교육시설 및 같
        은 법 제33조 제3항에 따른 원격대학 형태의 평생교육시설
     라. 「의료법」에 따른 의료법인 및 「보건의료기술 진흥법」 제28조의제1항에 따른 의료기술협력단
     마. 종교의 보급, 그 밖에 교화를 목적으로 「민법」 제32조에 따라 문화체육관광부장관 또는 지방자치단체
        의 장의 허가를 받아 설립한 비영리법인(그 소속 단체를 포함한다)
     바. 「민법」 제32조에 따라 주무관청의 허가를 받아 설립된 비영리법인, 비영리외국법인, 「협동조합 기본
        법」 제85조에 따라 설립 또는 등록된 사회적협동조합, 「공공기관의 운영에 관한 법률」 제4조에 따른
        공공기관 또는 법률에 따라 직접 설립 또는 등록된 기관 중 다음의 요건을 모두 충족한 것으로서 주무
        관청의 추천을 받아 기획재정부장관이 지정하여 고시한 법인

□ 공익법인의 납세의무[16]

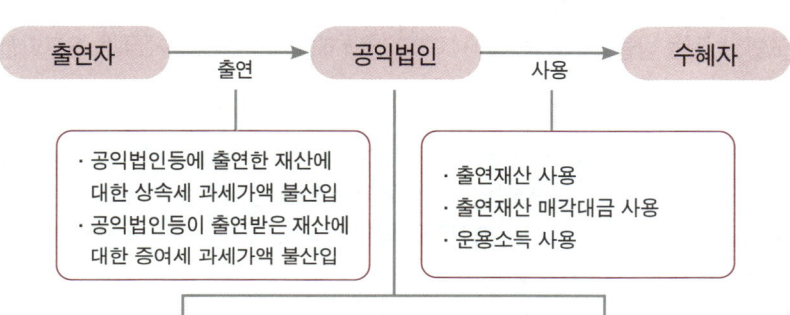

공익법인의 납세의무 개요

출연자 → 출연 → 공익법인 → 사용 → 수혜자

- ㆍ공익법인등에 출연한 재산에 대한 상속세 과세가액 불산입
- ㆍ공익법인등이 출연받은 재산에 대한 증여세 과세가액 불산입

- ㆍ출연재산 사용
- ㆍ출연재산 매각대금 사용
- ㆍ운용소득 사용

고유목적사업과 관련하여 지켜야 할 일

- ㆍ출연재산을 3년내 직접공익목적에 사용
- ㆍ3년 이후 공익목적에 계속 사용
- ㆍ출연재산 매각대금을 1년내 30%, 2년내 60%, 3년내 90% 이상 직접 공익목적에 사용
- ㆍ출연재산 운용소득을 1년 이내에 80% 이상 직접 공익목적에 사용
- ㆍ내국법인 주식은 발행주식총수의 5% (10%, 20%) 이하 취득 및 보유
- ㆍ출연재산가액의 1%(3%)이상 의무사용
- ㆍ출연자 또는 특수관계인의 이사(1/5초과) 및 임직원 취임 제한
- ㆍ특정기업의 광고 등 금지
- ㆍ특수관계인간 부당 내부거래 금지
- ㆍ특정 계층에만 공익사업의 혜택 제공 금지
- ㆍ공익법인 해산시 잔여재산 국가 등에 귀속

수익사업에 대한 법인세 등

- ㆍ수익사업에 대한 법인세 신고납부 의무
- ㆍ고유목적사업준비금 손금산입
- ㆍ이자소득에 대한 법인세 신고특례
- ㆍ자산양도소득에 대한 과세특례

공익법인의 납세협력의무

- ㆍ공익법인 출연재산 등에 대한 보고서 제출의무
- ㆍ공익법인 결산서류 공시의무
- ㆍ장부의 작성ㆍ비치의무
- ㆍ외부전문가의 세무확인 및 보고의무
- ㆍ외부 회계감사를 받아야 할 의무
- ㆍ주식보유 관련 의무이행 신고
- ㆍ공익목적사업용 전용계좌 개설ㆍ사용 의무
- ㆍ공익법인 등의 회계기준 적용의무
- ㆍ기부금영수증 발급내역 작성ㆍ보관ㆍ제출의무
- ㆍ(세금)계산서합계표 등 자료제출의무

※ 고유목적사업 : 법령 또는 정관에 규정된 설립목적을 직접 수행하는 사업

---

16 출처 : 2025 공익법인 세무안내, 국세청

사례 – 공익법인(장학재단)에 장학금 기부

　H 대학 동문회장을 지냈던 고인은 유언으로 본인 상속재산 중 20억원을 H 대학 장학재단에 기부하도록 유언을 남겼다. 이에 상속 개시 이후 상속인들은 고인의 뜻을 받들어, 20억원을 H 대학 장학재단에(상속세 과세표준 신고기한 내에) 기부하였다.

　장학재단은 공익법인에 해당이 되며, 상속인 입장에서는 피상속인 재산 중 20억원은 상속세 과세가액 불산입에 해당이 되어 상속세는 과세되지 않았으며, 장학재단 입장에서도 출연받은 20억원은 증여세 과세가액 불산입에 해당되어 증여세가 과세되지 않았다.

　생전 증여와 사후 상속의 경우, 출연자와 출연받는 공익법인 입장에서 요약해 보면 다음과 같다.

구 분	출연자	출연받는 공익법인
증여	기부금 공제	공익법인 등이 출연받은 재산의 과세가액불산입 즉, 증여세 과세 안됨 (상증법48조 1항)
상속	상속세 과세가액 불산입	

상속공제

🔍 핵심

상속공제는 배우자가 있는 경우에는 최소 10억원, 배우자가 없는 경우에는 최소 5억원 공제해 준다. 상속공제 이내의 금액은 사전에 증여하지 말고 상속으로 가라!

 사례 ─ 상속공제 차이 : 아버님에 이어서 어머님이 돌아가신 경우

∙∙

아버님에 이어서 어머님이 돌아가셨는데, 상속 재산은 당초 10억원으로 변동이 없었음에도 불구하고, 아버님이 돌아가신 경우에는 세금이 안 나온 반면 어머님이 돌아가신 경우에는 세금이 발생한 이유는?

그것은 바로 상속공제 차이 때문이다. 배우자가 있는 경우에는 최소 10억원, 상속인이 배우자 단독인 경우에는 최소 7억원, 배우자가 없는 경우에는 최소 5억원 공제가 가능하다.

구 분	배우자가 있는 경우	상속인이 배우자 단독인 경우	배우자가 없는 경우
일괄공제	5억	2억(기초공제)	5억
배우자공제	5억	5억	―
최소 상속공제 합	10억	7억	5억

아버지가 돌아가실 때에는 10억원 공제가 적용되어 세금은 나오지 않지만, 어머니가 돌아가실 때에는 배우자공제가 적용되지 않아 세금이 무려 9천만원이 나온 것이다.

상속공제 - 배우자공제

🔍핵심
| 배우자공제는 무조건 최대 30억원까지 가능한 것이 아니고, 상속 재산에 배우자 법정지분 해당 분이 공제대상이다.

📕 **사례** - 배우자공제 최대 30억원을 받기 위한 최소 상속재산

최대 배우자공제 30억원을 받기 위해서는 상속재산이 최소 얼마 이상이어야 하는가? (상속인은 배우자, 자녀 2명)

→ 상속재산을 A라 하면, A×1.5/3.5 = 30억원에서 A = 70억원으로 최소 상속재산 70억원 이상인 경우 배우자공제 30억원이 가능하다.

🔍핵심
| 배우자가 실제 상속받은 금액이 없거나 상속받은 금액이 5억원 미만이더라도 기본 5억원은 공제해 준다. 배우자는 상속재산에 법정 지분만큼 상속받는 것이 배우자공제를 극대화하는 것이다.

□ 배우자공제 정의

거주자의 사망으로 인하여 배우자가 실제 상속받은 금액을 상속세 과세가액에서 다음 금액을 한도로 공제한다(단, 배우자가 실제 상속받은 금액이 없거나 상속받은 금액이 5억원 미만인 경우에는 상속세

신고여부와 무관하게 5억원을 공제한다).

- 배우자가 실제 상속받은 금액

 = [배우자의 총상속재산가액(추정상속재산과 사전증여재산 제외)
   − 배우자가 승계하기로 한 채무, 공과금 − 배우자 상속재산 중
   비과세 재산가액 − 배우자 상속재산 중 과세가액불산입액]

- 배우자상속공제 한도액(MIN ①, ②)

①(상속재산의 가액* − 상속인이 아닌 수유자가 유증등을 받은 재산의 가액 +
  상속개시일 전 10년 이내에 상속인에게 증여한 재산가액) × 배우자의 법정상
  속분 − 상속재산에 가산한 증여재산 중 배우자가 사전증여받은 재산에 대한
  증여세 과세표준
②30억원

* 상속재산의 가액
  = [총상속재산가액 − 비과세 상속재산가액 − 공과금 및 채무 − 공익법인 등의
    출연재산 및 공익신탁재산에 대한 과세가액불산입액]

□ 배우자공제 요건

　배우자상속공제는 상속세과세표준신고기한의 다음날부터 9개월이
되는 날(이하 이 조에서 "배우자상속재산분할기한"이라 한다)까지 배
우자의 상속재산을 분할(등기 · 등록 · 명의개서 등이 필요한 경우에
는 그 등기 · 등록 · 명의개서 등이 된 것에 한정한다)한 경우에 적용
한다. 이 경우 상속인은 상속재산의 분할사실을 배우자상속재산분할
기한까지 납세지 관할세무서장에게 신고하여야 한다.

사례 － 배우자공제를 극대화하기 위한 배우자 상속분 계산

상속개시일 : 20×6. 12. 01
상속재산 : 22억원 (부동산 등)
과세가액공제액
• 장례비용 : 1천만원
• 공과금 및 채무 : 1억원

배우자공제 : 배우자공제를 극대화하는 선까지 상속예정임
배우자에게 얼마 이상 상속하는 것이 배우자공제를 극대화하는 것인가? (상속인은 배우자와 자녀 2명)

→ 배우자상속공제 한도액 계산은 다음과 같다.

• 배우자상속공제 한도액(MIN ①, ②)
  ① 상속재산가액 × 배우자의 법정상속분 − 상속개시 전 10년 이내에 배우자에게 증여한 재산에 대한 과세표준
    = (22억원−1억원) × 1.5/3.5 − 0
    = 21억원 × 1.5/3.5
    = 9억원

  ② 30억원
• 결론적으로 배우자 법정상속분인 9억원이상 배우자에게 상속하는 것이 배우자상속공제를 극대화하는 것이다.

□ 배우자 정의

"배우자"라 함은 「민법」상 혼인으로 인정되는 혼인관계에 의한 배우자를 말한다. 즉, 배우자공제 적용 대상 배우자는 사실상 배우자가 아닌 법적 배우자가 해당된다. 이혼조정이 성립된 경우에는 비록 호적정리 전이라도 배우자상속공제를 적용받을 수 없다.

배우자 간 이혼 시, 재산 분배 과정에 있어서 이혼위자료에 따른 재산분배와 재산분할청구권에 의한 재산 분배 형태에 따라 증여세와 양도세 과세 여부는 다음과 같이 구분된다.

| 위자료 · 재산분할청구권에 의한 증여세 및 양도세 과세 여부 |

구 분	증여세과세여부(취득자)	양도소득세과세여부(지급자)
위자료	과세×	과세 해당 (양도소득세과세대상 재산으로 위자료 지급 시)
재산분할청구권	과세×	과세×

□ 배우자에게 상속하는 경우와 하지 않은 경우

부친 사망 이후 상속인으로 모친과 자녀들이 있는 경우, 고령인 모친에게 상속을 해야 할지 말아야 할지 고민이 된다. 아래의 사례를 통해 배우자에게 상속하는 경우와 하지 않는 경우 세금 차이를 비교해 보자.

 사례 − 배우자에게 상속하는 경우와 하지 않는 경우 차이
. . . .

상속개시일 : 20×6. 12. 01
상속재산 : 28억원(부동산 등)
상속인 : 배우자, 자녀 2명
배우자공제
- 배우자공제를 극대화하는 선까지 상속예정
- 법적상속지분 비율대로 상속받음.
배우자에게 상속하는 경우와 상속하지 않은 경우 차이는 얼마나 발생하는가?

| 배우자에게 상속하는 경우와 상속하지 않은 경우 차이 |

구 분	배우자에게 법정지분만큼 상속하는 경우	배우자에게 상속하지 않은 경우
총 상 속 재 산 가 액	2,800,000	2,800,000
(+) 사 전 증 여 재 산 가 액	–	–
= 상 속 세 과 세 가 액	2,800,000	2,800,000
(−) 인 적 공 제 합 계	1,700,000	1,000,000
배 우 자 공 제	1,200,000	500,000
일 괄 공 제	500,000	500,000
= 과 세 표 준	1,100,000	1,800,000
(×) 세 율		
= 산 출 세 액	280,000	560,000
(−) 세 액 공 제	8,400	16,800
= 신 고 납 부 세 액	271,600	543,200
세 금 차 이		271,600

　배우자에게 상속재산을 전혀 상속하지 않는다면, 배우자공제 5억원, 일괄공제 5억원 합 최종 10억원만 공제가 되어 과세표준이 18억원이 되며, 상속세는 약 5.43억원이 산출된다.

이에 반해 배우자에게 법정상속지분만큼 상속(배우자 28억원 × 1.5/3.5 = 12억원)을 한다면, 배우자공제 12억원, 일괄공제 5억원 합 최종 17억원을 공제받을 수 있어 과세표준이 11억원이 되며, 상속세는 최종 약 2.71억원이 산출된다. 결국, 상기 사례에 의하면 상속세금이 약 2.71억원 절감될 수 있다.

즉, 배우자에게 상속재산 일정 부분을 상속하여 배우자공제를 적용받는 것이 절세차원에서 유리할 것이다.

위의 사례에서 살펴본 바와 같이 배우자에게 법정상속지분만큼 상속함으로써 절세 효과를 누릴 수 있다. 그러나 배우자(모친)가 돌아가시면 또 한 번의 취득세와 상속세를 부담할 수 있으므로 그 효과를 고려해야 한다.

일반적으로 최소한 배우자 법정상속지분만큼은 배우자에게 상속하고, 상속세는 배우자가 부담하는 것이 절세차원에서 유리하다. 또한 배우자상속공제와 단기재상속공제 효과까지 판단하여 배우자 상속 몫을 판단하는 것이 중요하다.

상속공제 – 금융재산 공제

🔍**핵심**

금융재산 공제는 상속개시일 현재 금융재산이 대상이며, 상속개시일 이전 증여한 금융재산은 공제대상이 아니다.

□ 금융재산 공제 의의

상속개시일 현재 상속재산가액 중 금융재산의 가액에서 금융채무를 뺀 가액(순금융재산가액)이 있으면 아래와 같이 계산한 금액을 상속세 과세가액에서 공제하되, 그 금액이 2억원을 초과하면 2억원을 공제한다.

① 순금융재산의 가액이 2천만원을 초과하는 경우 : 그 순금융재산 가액의 100분의 20 또는 2천만원 중 큰 금액

② 순금융재산의 가액이 2천만원 이하인 경우 : 그 순금융재산의 가액

```
〈금융재산 공제 계산 예〉
• 피상속인 금융재산 : 3억원
• 피상속인 금융채무 : 2억원
• 금융재산 공제 : 1억원(3억원−2억원) × 20% = 0.2억원
```

□ 공제대상 금융재산

① 금융회사 등이 취급하는 예금 · 적금 · 부금 · 계금 · 출자금
   • 신탁재산(금전신탁에 한함) · 보험금 · 공제금 · 주식 · 채권
   • 수익증권 · 출자지분 · 어음 등의 금전 및 유가증권
② 거래소에 상장되지 아니한 주식 및 출자 지분으로서 금융기관이
   취급하지 아니하는 것
③ 발행회사가 금융기관을 통하지 아니하고 직접 모집하거나 매출
   하는 방법으로 발행한 회사채

□ 공제대상 제외 금융재산

① 최대주주 또는 최대출자자가 보유하고 있는 주식 또는 출자지분
② 상속세 과세표준 신고기한까지 신고하지 아니한 타인 명의의 금
   융재산

상속공제 － 동거주택상속공제

🔍 **핵심**

직계비속인 상속인이 무주택자이거나 피상속인과 공동으로 1세대 1주택을 보유한 자로서, 피상속인과 10년이상 1세대 1주택에서 동거를 했다면 동거주택상속공제를 활용하라.

📕 **사례** － 동거주택상속공제 계산

- -

동거주택상속공제 요건에 해당이 되는 경우 주택가액이 8억원이라면 상속공제액은?(담보채무는 없음)

동거주택상속공제액(MIN ①, ②) = 6.0억원
　　① 주택가액 × 100%
　　　　= 8.0억원 × 100%
　　　　= 8.0억원
　　② 6억원

- -

□ 동거주택상속공제 의의

동거주택상속공제는 피상속인과 상속인이 동거한 주택에 대한 상속공제이다. 거주자의 사망으로 인하여 상속이 개시되는 경우로서 피상속인과 상속인이 상속개시일부터 소급하여 10년 이상 계속하여[17] 동거한 주택이 다음 각 호의 요건을 모두 갖춘 경우에는 주택가액(해당 주택에 담보된 피상속인의 채무 차감)의 100%을 상속세과세가액에서 공제한다(6억원 한도).

① 피상속인과 상속인(직계비속 및 직계비속의 배우자 한정)이 상속개시일부터 소급하여 10년 이상(상속인이 미성년자인 기간 제외) 계속하여 하나의 주택에서 동거할 것

② 피상속인과 상속인이 상속개시일로부터 소급하여 10년 이상 계속하여 1세대를 구성하면서 1세대 1주택(고가주택 포함)에 해당할 것, 이 경우 도중에 무주택인 기간이 있는 경우에는 1세대 1주택에 해당하는 기간에 포함함

③ 상속개시일 현재 무주택자이거나 피상속인과 공동으로 1세대 1주택을 보유한 자로서 피상속인과 동거한 상속인이 상속받은 주택일 것

| 상속주택 특례 규정(1) | – 일반주택을 보유한 상태에서 상속주택으로 2주택이 되는 경우

> 1. 일반주택을 먼저 양도하는 경우 : 평생 아무 때나 양도해도 양도소득세 비과세
> 2. 상속주택을 먼저 양도하는 경우 : 양도소득세 과세 (단, 5년 이내 양도 시 중과 배제)
> 3. 공동상속 받는 경우 : 상속지분이 큰 자, 거주자, 최연장자 순으로(양도소득세 계산시) 주택수 포함
>   cf. 공동증여의 경우에는 각각 주택으로 본다.
>   cf. 종부세는 상속5년 미경과, 지분율 40%이하 또는 지분율 공시가격 6억원(비수도권 3억원)이하 주택은 주택 수에 포함하지 않는다.

---

17 동거기간 요건을 충족하는 기간의 합계가 10년 이상인 경우에도, 상속개시일부터 소급하여 10년간 연속하지 않으면 공제받을 수 없다.

| **상속주택 특례 규정(2)** | –상속주택을 여러 채 소유하고 있는 경우 비과세 특례 1주택

> 피상속인이 상속개시 당시 2이상의 주택을 소유한 경우 1주택 순위
> ① 피상속인 소유한 기간이 가장 긴 1주택
> ② 피상속인이 소유한 기간이 같은 주택이 2 이상일 경우에는 피상속인이 거주한 기간이 가장 긴 1주택
> ③ 피상속인이 소유한 기간 및 거주한 기간이 모두 같은 주택이 2 이상일 경우에는 피상속인이 상속개시 당시 거주한 1주택
> ④ 피상속인이 거주한 사실이 없는 주택으로서 소유한 기간이 같은 주택이 2 이상일 경우에는 기준시가가 가장 높은 1주택(기준시가가 같은 경우에는 상속인이 선택하는 1주택)

상속공제 – 일괄공제

🔍핵심

일반적으로 일괄공제액(5억원)이 「기초공제+그 밖의 인적공제」 보다 크다. 그러나 상속인 중 미성년자와 장애인이 있다면 일괄공제 5억원보다 클 수 있으므로 반드시 따져보아라.

 사례 – 인적공제액 계산

상속인이 배우자, 딸 1인(12세), 아들 1인(10세, 장애인 해당)으로 구성되어 있는 경우 인적공제액은 얼마인가?

구 분	상속공제액
① 기초공제	- 2억원

② 그 밖의 인적공제	- 자녀공제 : 2인 × 5천만원 = 1억원
	- 미성년자공제 : 1.6억원
	  딸 (12세) : 1천만원 × 7년 = 0.7억원
	  아들 (10세) : 1천만원 × 9년 = 0.9억원
	- 장애인공제 : 7.4억원
	  아들 (10세) : 1천만원 × 기대여명 연수(74년)

③ 일괄공제 선택여부	MAX(A, B) = 12억원 A : 12억원 (2억원 + 10억) B : 5억원

▫ 기초공제 : 거주자나 비거주자의 사망으로 상속이 개시되는 경우에 는 상속세 과세가액에서 2억원을 공제한다.

▫ 그 밖의 인적공제 : 거주자의 사망으로 상속이 개시되는 경우로서 다음 어느 하나에 해당하는 경우에는 해당금액을 상속세과세가액 에서 공제한다.

구 분	그 밖의 인적공제
자녀공제	자녀(태아 포함) 수 × 1명당 5천만원
미성년자공제	상속인(동거가족포함) 중 미성년자 × 1천만원 × 19세까지 의 잔여 연수[18]
연로자공제	상속인(동거가족포함, 배우자 제외) 중 65세 이상 연로자 × 5천만원
장애인공제	상속인(동거가족포함) 중 장애인 × 1천만원 × 기대여명 연수[19]

▫ 일괄공제 : 거주자의 사망으로 상속이 개시되는 경우에 상속인은 기초공제(2억원)와 그 밖의 인적공제를 합친 금액과 5억원 중 큰 금액을 공제받을 수 있다. 다만 상속세 과세표준 신고가 없는 경우 에는 일괄공제(5억원)를 적용하며, 법정상속인이 배우자 단독인 경우에는 일괄공제를 적용하지 못하고 기초공제 및 그 밖의 인적 공제 합계액만 공제한다.

---

18 1년 미만은 1년으로 본다.
19 상속개시일 현재 통계법(제18조)에 따라 통계청장이 승인하고 고시하는 통계표에 따른 성별·연령별 기대 여명의 연수를 말한다. 연수 계산 시 1년 미만은 1년으로 본다.

구 분	상속공제액
① 기초공제	- 기초공제 : 2억원
② 그 밖의 인적공제	- 자녀공제 : 자녀 × 1명당 5천만원 - 미성년자공제 : 상속인(동거가족포함) 중 미성년자 × 1천만원 × 19세까지의 잔여 연수 - 연로자공제 : 상속인(동거가족포함, 배우자 제외) 중 65세 이상 연로자 × 5천만원 - 장애인공제 : 상속인(동거가족포함) 중 장애인 × 1천만원 × 기대여명 연수
③ 일괄공제 선택여부	일괄공제 : MAX(A, B) 　A : (① 기초공제 2억원 + ② 그 밖의 인적공제 합계) 　B : 5억원 * 상속인이 배우자 단독인 경우 : 일괄공제 적용 불가

□ 중복적용 여부

　자녀공제는 미성년자공제와 중복적용되며, 장애인공제는 다른 인적공제 및 배우자공제와 중복적용된다. 그러나 나머지 공제는 중복적용되지 않는다.

상속공제 - 상속공제 한도

🔍 핵심

상속공제인 인적공제와 물적공제를 전액 공제해 주는 것이 아니다. 상속공제 한도액에 해당하는지 반드시 체크해라.

□ 상속공제 한도란?

　거주자의 사망으로 인하여 상속이 개시된 경우에 상속세 과세가액에서 인적공제와 물적공제를 적용한다. 그러나 인적공제와 물적공제를 전액 공제해 주는 것이 아니라, 상속인이 아닌 자에게 유증 등을 한 경우를 감안하여 그 공제의 범위를 제한하고 있다.

□ 상속공제 한도 계산

상속공제는 상속세 과세가액에서 다음의 가액을 차감한 잔액을 한도로 한다. 이는 상속공제를 '본래의 상속인'이 '상속받을 때 실제로 물려받은 재산'을 한도로 적용하고자 하는 취지이다.

상속세과세가액
(−)　선순위 상속인이 아닌 자에게 유증 등을 한 재산가액
(−)　선순위 상속인의 상속포기로 그 다음 순위의 상속인이 상속받은 재산의 가액
(−)　상속세과세가액에 가산한 증여재산가액[20]
＝　상속공제 한도액

 사례 ― 주상속인이 아닌 자가 상속재산을 반환함으로써 상속공제 한도 증가
· ·

최근에 U씨 부인으로부터 급한 상담전화를 받았다. 내용인즉, 본인의 여동생이 위급하다는 것이다.

• 여동생은 현재 미혼상태이며, 상속인으로는 모친과 본인, 남동생인데 여기에 추가로 이복형제가 4명이 더 있다는 것이다. 현재 이복형제는 미국에 거주하고 있으며, 연락을 하지 않은지 수년이 지났다고 한다.

• 여동생 상속 재산은 부동산 포함 약 20억원 남짓이며, 모친은 현재 고령이시고 건강이 좋지 않은 상태이다. 이대로 상속이 이루어진다면, 여동생은 직계비속과 배우자가 없기 때문에 1순위는 모친일 텐데 이는 모친뿐만 아니라 본인과 남동생 역시 원하는 바가 아니라는 것이다. 만약 모친이 상속을 포기하면 2순위는 형제자매가 될 텐데 이런 경우는 이복형제 4명이 추가로 상속인이 되어 더 복잡해진다는 것이다.

위 문제를 어떻게 풀어야 할까?

---

[20] 상속세 과세가액이 5억원을 초과하는 경우에만 적용하며, 증여재산가액이란 공제받은 금액을 뺀 과세표준을 뜻한다.

→ 유언으로 상속인을 지정하는 경우에는 유언상속이 우선하기 때문에, 병원에서 유언을 받아서 상속인을 본인과 남동생으로 지정하는 공증을 받아야 한다. 그러면, 본인과 남동생이 1순위자가 되어 상기 문제가 해결될 것이다. 그러나 여기서 간과해서는 안 되는 것이 「상속공제 한도」이다. 상속일 현재 "주상속인이 상속받을 때 실제로 물려받은 재산"한도로 적용하기 때문에, 상기 사례의 경우처럼 유증을 하거나 모친이 상속포기를 하는 경우 어느 쪽이든 상속공제 한도가 0이어서 상속공제를 적용받지 못하는 애로사항이 발생 가능하다. 이 부분을 어떻게 해결했는지 살펴보자.

→ 유증으로 급한 불은 껐으나, 상속공제한도액이 제로(0)가 나온다. 0인 상속공제 한도액을 높일 수 있는 방법은 아래 〈수정안〉처럼 상속재산 중 5억원을 모친에게 유류분 성격으로 반환하면 상속공제 한도는 5억원으로 늘어나고, 결국 상속세가 절감되는 효과가 발생한다.

| 당초안 |

(단위 : 천원)

내 역		당 초	비 고
	상 속 세 과 세 가 액	2,000,000	
(−)	선순위 상속인이 아닌 자에게 한 유증ㆍ사인증여 재 산 가 액	2,000,000	선순위 상속인 모친이 아닌 언니, 오빠에게 유증함.
=	상 속 공 제 한 도 액	—	

| 수정안 |

(단위 : 천원)

내 역		모친에게 반환 (유류분)	비 고
	상 속 세 과 세 가 액	2,000,000	
(−)	선순위 상속인이 아닌 자에게 한 유증ㆍ사인증여 재 산 가 액	1,500,000	상속재산 중 5억원을 모친에게 유류분성격으로 반환함.
=	상 속 공 제 한 도 액	500,000	

〈당초안〉에서는 상속공제가 전액 인정이 되지 않아 상속세 과세가액이 상속세과세표준에 해당되어 상속세가 약 6.2억원이 과세되나, 〈수정안〉에서는 5억원을 모친에게 유류분 성격으로 상속세과세표준 신고기한 이내에 반환함으로써 궁극적으로는 상속세가 약 2억원이 절감되는 효과를 가져온 사례이다.

┤관련 예규├

상속인이 아닌 자가 피상속인으로부터 유증받은 재산을 상속세과세표준 신고기한 이내에 상속인에게 반환한 경우 상속인이 아닌 자에게 유증 등을 한 재산의 가액에 해당하지 아니함 (재산-3579, 2008.10.31.)

즉, 주상속인이 아닌 언니, 오빠가 고인인 여동생으로부터 유증받은 재산을 상속세과세표준 신고기한 이내에 주상속인인 모친에게 일정액을 반환하는 경우 상속인이 아닌 자에게 유증 등을 한 재산의 가액에 해당하지 아니하여 상속공제 한도액을 높이게 되는 것이다.

 사례 － 상속공제 한도 감소로 인한 사전 증여의 단점

사전 증여 후 10년 이내 상속이 발생하여 상속재산에 가산이 되는 경우에는 원칙적으로(사전증여재산가액이 상속 시에도 변동이 없다면) 사전 증여하는 경우와 일반 상속하는 경우가 무차별하다. 그러나 상속공제 한도가 감소하는 경우에는 사전증여가 불리할 수 있다. 사전증여재산가액은 15억원이고, 상속 시에도 변동이 없다고 가정하고 다음 사례를 통하여 살펴 보자.

(단위 : 천원)

구 분	일반 상속	(10년 이내) 사전증여 + 상속
총납부세액 (상속세+증여세)	349,200	407,400

상속세계산	일반 상속	(10년 이내) 사전증여 + 상속
총 상 속 재 산 가 액	2,500,000	1,000,000
(+) 사 전 증 여 재 산 가 액	—	1,500,000
= 상 속 세 과 세 가 액	2,500,000	2,500,000
(−) 인 적 공 제	1,000,000	1,000,000
(−) 물 적 공 제	200,000	200,000
상 속 공 제 액	1,200,000	1,050,000
= 과 세 표 준	1,300,000	1,450,000
(×) 세 율		
= 산 출 세 액	360,000	420,000
(−) 기 납 부 증 여 세 액 공 제	—	420,000
(−) 신 고 세 액 공 제	10,800	—
= 신 고 납 부 세 액	349,200	—

증여세계산	일반 상속	(10년 이내) 사전증여 + 상속
증 여 재 산 가 액	—	1,500,000
(+) 사 전 증 여 재 산 가 액	—	—
= 증 여 세 과 세 가 액	—	1,500,000
(−) 증 여 재 산 공 제	—	50,000
= 과 세 표 준	—	1,450,000
(×) 세 율		
= 산 출 세 액	—	420,000
(−) 신 고 세 액 공 제	—	12,600
= 신 고 납 부 세 액	—	407,400

상기 사례에서 본 바와 같이, 일반상속과 15억원을 10년 이내 사전증여하고 상속이 이루어진 경우 일반상속이 세금차원에서 더 유리하다(58,200천원 (= 407,400천원-349,200천원)). 이는 상속공제액 한도에 영향을 주어 사전증여한 경우 상속공제액 한도가 10.5억원으로 감소하여 인적공제와 물적공제의 합인 12억원 전액을 상속공제 받지 못해 발생한 결과이다.

| 상속공제액 한도 계산 |

구 분	일반 상속	(10년 이내) 사전증여 + 상속
상 속 세 과 세 가 액	2,500,000	2,500,000
(−) 사 전 증 여 재 산 가 액	−	1,450,000
상 속 공 제 한 도 액	2,500,000	1,050,000

╡규정╞

상증법 제24조 【공제 적용의 한도】
상속세 과세가액에서 다음 각 호의 어느 하나에 해당하는 가액을 뺀 금액을 한도로 한다. 다만, 제3호는 상속세 과세가액이 5억원을 초과하는 경우에만 적용한다.
1. 선순위인 상속인이 아닌 자에게 유증등을 한 재산의 가액
2. 선순위인 상속인의 상속 포기로 그 다음 순위의 상속인이 상속받은 재산의 가액
3. 제13조에 따라 상속세 과세가액에 가산한 증여재산가액(제53조 또는 제54조에 따라 공제받은 금액이 있으면 그 증여재산가액에서 그 공제받은 금액을 뺀 가액을 말한다)

감정평가 수수료 공제

상속세를 신고·납부하기 위하여 상속재산을 평가하는데 드는 수수료로서 공제액은 아래와 같다.

- 감정평가법인등의 평가 수수료 : 500만원 한도
- 비상장주식의 평가심의위원회 평가수수료 : 평가대상 법인 수 및 평가를 의뢰한 신용평가전문기관 수 별로 각각 1천만원 한도
- 서화, 골동품 등 예술적 가치가 있는 유형재산 평가에 대한 감정 수수료 : 500만원 한도

상속세율

🔍 **핵심**

상속세는 최저 10%에서 최고 50% 세율 구조를 가지고 있으며, 최대주주 할증과세를 고려하면 60% 세율까지 상승한다.

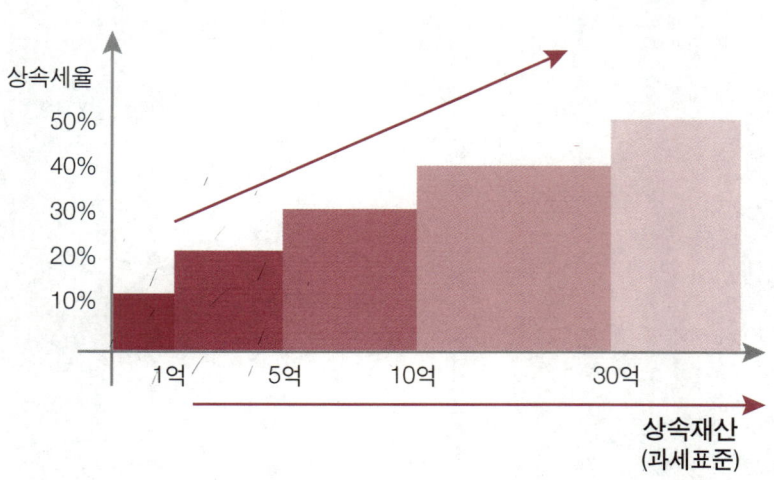

세율

과세표준	세 율
1억원 이하	과세표준의 100분의 10
1억원 초과 5억원 이하	1천만원 + (1억원을 초과하는 금액의 100분의 20)
5억원 초과 10억원 이하	9천만원 + (5억원을 초과하는 금액의 100분의 30)
10억원 초과 30억원 이하	2억 4천만원 + (10억원을 초과하는 금액의 100분의 40)
30억원 초과	10억 4천만원 + (30억원을 초과하는 금액의 100분의 50)

세율은 5단계 초과 누진세율 구조를 띠고 있어, 과세표준이 클수록 높은 세율을, 반대로 과세표준이 작을수록 낮은 세율을 적용받도록 되어 있다. 이러한 초과 누진세율 구조 때문에 절세전략들이 나오는 것이다. 즉, 사전증여를 통하여 재산을 사전 분산시킴으로써, 낮은 세율이 적용되기 때문에 그만큼 절세가 되는 것이다. 그러나 만일 단일세율이라면 사전 증여를 통한 재산의 사전 분산이 절세효과를 가져오지 못할 것이다.

최대주주 할증과세

최대주주 및 그의 특수관계인에 해당하는 주주가 보유하는 주식에 대해서는 20% 가산하여 평가한다. 다만 중소기업주식 및 직전 3개년 평균매출액 5천억원 미만 중견기업은 할증평가하지 아니한다.

지방소득세(주민세)

상속세에는 지방소득세(주민세)가 붙지 않는다.

세대생략상속, 대습상속

🔍 핵심

세대생략상속은 선순위인 상속인 전원이 상속을 포기하거나, 생전에 피상속인이 세대를 생략한 유증을 한 경우에만 적용된다.

세대생략상속 — 할증과세

상속인이나 수유자가 피상속인의 자녀를 제외한 직계비속인 경우에는 상속세산출세액에 총상속재산(사전증여재산 포함) 중 그 상속인 또는 수유자가 받았거나 받을 재산이 차지하는 비율을 곱하여 계산한 금액의 100분의 30(피상속인의 자녀를 제외한 직계비속이면서 미성년자에 해당하는 상속인 또는 수유자가 받았거나 받을 상속재산의 가액이 20억원을 초과하는 경우에는 100분의 40)에 상당하는 금액을 가산한다.

일반적인 상속은 피상속인에서 자녀로, 자녀에서 손주로 상속이 이루어질 때 각각의 상속세가 부과되지만, 세대생략상속은 피상속인에서 손주로 상속이 이루어져 상속세가 한 번 밖에 부과되지 않기 때문에 30%(40%)할증과세를 하는 것이다. 다만, 대습상속(代襲相續)의 경우에는 할증하지 않는다.

| 세대를 건너뛴 상속에 대한 할증과세세액 계산 |

$$\text{상속세 산출세액} \times \frac{\text{피상속인의 자녀를 제외한 직계비속이 상속받은 재산가액}}{\text{총상속재산가액(사전증여재산 포함)}} \times \frac{30}{100} \left(\frac{40}{100}\right)$$

세대생략상속은 ① 선순위인 상속인 전원이 상속을 포기하거나 ② 생전에 피상속인이 세대를 생략한 유증을 한 경우(예 : 자녀를 건너뛰고 손주에게 유증한 경우)에만 적용되는 것이다.

따라서 선순위인 단독상속인 또는 동순위의 공동상속인 전원이 상속을 포기하거나 피상속인이 세대를 생략하는 유증을 하여 그 다음 순위에 있는 상속인(이하 "후순위 상속인")이 재산을 상속받게 되는 경우에는 후순위 상속인에게 상속세를 과세하며, 이때 후순위 상속인이 피상속인의 1촌 외의 직계비속인 경우에는 세대생략할증과세를 적용한다. 그러나 피상속인의 유증에 의하지 않고 상속 개시 후에 상속재산을 피상속인의 자녀를 건너뛰고 손자에게 이전하였다면, 피상속인으로부터 자녀에게 상속이 이루어지고 다시 자녀로부터 손자에게 증여가 이루어진 것으로 본다. 즉, 상속세와 증여세가 각각 과세됨에 유념해야 한다.

사례 – 세대생략상속

　부친의 사망으로 상속이 개시되었는 바, 상속인으로 1순위 장남, 차남, 손자1(장남 아들), 손자2(차남 아들)가 있고, 2순위 직계존속은 없으며, 3순위 부친 형제1명이 있는 상황이다. 본인은 장남으로 본인 상속지분은 포기하고 대신 아들(손자1)에게 상속할 수 있는가?

　→ 생전 부친의 유증에 의하지 않고 본인을 건너뛰고 아들에게 상속이 이루어진다면, 상속세와 증여세가 각각 과세된다. 증여세를 피하고 싶다면 1순위의 공동상속인인 본인(장남)과 차남 모두가 상속을 포기하고, 손자1, 손자2에게 상속을 받게 하면 된다. 단, 세대생략할증과세와 상속공제 한도에 유념해야 한다.

🔍 **핵심**

사전증여재산만 취득한 손자는 상속세 납부의무가 없지만, 유증 또는 사인증여 받은 재산이 있는 경우에는 상속인(또는 수유자)에 해당되므로 상속세 납부의무가 발생한다.

 사례 – 사전증여재산만 취득한 손자 상속세 납부의무 미발생

상속개시일 : 20×6. 12. 01
상속재산 : 28억원(부동산 등)
상속인 : 배우자, 자녀 2명
특기사항
• 상속개시일 4년 전에 손자에게 5억원 증여 (사전증여)
• 상속재산 28억원은 상속인들이 법정지분에 따라 분할
　사전 증여 받은 손자는 상속세 납부의무 발생하는가?

→ 상속개시일 전 5년 이내에 상속인이 아닌 자에게 사전 증여한 재산은 상속세 과세가액에는 산입하지만, 손자는 사전증여 받았을 뿐 유증 또는 사인증여받은 재산이 없으므로 상속인(또는 수유자)에 해당되지 않아 납부의무가 발생하지 않는다.

일반적으로 세대생략상속은 2대에 걸쳐 이루어지는 재산 이전을 단축함으로써 재산 이전에 따른 통행세 즉, 상속세와 취득세를 절세할 수 있다. 이러한 이유로 세대생략상속에는 30%(40%)할증과세가 적용되는 것이다. 2세대에 걸친 일반상속과 세대를 건너 뛴 세대생략상속의 경우를 다음 사례로 비교해 보자.

 사례 – 일반상속과 세대생략상속 비교 **Case 1**

- 상속개시일 : 20×6. 12. 01
- 상속재산 : 25억원(부동산 등)
- 상속인 : 외아들(5억원), 손자 1명(20억원)
- 상속방법
  1안) 2세대에 걸친 일반상속(부친 → 외아들, 외아들 → 손자)
  2안) 세대생략상속(부친 → 손자)

| 2세대에 걸친 일반상속과 세대생략상속 비교 |

(단위 : 천원)

구 분	일반 상속 (부친→외아들→손자)	세대생략 상속 (부친→손자)
총납부세액	1,000,730	769,792

구 분	일반 상속 (부친→외아들)	세대생략 상속 (부친→손자)
총 상 속 재 산 가 액	2,500,000	2,500,000
(−) 상 속 공 제 금 액	500,000	500,000
= 과 세 표 준	2,000,000	2,000,000
(×) 세 율		
= 산 출 세 액	640,000	640,000
세대생략할증과세액	−	153,600
할 증 과 세 반 영 후 산 출 세 액	−	793,600
(−) 세 액 공 제	19,200	23,808
= 신 고 납 부 세 액	620,800	769,792

구 분	일반 상속 (외아들→손자)	세대생략 상속
총 상 속 재 산 가 액	1,879,200	
(−) 상 속 공 제 금 액	500,000	
= 과 세 표 준	1,379,200	
(×) 세 율		
= 산 출 세 액	391,680	
(−) 세 액 공 제	11,750	
= 신 고 납 부 세 액	379,930	

상기 사례 계산결과, 상속인이 할증과세를 받더라도 세대생략상속이 2세대에 걸친 일반상속에 비하여 세금 230,938천원(1,000,730천원−769,792천원)이 절세된다.

· ·

일반적으로 세대생략상속이 2세대에 걸친 일반상속에 비하여 절세가 되나, 상속공제 한도 감소와 세대생략할증과세로 인하여 반대의 결과가 나올 수 있음에 유념하길 바라며 다음 사례를 살펴보자.

📚 **사례** – 일반상속과 세대생략상속 비교 **Case 2**

· ·

- 상속개시일 : 20×6.12.01
- 상속재산 : 15억원
- 상속인 : 외아들(zero), 손자 1명 (15억원)
- 상속방법
  1안) 2세대에 걸친 일반상속 (부친 → 외아들, 외아들 → 손자)
  2안) 세대생략상속 (부친 → 손자)

| 2세대에 걸친 일반상속과 세대생략상속 비교 |

(단위 : 천원)

구 분	일반 상속 (부친→외아들→손자)	세대생략 상속 (부친→손자)
총납부세액	397,855	554,840

구 분	일반 상속 (부친→외아들)	세대생략 상속 (부친→손자)
총 상 속 재 산 가 액	1,500,000	1,500,000
(−) 상 속 공 제 금 액	500,000	−
= 과 세 표 준	1,000,000	1,500,000
(×) 세 율		
= 산 출 세 액	240,000	440,000
세대생략할증과세액	−	132,000
할 증 과 세 반 영 후 산 출 세 액	−	572,000
(−) 세 액 공 제	7,200	17,160
= 신 고 납 부 세 액	232,800	554,840

구 분	일반 상속 (외아들→손자)	세대생략 상속 (부친→손자)
총 상 속 재 산 가 액	1,267,200	
(−) 상 속 공 제 금 액	500,000	
= 과 세 표 준	767,200	
(×) 세 율		
= 산 출 세 액	170,160	
(−) 세 액 공 제	5,105	
= 신 고 납 부 세 액	165,055	

  상기 사례 계산결과, 앞선 사례 case1과는 반대로 세대생략상속이 상속공제 한도 축소와 세대생략할증과세로 2세대에 걸친 일반상속에 비하여 세금 156,985천원(554,840천원−397,855천원)이 추가 과세된다.

대습상속

대습상속은 상속인이 될 직계비속 또는 형제자매가 상속개시전에 사망하거나 결격자가 된 경우에 그 배우자와 직계비속이 있는 때에는 그 배우자와 직계비속이 사망하거나 결격된 자의 순위에 갈음하여 상속인이 되는 것이다.

📖 **사례** − 대습상속으로 인한 상속지분
∙∙∙
• 상속개시일 : 20×6. 12. 01
• 상속인 : 자녀1(20×5년 사망), 자녀2, 자녀3
• 자녀1에게는 배우자와 아들 1명 있음.

상기 사례에서 자녀1에 대한 상속은 어떻게 되나?

→ 자녀1에 대한 대습상속으로서, 자녀1의 몫인 1/3은 배우자와 아들에게 각자의 상속지분에 따라 상속이 이루어 짐. 즉, 전체 상속재산에서 자녀1의 배우자는 $\frac{3}{15}$(1/3 × 3/5), 자녀1의 아들은 $\frac{2}{15}$(1/3 × 2/5)를 상속받는다.

이때 자녀1의 아들에게는 상속세 할증과세가 되지 않는다.
∙∙∙

세액공제

🔍 **핵심**

상속세를 납부하지 못하거나 상속인이 확정되지 않더라도 반드시 기한 이내에 신고하여 3% 세액공제를 받자.

| 상속세 세액공제 |

세액공제	내 용
증여세액공제	상속재산에 가산한 증여재산에 대한 증여세 산출세액을 공제
외국납부세액공제	외국에 있는 상속재산에 대하여 외국의 법령에 의해 상속세를 부과받은 경우 그 상당액 공제
단기재상속에 대한 세액공제	상속개시 후 10년 이내에 다시 상속이 개시된 경우 그 재상속이 개시되는 기간에 따라 일정액 공제
신고세액공제	상속세 신고기한 이내에 과세표준을 신고한 경우 3% 공제

증여세액공제

① 상속재산에 가산한 증여재산에 대한 증여세액(증여 당시의 그 증여재산에 대한 증여세산출세액을 말한다)은 상속세산출세액에서 공제한다. 다만, 상속세 과세가액에 가산하는 증여재산에 대하여「국세기본법」상 부과제척기간의 만료로 인하여 증여세가 부과되지 아니하는 경우와 상속세 과세가액이 5억원 이하인 경우에는 그러하지 아니하다.

② 증여세액공제는 상속세산출세액에 상속재산(사전증여재산 포함)의 과세표준에 대하여 가산한 증여재산의 과세표준이 차지하는 비율을 곱하여 계산한 금액을 한도로 한다.

외국납부세액공제

거주자의 사망으로 상속세를 부과하는 경우에 외국에 있는 상속재산에 대하여 외국의 법령에 따라 상속세를 부과받은 경우에는 그 부과받은 상속세에 상당하는 금액을 상속세산출세액에서 공제한다.

단기재상속에 대한 세액공제

상속개시 후 10년 이내에 상속인이나 수유자의 사망으로 다시 상속이 개시되는 경우에는 전(前)의 상속세가 부과된 상속재산(상속인이나 수유자가 받은 증여재산을 포함) 중 재상속분에 대한 전의 상속세 상당액을 상속세산출세액에서 공제한다. 이때 공제되는 세액은 다음 산식에 의하여 계산한 금액으로 한다.

│ 단기재상속에 대한 세액공제 │

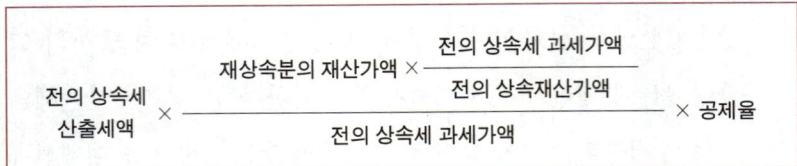

$$\text{전의 상속세} \times \dfrac{\text{재상속분의 재산가액} \times \dfrac{\text{전의 상속세 과세가액}}{\text{전의 상속재산가액}}}{\text{전의 상속세 과세가액}} \times \text{공제율}$$

공제율은 재상속기간이 상속개시 후 1년이 경과할 때마다 10%씩 체감하는 구조로 되어 있다.

재상속기간	공제율
1년 이내	100분의 100
2년 이내	100분의 90
3년 이내	100분의 80
4년 이내	100분의 70
5년 이내	100분의 60
6년 이내	100분의 50
7년 이내	100분의 40
8년 이내	100분의 30
9년 이내	100분의 20
10년 이내	100분의 10

공제되는 세액은 상속세 산출세액에서 공제되는 증여세액 및 외국 납부세액을 차감한 금액을 한도로 한다.

앞선 세대생략상속에서, 일반적으로 세대생략상속이 2세대에 걸친 일반상속에 비하여 절세가 된다고 하였다. 그러나 단기재상속으로 단기재상속공제가 적용된다면 반대의 결과가 나올 수 있음에 유념해야 한다. 결론적으로 세대생략상속의 효과를 정확히 파악하기 위해서는 상속공제 한도 및 단기재상속공제 등의 영향을 반드시 고려해야 할 것이다.

신고세액공제

상속세 과세표준을 신고한 경우에는 상속세산출세액(세대를 건너뛴 상속에 대한 할증세액 포함)에서 징수유예세액과 공제·감면세액을 차감한 금액의 100분의 3에 상당하는 금액을 공제한다.

| 상속세 신고세액공제 대상액 |

상속세 산출세액
(+)   세대생략 할증과세액
(−)   문화재자료 등의 징수유예액
(−)   증여세액공제
(−)   외국납부세액공제
(−)   단기재상속에 대한 세액공제
=   상속세 신고세액공제 대상액

상속세 및 증여세법 집행기준 69−65의 2−2 【신고세액공제 방법】

① 상속세 또는 증여세 과세표준 신고기한내 신고만 한 경우에도 신고세액공제를 적용한다.

② 상속 또는 증여재산의 평가가액의 차이 및 각종 공제액의 적용상 오류 등으로 과세표준을 과다 신고한 경우에는 과다금액을 신고한 과세표준에서 제외하여 계산한 산출세액을 기준으로 한다.

③ 공동상속인이 상속재산 신고 시 각자의 지분별로 각각 신고한 경우에는 상속재산을 합산하여 상속세 신고세액공제를 적용한다.

④ 상속세 신고 시 증여재산을 합산하여 신고하지 않은 경우 증여세 신고를 법정기한 내에 하였더라도 그 금액에 대하여 신고세액공제를 적용하지 아니한다.

⑤ 신고기한내 상속재산 일부를 신고 누락한 경우 신고세액공제는 결정 산출세액 중 신고한 과세표준에 대한 산출세액을 기준으로 한다.

상속인이 확정되지 않은 경우 상속세 과세표준 신고기한은 상속개시일이 속하는 달의 말일부터 6개월이 되는 날이며, 이에 대한 예외규정은 없다. 따라서 상속세 신고기한 이내에 상속인이 확정되지 아니한 경우에도 반드시 신고기한 이내에 상속세 과세표준을 신고하고, 상속인이 확정된 날부터 30일 이내에 확정된 상속인의 상속관계를 기재하여 관할 세무서에 제출하여야 한다.

12

가산세

🔍 **핵심**

상속세 신고기한 이내에 신고시 3% 세액공제해주는 반면, 신고불성실 및 납부지연의 경우에는 가산세가 발생한다. 단, 평가차이 등으로 미달신고하는 경우에는 신고불성실 가산세는 발생하지 않는다.

상속인이 상속세를 무신고 하는 경우에는 신고불성실 20%(부정행위 40%), 신고하여야 할 금액에 과소 신고한 경우에는 신고불성실 10%(부정행위 40%) 가산세를 물어야 하며, 납부할 세금을 납부하지 아니하였거나 납부하여야 할 세금에 미달하게 납부한 때에는 1일 0.022% 납부지연 가산세를 추가로 내야 한다.

신고불성실 가산세

무신고 가산세 : 상속세 법정신고기한까지 상속세 과세표준 신고를 하지 않은 경우

구 분	무신고가산세
일반적인 경우	일반무신고납부세액 × 20%
부정행위로 무신고한 경우	부정무신고납부세액 × 40%

과소신고 가산세 : 상속세 법정신고기한까지 세법에 따른 국세의 과세표준 신고를 한 경우로서, 납부할 세액을 신고하여야 할 세액보다 적게 신고한 경우

구 분	과소신고가산세
일반적인 경우	일반과소신고납부세액 × 10%
부정행위로 과소신고한 경우	부정과소신고납부세액 × 40%

| 부정행위 |

조세법 처벌법 제3조(조세 포탈 등)
부정행위는 조세의 부과와 징수를 불가능하게 하거나 현저히 곤란하게 하는 적극적인 행위로서, 다음 중 어느 하나에 해당하는 행위를 의미함.
① 이중장부의 작성 등 장부의 거짓 기록
② 거짓 증빙 또는 거짓 문서의 작성 및 수취
③ 장부와 기록의 파기
④ 재산의 은닉, 소득 · 수익 · 행위 · 거래의 조작 또는 은폐
⑤ 고의적으로 장부를 작성하지 아니하거나 비치하지 아니하는 행위 또는 계산서, 세금계산서 또는 계산서합계표, 세금계산서합계표의 조작
⑥ 전사적 기업자원관리설비의 조작 또는 전자세금계산서의 조작
⑦ 그 밖의 위계에 의한 행위 또는 부정한 행위

평가차이 등으로 인해 미달신고한 금액에 대하여 상속세 계산 시 신고불성실 가산세를 적용하지 않는 경우

- 신고 당시 소유권에 관한 소송 등의 사유로 상속재산으로 미확정된 경우
- 상속공제규정에 따른 공제의 적용에 착오가 있었던 경우
- 상증법 제60조 2항에 따라 수용, 공매, 감정가격 등을 시가로 인정한 경우, 제60조 3항에 따라 시가를 산정하기 어려워 보충적평가방법으로 평가한 가액을 시가로 본 경우, 제66조에 따라 저당권이 설정된 재산 평가의 특례규정에 따라 평가한 가액을 시가로 본 경우
- 법인세 과세표준 및 세액의 결정 · 경정으로 상증법 제45조의 3, 제45조의 4, 제45조의 5 규정에 따른 증여의제이익이 변경(부정행위로 인한 결정 · 경정은 제외)되는 경우

납부지연 가산세

납세의무자가 세법에 따른 납부기한까지 상속세를 납부하지 아니하거나, 납부하여야 할 세액보다 과소납부한 경우

미납세액 · 과소납부세액 × 일수 × 2.2/10,000

기 간	가산세율(1일)
~2019. 02. 11.	3.0/10,000
2019. 02. 12.~2022. 02. 14.	2.5/10,000
2022. 02. 15~	2.2/10,000

납부지연 가산세를 적용하지 않는 경우

상속세·증여세를 법정신고기한 내에 신고납부한 이후 평가심의위
원회를 통해 평가한 가액으로 과세표준을 결정·경정하는 경우에는 납
부지연 가산세를 적용하지 않는다.

 사례 – 정상신고와 무신고간 세금차이

· ·

상속세 1억원을 정상적으로 신고납부하는 경우와 무신고하여 세무서로부터
신고기한 이후 1년 시점에 고지가 되는 경우 각각 세금차이는 어떻게 되는가?

(단위 : 천원)

구 분	정상신고·납부	무신고·납부	비 고
납 부 세 액	100,000	100,000	
(+) 신고불성실가산세	–	20,000	20%[21]
(+) 납부지연가산세	–	8,030	1일 2.2 /10,000
(−) 신 고 세 액 공 제	3,000	–	3%
(=) 최 종 납 부 세 액	97,000	128,030	
세 금 차 이		31,030	

상속세를 무신고·납부한 자는 정상적으로 신고·납부한 자에 비해서 약
32% 세금을 더 납부해야 한다. (31,030/97,000=0.32)

· ·

---

21 부정행위로 무신고한 경우 : 40%

13

상속세 납부(분납, 연부연납, 물납)

🔍**핵심**

납부세액, 연부연납기간 및 가산금 이자율 등을 고려하여 분납과 연부연납 중 선택하라. 물납의 경우는 시가와 상속재산 평가액과의 차이, 처분의 용이성 등을 판단하여 선택하라.

분납은 2번에 나누어서 납부하는 것이고, 연부연납은 일반적으로 10년에 걸쳐 11번에 나눠 납부하라는 의미이다. 물납은 현금 대신 상속받은 부동산이나 유가증권으로 납부할 수 있는 것이다.

분납

납부할 세액이 1천만원을 초과하는 경우에는 다음의 금액을 납부기한이 지난 후 2개월 이내에 분할 납부할 수 있다.

- 납부할 세액이 2천만원 이하인 경우에는 1천만원을 초과하는 금액
- 납부할 세액이 2천만원을 초과하는 경우에는 납부할 세액의 50% 이하의 금액

연부연납

 상속(증여)재산의 대부분이 비유동자산(비현금자산)인 부동산(또는 주식)으로 구성되어 있어 세금납부에 애로사항이 발생하는 경우 납세자에게 큰 부담이 될 수 있다. 즉, 비유동자산을 현금화하는데 상당한 기간이 소요될 수 있고, 급매를 하는 경우에는 제 값을 받지 못하는 등 납세자에게 또 다른 손실이 미칠 수 있다. 이러한 납세자의 일시적 세금 납부에 따른 부담을 덜어주기 위하여 여러 해 분할 납부할 수 있도록 납부 편의를 제공하는 제도를 '연부연납'이라 한다.

ㅁ 요건

 상속세 및 증여세를 연부연납하기 위해서는 다음 요건을 모두 충족하여야 한다.
 • 납부세액이 2천만원을 초과할 것
 • 관할세무서장으로부터 허가를 얻을 것
 • 담보를 제공할 것

ㅁ 연부연납기간

 연부연납기간은 다음 구분에 따른 기간의 범위에서 해당 납세의무자가 신청한 기간으로 한다(다만, 각 회분의 분할납부세액이 1천만원을 초과하도록 연부연납기간을 정하여야 한다).

 가업상속재산의 경우 연부연납기간은 연부연납허가일로부터 20년 또는 연부연납 허가 후 10년이 되는 날부터 10년으로 한다.

가업상속재산을 제외한 나머지 경우에는 연부연납 허가일로부터 10년 내로 한다. 즉, 일반적으로 신고기한 내에 1/11을 납부하고 나머지 10/11은 매년 1/11씩 10년간 납부할 수 있는 것을 의미한다.

〈연부연납 사례〉
• 예상상속세액 : 11억원
• 상속개시일 : 20×0. 01. 01
• 상속세신고납부기한 : 20×0. 07. 31
• 연부연납허가일 : 20×0. 07. 31
• 연부연납가산금의 가산율 : 3.1%

구분	납부시기	원 금	이자(가산금)*	납부금액
신고시	2024.07.31	100,000,000	−	100,000,000
1회 분	2025.07.31	100,000,000	31,000,000	131,000,000
2회 분	2026.07.31	100,000,000	27,900,000	127,900,000
3회 분	2027.07.31	100,000,000	24,800,000	124,800,000
4회 분	2028.07.31	100,000,000	21,700,000	121,700,000
5회 분	2029.07.31	100,000,000	18,600,000	118,600,000
6회 분	2030.07.31	100,000,000	15,500,000	115,500,000
7회 분	2031.07.31	100,000,000	12,400,000	112,400,000
8회 분	2032.07.31	100,000,000	9,300,000	109,300,000
9회 분	2033.07.31	100,000,000	6,200,000	106,200,000
10회 분	2034.07.31	100,000,000	3,100,000	103,100,000
합계		1,100,000,000	170,500,000	1,270,500,000

* 이자(가산금) 계산 내역
  1회 분 남은 세금 10억원 × 3.1% = 31,000,000
  2회 분 남은 세금 9억원 × 3.1% = 27,900,000
  3회 분 남은 세금 8억원 × 3.1% = 24,800,000
  4회 분 남은 세금 7억원 × 3.1% = 21,700,000
  5회 분 남은 세금 6억원 × 3.1% = 18,600,000

```
6회 분   남은 세금 5억원 × 3.1% = 15,500,000
7회 분   남은 세금 4억원 × 3.1% = 12,400,000
8회 분   남은 세금 3억원 × 3.1% = 9,300,000
9회 분   남은 세금 2억원 × 3.1% = 6,200,000
10회 분  남은 세금 1억원 × 3.1% = 3,100,000
```

□ 연부연납가산금

연부연납가산금은 분할 납부에 따른 이자 성격으로, 국세환급가산금 이자율과 동일하다. 국세환급가산금이란 국세를 과다 징수해서 환급하는 경우 국세청에서 원금 이외에 추가로 지급하는 이자성격으로 보면 된다. 국세환급가산금 이율은 시중은행의 1년 만기 정기예금 평균 수신금리를 고려하여 기획재정부령으로 정하는 이자율로서 주기적으로 변동하는 성격으로 현재는 2025. 3. 21. 개정된 3.1%를 적용하고 있다.

연부연납가산금의 가산율은 각 분할납부세액의 납부일 현재 국세환급가산금 이자율(연 3.1%)로 하되, 가산율이 변경된 경우에는 변경 전의 기간에 대해서는 변경 전의 가산율을 적용한다.

연부연납가산금의 가산율은 시중은행 차입이자율보다 낮기 때문에, 상속세를 최대 11번에 나누어 낼 수 있는 연부연납을 많이 이용한다.

| 기간별 연부연납 가산율 |

기간	20. 3. 13 ~ 21. 3. 15	21. 3. 16 ~23. 3. 19	23. 3. 20 ~24. 3. 21	24. 3. 22 ~25. 3. 20	25. 3. 21~
가산율	1.8%	1.2%	2.9%	3.5%	3.1%

물납

세금은 현금으로 납부하는 것이 원칙이나, ① 상속재산(사전증여 재산포함) 중 부동산과 유가증권(국내에 소재하는 부동산 등으로 법에서 정하는 물납에 충당할 수 있는 재산으로 한정한다)의 가액이 해당 상속재산가액의 1/2을 초과하고, ② 납부세액이 2천만원을 초과하며 ③ 상속세 납부세액이 상속재산가액 중 금융재산의 가액을 초과하는 경우에는 현금 대신 상속받은 부동산이나 유가증권으로 세금을 납부할 수 있는 제도가 물납제도이다.

2023년 개정사항에 따라 ① 납부세액이 2천만원을 초과하며 ② 상속세 납부세액이 상속재산가액 중 금융재산의 가액을 초과하는 경우에는 상속받은 문화재 및 미술품으로도 물납이 허용된다.

□ 물납에 충당할 수 있는 재산의 범위

① 국내에 소재하는 부동산

② 국채·공채·주권 및 내국법인이 발행하는 채권 또는 증권과 기획재정부령으로 정하는 유가증권(집합투자증권, 신탁업자 또는 종금사가 발행하는 수익증권). 다만, 다음 중 어느 하나에 해당하는 유가증권은 제외한다.

- 거래소에 상장된 것. 다만, 최초로 거래소에 상장되어 물납허 가통지서 발송일 전일 현재「자본시장과 금융투자업에 관한 법 률」에 따라 처분이 제한된 경우에는 물납 가능하다.
- 거래소에 상장되어 있지 아니한 법인의 주식 등. 다만, 다른 상 속재산이 없거나 선순위 물납가능재산으로 상속세 물납에 충당 하더라도 부족하면 물납 가능하다.

▢ 물납 충당하는 재산의 물납 신청 및 허가순위 (상증령 제74조 2항 제1호부터 제6호)

① 국채 및 공채

② 상장된 유가증권(최초로 상장되어 처분이 제한된 경우)

③ 국내에 소재하는 부동산(상속개시일 현재 상속인이 거주하는 주택 및 그 부수토지 제외)

④ 유가증권 (①, ② 및 ⑤의 재산은 제외)

⑤ (상속의 경우로서 그 밖의 다른 상속재산이 없거나 상증령 제74 조 2항 제1호부터 제3호까지의 상속재산으로 상속세물납에 충 당하더라도 부족한 경우) 비상장 주식 등

⑥ 상속개시일 현재 상속인이 거주하는 주택 및 그 부수토지

물납에 충당할 부동산 및 유가증권의 수납가액은 원칙적으로 상속 재산의 가액으로 한다. 물납 역시 연부연납의 경우처럼 관할세무서 장에게 신청하여 허가를 받아야 한다.

□ 물납한도 = MIN[①, ②]

① 상속세 납부세액 × $\dfrac{\text{부동산} + \text{유가증권가액}}{\text{총상속재산가액}}$

② 상속세 납부세액 중 현금화가 용이한 금융재산(금융부채 차감) 과 상장주식 등 상장유가증권 가액을 차감한 금액

□ 납세담보 제공 및 국민주택채권 매입

연부연납은 과세관청의 허가사항으로 납세의무자는 연부연납 허가신청 시 납부세액에 상당하는 담보를 제공하여야 한다. 한편, 조세 납부와 관련하여 저당권을 설정하는 때에 납세의무자와 담보 제공자가 상이한 경우에는 납세담보 제공금액의 1%에 상당하는 국민주택채권 취득의무가 발생하므로, 법인 등 제3자 소유의 재산을 납세담보로 제공하는 경우에는 이러한 사항을 고려하여야 한다.

🔖 사례 – 물납 가능 금액과 순위

상속인이 상속받은 총 400억원 재산은 주식 300억원, 예금 50억원, 부동산 50억원으로 구성되어 있다.

구 분	금 액	비 고
주식	300억원	상장주식 : 100억원 비상장주식 : 200억원
예금	50억원	
부동산	50억원	상가 : 40억원 거주주택 : 10억원
합계	400억원	

예상 상속세가 200억원이라면, 물납 가능 금액과 순위는 어떻게 되는가?

첫째, 물납 요건

① 상속재산(사전증여재산포함) 중 부동산과 유가증권(국내에 소재하는 부동산 등으로 법에서 정하는 물납에 충당할 수 있는 재산으로 한정한다)의 가액이 해당 상속재산가액의 1/2 초과 여부 : 초과함

250억원(부동산 50억원+비상장주식 200억원) 〉 200억원(400억원의 1/2)

② 납부세액 2천만원 초과 여부 : 초과함

③ 상속세 납부세액이 상속재산가액 중 금융재산 가액 초과 여부 : 초과함

둘째, 물납 한도

· 물납한도 = MIN[①, ②] = 50억원

① 상속세 납부세액 × $\dfrac{\text{부동산}+\text{유가증권가액}}{\text{총상속재산가액}}$ = 200억원 × $\dfrac{\text{50억원}+\text{200억원}}{\text{400억원}}$ = 125억원

② 상속세 납부세액 중 현금화가 용이한 금융재산(금융부채 차감)과 상장주식 등 상장유가증권 가액을 초과하는 금액

= 200억원 − 50억원 − 100억원 = 50억원

셋째, 물납 순위

① 부동산

② 비상장주식

③ 상속인 거주 주택 순이다.

결론적으로, 상속세 200억원에서 물납은 50억원만 허용된다.

① 부동산 40억원 (상가)

② 비상장주식 10억원 순으로 납부하면 된다.

· ·

14

피상속인이 비거주자인 경우

🔍 **핵심**

비거주자인 경우에는 국내상속재산만이 과세대상이고, 상속공제 중 기초공제(2억원)와 감정평가수수료 공제만 가능하다.

거주자와 비거주자 여부는 국적과 영주권 취득 여부와는 상관이 없으며, 국내에 주소를 두거나 183일 이상 거소를 둔 개인을 거주자라고 하며 거주자가 아닌 자를 비거주자라고 한다. 피상속인이 거주자인 경우를 기본가정으로 본 책을 서술하였으며, 피상속인이 비거주자인 경우는 ① 신고·납부기한 3개월 연장, ② 과세대상은 국내 상속재산으로만 한정, ③ 장례비용 불인정, ④ 상속공제 중 기초공제 2억원과 감정평가수수료 공제만 인정한다.

구 분	거주자	비거주자
신고 · 납부기한	상속개시일이 속하는 달의 말일부터 6개월	상속개시일이 속하는 달의 말일부터 9개월
과세대상	국내외 상속재산	국내 상속재산
과세가액공제액 1) 장례비용 2) 공과금 3) 채무	공제가능 공제가능 공제가능	공제 불가능 국내 상속재산에 대한 공과금 국내 상속재산에 대한 채무
상속공제 등	모든 공제 가능	상속공제 중 기초공제(2억원)와 감정평가수수료 공제만 가능

거주자와 비거주자 간 세금 비교

대상		거주자	비거주자
종합소득세	과세대상	국내외소득	국내원천소득
	과세방법	종합과세	분리과세
	연말정산	연말정산	배우자 · 부양가족인적공제, 특별공제불가
양도소득세 - 1세대 1주택		비과세특례	비과세 특례 배제 (장기보유특별공제 최대 30%)
상속증여세	과세대상	국내외 재산	국내재산
	상속공제	공제	기초공제(2억원)와 감정평가수수료 공제
	증여공제	공제	공제불가
종부세 - 1세대 1주택		12억 공제	12억 공제 배제 (9억 공제)

III

가업상속공제

2007년까지 불과 1억원에 불과했던 가업상속공제액은 최근 600억원까지 늘어났다. 가업상속공제의 유연화에 대한 목소리가 여전히 높은 가운데, 국내의 가업상속공제는 중소기업과 연매출 5,000억원 미만의 중견기업에 해당이 되는 것으로 대기업은 가업상속공제가 적용되지 않는다.

가업승계와 관련된 주요 세제지원 내용에는 ① 가업상속공제, ② 가업승계 주식에 대한 증여세 과세특례, ③ 가업상속재산에 대한 상속세 연부연납, ④ 가업상속에 대한 상속세의 납부유예 및 가업승계 시 증여세의 납부유예 제도가 있다.

최근 개정사항 중, 2023년부터 가업상속공제 적용대상 중견기업을 5천억원 미만으로 확대하고, 공제한도를 가업영위기간 별로 300억, 400억, 600억으로 상향하였으며, 피상속인 지분요건을 40%이상(상장법인 20%)으로 완화하였다. 사후관리 기간은 5년으로 단축하고, 고용 유지 및 자산 유지 요건을 완화하였다. 추가로, 가업상속에 대한 상속세의 납부유예제도와 가업승계 시 증여세의 납부유예제도가 신설되었다.

2024년부터 가업상속공제 사후관리 요건 중 업종유지 요건이 표준산업분류상 '중분류 내'에서 '대분류 내'로 업종변경이 허용되었고, 가업승계 증여세 과세특례 혜택 중 저율과세 구간 및 연부연납기간이 확대되었다. 저율과세 구간은 종전 '과세표준 60억원 이하 10%'에서 '120억원 이하 10%'로 확대되었고, 연부연납 기간은 종전 5년에서 15년으로 연장되었다.

2025년부터 소상공인법에 따른 백년가게를 운영하는 사업이 가업상속공제 대상 업종에 추가되었고, 사업무관자산 관련해서 임직원 사택·학자금·주택자금은 제외되었고, 과다보유 현금 비율은 150%에서 200%로 상향되었다.

가업상속공제

🔍 **핵심**

중소기업 및 매출 5천억원 미만 중견기업은 가업상속공제를 적극 활용하고, 법인가업의 주식 평가 시 사업무관자산은 제외하며, 상속세는 20년 연부연납을 고려하라.

가업상속공제 의의

중소기업 및 중견기업(직전 3개년 연평균 매출액 5천억원 미만)의 가업승계를 지원하기 위하여 거주자인 피상속인이 생전에 10년이상 영위한 중소기업 및 중견기업을 상속인에게 승계한 경우, 일정요건 충족 시 최소 300억원에서 최대 600억원까지 상속공제 혜택을 주는 제도이다.

가업의 범위

가업상속공제대상이 되는 가업은 중소기업 또는 중견기업(상속이 개시되는 소득세 과세기간 또는 법인세 사업연도의 직전 3개 소득세 과세기간 또는 법인세 사업연도의 매출액의 평균금액이 5천억원 이상인 기업은 제외)으로서 피상속인이 10년 이상 계속하여 경영한 기업을 말한다.

□ 중소기업 : 상속개시일이 속하는 소득세 과세기간 또는 법인세 사업연도의 직전 소득세 과세기간 또는 법인세 사업연도말 현재 다음 요건을 모두 갖춘 기업
• 별표에 따른 업종을 주된 사업으로 영위하고, 매출액이 업종별로 「중소기업기본법시행령」 별표1에 따른 규모기준이내일 것.
• 상호출자제한기업집단에 해당하지 아니해야 함.
• 자산총액이 5천억원 미만일 것.

□ 중견기업 : 상속개시일이 속하는 소득세 과세기간 또는 법인세 사업연도의 직전 소득세 과세기간 또는 법인세 사업연도말 현재 다음 요건을 모두 갖춘 기업
• 별표에 따른 업종을 주된 사업으로 영위할 것.
• 상호출자제한기업집단에 해당하지 아니해야 함.
• 직전 3개년 연평균 매출액이 5천억원 미만일 것.

여기에서 별표는 가업상속공제를 적용받는 중소·중견기업의 해
당업종을 명시하고 있으며, 한국표준산업분류에 따른 업종과 개별법
률의 규정에 따른 업종으로 구분하고 있다. 한국표준산업분류에 따
른 업종은 가. 농업, 임업 및 어업(01~03)에서 너. 협회 및 단체, 수리
및 기타 개인서비스업(94~96)로 구성되어 있고, 개별법률의 규정에
따른 업종은 가. 직업기술 분야 학원에서 러. 소상공인이 운영하는 사
업으로 구성되어 있다.

별표에 따른 업종과 「중소기업기본법시행령」 별표1은 다음과 같다.

[별표] 가업상속공제를 적용받는 중소·중견기업의 해당업종
(상증법시행령 제15조 제1항 및 제2항 관련)

1. 한국표준산업분류에 따른 업종

표준산업분류상 구분		가업 해당 업종
가.	농업, 임업 및 어업(01~03)	작물재배업(011) 중 종자 및 묘목생산업(01123)을 영위하는 기업으로서 다음의 계산식에 따라 계산한 비율이 100분의 50 미만인 경우 [제15조 제7항에 따른 가업용 자산 중 토지(「공간정보의 구축 및 관리 등에 관한 법률」에 따라 지적공부에 등록하여야 할 지목에 해당하는 것을 말한다) 및 건물(건물에 부속된 시설물과 구축물을 포함한다)의 자산의 가액] ÷ (제15조 제7항에 따른 가업용 자산의 가액)
나.	광업 (05~08)	광업 전체

다.	제조업 (10~33)	제조업 전체. 이 경우 자기가 제품을 직접 제조하지 않고 제조업체(사업장이 국내 또는「개성공업지구 지원에 관한 법률」제2조 제1호에 따른 개성공업지구에 소재하는 업체에 한정한다)에 의뢰하여 제조하는 사업으로서 그 사업이 다음의 요건을 모두 충족하는 경우를 포함한다. 1) 생산할 제품을 직접 기획(고안·디자인 및 견본제작 등을 말한다)할 것 2) 해당 제품을 자기명의로 제조할 것 3) 해당 제품을 인수하여 자기책임하에 직접 판매할 것
라.	하수·폐기물 처리, 원료 재생, 환경정화 및 복원업 (37~39)	하수·폐기물 처리(재활용을 포함한다), 원료 재생, 환경정화 및 복원업 전체
마.	건설업 (41~42)	건설업 전체
바.	도매 및 소매업 (45~47)	도매 및 소매업 전체
사.	운수업 (49~52)	여객운송업[육상운송 및 파이프라인 운송업(49), 수상 운송업(50), 항공 운송업(51) 중 여객을 운송하는 경우]
아.	숙박 및 음식점업 (55~56)	음식점 및 주점업(56) 중 음식점업(561)
자.	정보통신업 (58~63)	출판업(58)
		영상·오디오 기록물제작 및 배급업(59). 다만, 비디오물 감상실 운영업(59142)을 제외한다.
		방송업(60)
		우편 및 통신업(61) 중 전기통신업(612)
		컴퓨터 프로그래밍, 시스템 통합 및 관리업(62)
		정보서비스업(63)

차.	전문, 과학 및 기술서비스업 (70~73)	연구개발업(70)
		전문서비스업(71) 중 광고업(713), 시장조사 및 여론조사사업(714)
		건축기술, 엔지니어링 및 기타 과학기술 서비스업(72) 중 기타 과학기술 서비스업(729)
		기타 전문, 과학 및 기술 서비스업(73) 중 전문디자인업(732)
카.	사업시설관리 및 사업지원 서비스업 (74~75)	사업시설 관리 및 조경 서비스업(74) 중 건물 및 산업설비 청소업(7421), 소독, 구충 및 방제 서비스업(7422)
		사업지원 서비스업(75) 중 인력공급 및 고용알선업(751, 농업노동자 공급업을 포함한다), 경비 및 경호 서비스업(7531), 보안시스템 서비스업(7532), 콜센터 및 텔레마케팅 서비스업(75991), 전시, 컨벤션 및 행사 대행업(75992), 포장 및 충전업(75994)
타.	임대업 : 부동산 제외 (76)	무형재산권 임대업(764, 「지식재산 기본법」제3조 제1호에 따른 지식재산을 임대하는 경우로 한정한다)
파.	교육서비스업(85)	교육 서비스업(85) 중 유아 교육기관(8511), 사회교육시설(8564), 직원훈련기관(8565), 기타 기술 및 직업훈련학원(85669)
하.	사회복지 서비스업 (87)	사회복지서비스업 전체
거.	예술, 스포츠 및 여가관련 서비스업(90~91)	창작, 예술 및 여가관련서비스업(90) 중 창작 및 예술관련 서비스업(901), 도서관, 사적지 및 유사 여가관련 서비스업(902). 다만, 독서실 운영업(90212)은 제외한다.
너.	협회 및 단체, 수리 및 기타 개인 서비스업 (94~96)	기타 개인 서비스업(96) 중 개인 간병인 및 유사 서비스업(96993)

2. 개별법률의 규정에 따른 업종

가업 해당 업종
가. 「조세특례제한법」제7조 제1항 제1호 커목에 따른 직업기술 분야 학원
나. 「조세특례제한법 시행령」제5조 제9항에 따른 엔지니어링사업
다. 「조세특례제한법 시행령」제5조 제7항에 따른 물류산업
라. 「조세특례제한법 시행령」제6조 제1항에 따른 수탁생산업
마. 「조세특례제한법 시행령」제54조 제1항에 따른 자동차정비공장을 운영하는 사업
바. 「해운법」에 따른 선박관리업
사. 「의료법」에 따른 의료기관을 운영하는 사업
아. 「관광진흥법」에 따른 관광사업(카지노, 관광유흥음식점업 및 외국인전용 유흥음식점업은 제외한다)
자. 「노인복지법」에 따른 노인복지시설을 운영하는 사업
차. 「노인장기요양보험법」 부칙 제4조에 따른 재가장기요양기관을 운영하는 사업
카. 「전시산업발전법」에 따른 전시산업
타. 「에너지이용 합리화법」제25조에 따른 에너지절약전문기업이 하는 사업
파. 「국민 평생 직업능력 개발법」에 따른 직업능력개발훈련시설을 운영하는 사업
하. 「도시가스사업법」제2조 제4호에 따른 일반도시가스사업
거. 「연구산업진흥법」제2조 제1호 나목의 산업
너. 「민간임대주택에 관한 특별법」에 따른 주택임대관리업
더. 「신에너지 및 재생에너지 개발·이용·보급 촉진법」에 따른 신·재생에너지 발전사업
러. 「소상공인 보호 및 지원에 관한 법률」제16조제1항제2호부터 제4호까지의 규정에 따른 요건을 갖추어 같은 법 제16조의2제2항에 따라 백년소상공인으로 지정된 소상공인이 운영하는 사업

「중소기업기본법 시행령」별표 1
(주된 업종별 평균매출액등의 중소기업 규모 기준)

해당 기업의 주된 업종	분류기호	규모 기준
1. 의복, 의복액세서리 및 모피제품 제조업	C14	평균매출액등 1,500억원 이하
2. 가죽, 가방 및 신발 제조업	C15	
3. 펄프, 종이 및 종이제품 제조업	C17	
4. 1차 금속 제조업	C24	
5. 전기장비 제조업	C28	
6. 가구 제조업	C32	
7. 농업, 임업 및 어업	A	평균매출액등 1,000억원 이하
8. 광업	B	
9. 식료품 제조업	C10	
10. 담배 제조업	C12	
11. 섬유제품 제조업(의복 제조업은 제외한다)	C13	
12. 목재 및 나무제품 제조업(가구 제조업은 제외한다)	C16	
13. 코크스, 연탄 및 석유정제품 제조업	C19	
14. 화학물질 및 화학제품 제조업(의약품 제조업은 제외한다)	C20	
15. 고무제품 및 플라스틱제품 제조업	C22	
16. 금속가공제품 제조업(기계 및 가구 제조업은 제외한다)	C25	
17. 전자부품, 컴퓨터, 영상, 음향 및 통신장비 제조업	C26	
18. 그 밖의 기계 및 장비 제조업	C29	
19. 자동차 및 트레일러 제조업	C30	
20. 그 밖의 운송장비 제조업	C31	
21. 전기, 가스, 증기 및 수도사업	D	
22. 건설업	F	
23. 도매 및 소매업	G	

24. 음료 제조업	C11	
25. 인쇄 및 기록매체 복제업	C18	
26. 의료용 물질 및 의약품 제조업	C21	
27. 비금속 광물제품 제조업	C23	
28. 의료, 정밀, 광학기기 및 시계 제조업	C27	평균매출액등 800억원 이하
29. 그 밖의 제품 제조업	C33	
30. 하수·폐기물처리, 원료재생 및 환경복원업	E	
31. 운수업	H	
32. 출판, 영상, 방송통신 및 정보서비스업	J	
33. 전문, 과학 및 기술 서비스업	M	
34. 사업시설관리 및 사업지원 서비스업	N	
35. 보건업 및 사회복지 서비스업	Q	평균매출액등 600억원 이하
36. 예술, 스포츠 및 여가 관련 서비스업	R	
37. 수리(修理) 및 기타 개인 서비스업	S	
38. 숙박 및 음식점업	I	
39. 금융 및 보험업	K	평균매출액등 400억원 이하
40. 부동산업 및 임대업	L	
41. 교육 서비스업	P	

예를 들어, 의약도매업이 가업상속공제 업종에 해당되고 매출액 기준은 어떻게 되는 지를 살펴보면, 의약도매업은 [별표] 한국표준산업분류에 따른 업종에서 바.도매 및 소매업(45~47)에 해당되고, 「중소기업기본법 시행령」 별표1에 의하면 23. 도매 및 소매업에 해당되어 평균매출액 1,000억원 이하에 해당된다. 즉, 의약도매업은 평균매출액 1,000억원 이하에 해당되면 가업상속공제를 적용받는 중소기업에 해당된다.

<참고> ― 가업상속공제 적용이 안되는 업종(예시)

일반숙박업, 주점업, 주차장운영업, 택배, 금융ㆍ보험업, 부동산 임대 및 공급업, 법무ㆍ회계서비스업, 학교, 입시학원, 자동차운전학원, 장애인복지시설, 보육시설, 골프장(관광진흥법에 따른 관광사업은 제외), 스키장, 노래방, 게임장, 무도장, 이ㆍ미용업, 욕탕, 세탁, 예식장, 가사서비스업 등

가업상속공제액

가업상속공제액은 피상속인의 가업영위기간에 따라 상속공제한도액이 300억원에서 600억원까지 결정된다.

피상속인 가업영위기간	가업상속공제한도액
10년 이상	300억원
20년 이상	400억원
30년 이상	600억원

 사례 ― 가업상속공제에 따른 절세효과

L 사장은 중소기업을 12년 차 경영하고 있으며, 상속재산으로는 가업재산 100억원, 일반재산 10억원, 총 110억원 재산이다.

상속인은 배우자와 자녀 2명이고, 가업상속공제 적용에 따른 절세효과가 얼마나 되는지 L 사장은 문의해 왔다(일괄공제, 배우자공제 각각 5억원 적용).

가업상속공제에 따른 절세효과

(단위 : 원)

상 속 세 계 산		가업상속공제 적용대상 아닌 경우	가업상속공제 적용대상인 경우
상 속 세 재 산 가 액		110억	110억
(−)	일 괄 공 제	5억	5억
(−)	배 우 자 공 제	5억	5억
(−)	가 업 상 속 공 제	−	100억
=	과 세 표 준	100억	−
(×)	세 율		
=	산 출 세 액	45.4억	−
(−)	신 고 세 액 공 제	(−)1.4억	
=	신 고 납 부 세 액	44억	−
차 이			44억

상기의 경우, 가업상속공제에 해당되는 경우에는 1백억원 상속공제를 통해 약 44억원 절세효과를 가져 올 수 있다.

초창기(2007.12.31이전) 5년이상 경영한 중소기업에만 가업상속 공제액이 1억원 적용되었던 것에 비하면 최근 가업상속공제액이 최고 600억원까지 많이 증가하였고, 적용대상 기업도 연평균 매출액 5천억원 미만인 중견기업까지 확대되었다. 그러나 여전히 적용대상 기업을 확대해 달라는 목소리가 높다.

가업상속재산가액 계산

「소득세법」을 적용받는 가업(개인가업) : 가업에 직접 사용되는 토지, 건축물, 기계장치 등 사업용 자산의 가액에서 해당 자산에 담보된 채무액을 뺀 가액

「법인세법」을 적용받는 가업(법인가업) : 가업에 해당하는 법인의 주식 등의 가액(사업무관자산비율 제외)

> 가업상속재산(법인가업) = 주식평가액 × [1 − (사업무관자산 / 총 자산)]

사업무관자산(상속개시일 현재 기준)
① 비사업용토지 등
② 업무무관자산 및 타인에게 임대하고 있는 부동산(임직원에게 5년 이상 무상 임대한 주택 제외)
③ 대여금(임직원 본인 또는 자녀의 학자금, 주택 전세금은 제외)
④ 과다보유현금(상속개시일 직전 5개 사업연도말 평균 현금 보유액의 200% 초과)
⑤ 법인의 영업활동과 직접 관련이 없이 보유하고 있는 주식 등, 채권 및 금융상품

사례 – 가업상속재산가액 계산

L 사장의 현재 재산은 약 330억원으로 구성되어 있다. 이 중 본인이 운영하는 출판업 회사의 주식가액이 약 300억원, 개인아파트 20억원, 금융재산 10억원으로, 본인의 향후 상속세는 전혀 문제가 없다고 생각한다.
본인은 출판업 회사의 대표이사로서 10년이상 회사를 운영하여, 가업상속공제로 최소 300억원이 공제가능하다고 믿고 있다. 본인이 부담해야 할 상속세는 주식가액 약 300억원을 제외한 나머지 재산(개인아파트, 금융재산) 30억원에 대한 예상 상속세 약 5억원만 부담하면 된다고 생각한다. 과연 L씨 사장 생각이 맞을까? (단, L 사장이 영위하는 출판회사는 회사 자가건물 6층 중 4층을 사용하고 있으며, 나머지 2개층은 임대업을 하고 있다)

→ 출판회사를 실사한 결과 타인에게 임대하고 있는 부동산 등 사업무관자산 비율이 1/3에 해당되었다. 즉, 가업상속재산(법인가업) = 주식평가액 × [1 − (사업무관자산 / 총자산)]에서 가업상속재산은 300억원 × (1−1/3) = 200억원으로, 가업상속공제액은 300억원이 아니라 200억원이다. 본인이 부담해야 할 상속세는 가업상속공제가 적용되지 않는 주식가액 100억원(300억원−200억원)과 나머지 재산 30억원, 총 130억원에 대한 상속세 약 60억원이 예상된다.

피상속인 요건

□ 주식보유 기준

피상속인이 중소기업 또는 중견기업의 최대주주등으로서 특수관계자의 지분을 합하여 40% 이상(상장기업은 20%이상)을 상속개시일로부터 소급하여 10년 이상 계속하여 보유할 것

□ 대표이사 재직기간

가업의 영위기간 중 다음 3가지 중 최소 어느 하나에 해당하는 기간을 대표이사로 재직할 것

① 50% 이상의 기간

② 10년 이상의 기간(상속인이 피상속인의 대표이사등의 직을 승계하여 승계한 날부터 상속개시일까지 계속 재직한 경우로 한정한다)

③ 상속개시일로부터 소급하여 10년 중 5년 이상의 기간

상속인 요건

상속인은 다음의 요건을 모두 충족해야 하며, 상속인의 배우자가 다음의 요건을 모두 충족한 경우에도 상속인이 그 요건을 갖춘 것으로 본다.

□ 연령 : 상속개시일 현재 18세 이상인 경우

□ 가업종사 : 상속개시일 전에 피상속인이 가업을 영위하는 기간 중 2년 이상 직접 가업에 종사한 경우. 다만, 피상속인이 65세 이전에 사망하거나 천재지변·인재 등 부득이한 사유로 피상속인이 사망한 경우에는 2년이 안 되어도 가능

□ 취임기준 : 상속세과세표준 신고기한까지 임원으로 취임하고, 신고기한으로부터 2년 이내에 대표이사(개인사업인 경우 "대표자"임)로 취임한 경우

| 가업상속공제 요건 |

구 분	내 역	상 세 내 역
가업	중소기업	상속개시일이 속하는 과세연도의 직전 과세연도 말 현재 다음 요건을 모두 갖춘 기업 - 별표에 따른 업종을 주된 사업으로 영위하고, 매출액이 업종별로 규모기준 이내일 것 - 상호출자제한기업집단에 해당하지 아니해야 함 - 자산총액이 5천억원 미만일 것
	중견기업	상속개시일이 속하는 과세연도의 직전 과세연도 말 현재 다음 요건을 모두 갖춘 기업 - 별표에 따른 업종을 주된 사업으로 영위할 것 - 상호출자제한기업집단에 해당하지 아니해야 함 - 직전 3개년 연평균 매출액이 5천억원 미만일 것
	계속 경영기업	피상속인이 최소 10년 이상 계속하여 경영한 기업
피상속인	주식 보유기준	피상속인이 중소기업 또는 중견기업의 최대주주등으로서 특수관계자의 지분을 합하여 40% 이상(상장기업은 20% 이상)을 10년 이상 계속하여 보유할 것
	대표이사 재직요건 (3가지 중 1가지 충족)	기업 영위기간의 50% 이상의 기간
		10년 이상의 기간 (상속인이 피상속인의 대표이사등의 직을 승계하여 승계한 날부터 상속개시일까지 계속 재직한 경우)
		상속개시일부터 소급하여 10년 중 5년 이상의 기간
상속인	연령	18세 이상
	가업종사	상속개시일 전 2년 이상 가업에 종사 다만, 피상속인이 65세 이전에 사망하거나 천재지변·인재 등 부득이한 사유로 피상속인이 사망한 경우에는 2년이 안 되어도 가능
	취임기준	상속세 과세표준 신고기한까지 임원취임, 신고기한부터 2년 이내 대표이사취임

가업상속재산에 대한 상속세 연부연납 제도

가업상속재산에 대한 상속세 연부연납은 거치기간 포함 최장 20년으로 일반상속재산의 연부연납기간보다 더 장기적으로 운영하여 가업승계를 지원하고 있다. 즉, 가업상속재산을 제외한 일반상속의 경우에는 연부연납 허가일로부터 10년 이내로 하는 반면, 가업상속재산의 경우에는 연부연납허가일로부터 20년 또는 연부연납 허가 후 10년이 되는 날부터 10년으로 한다.

또한, 연부연납가산금은 분할 납부에 따른 이자 성격으로 국세환급가산금에 따른 이자율과 동일하다. 국세환급가산금이란 국세를 과다 징수해서 환급하는 경우 국세청에서 원금 이외에 추가로 지급하는 이자성격으로 보면 된다. 현행 국세환급가산금 이율은 3.1%(2025.3.21. 개정)를 적용하고 있다.

가업상속공제와 가업상속재산에 대한 연부연납 비교

가업상속공제와 가업상속재산에 대한 상속세 연부연납은 중복 적용 가능하지만, 가업상속공제에 비해 상속세 연부연납 요건이 다소 완화되어 있다.

구 분		가업상속공제	가업상속재산에 대한 상속세 연부연납
적용요건	상속인 재직요건	상속개시일 전 2년 이상 가업에 종사	없음
	업종요건 배제	가업상속공제대상 업종	소비성서비스업 외 모든 업종
	피상속인 재직요건	10년	5년
	피상속인 주식보유요건	10년	5년
사후관리요건	상속재산 처분범위	40%	50%
	가업 종사 요건	한국표준산업분류 대분류 외 업종 변경 불가	업종 변경 가능
	지분 유지 요건	지분율 감소 불가	지분율 감소 가능(지분율 감소 후에도 최대주주 등에 해당하는 경우)
	고용 유지 요건	- 5년간 정규직 및 총급여액의 전체평균이 기준의 90% 미달	없음
지분 양도소득세─취득가액		피상속인 취득 시점	상속개시일

가업상속에 대한 상속세의 납부유예

 가업상속공제 요건을 충족하는 중소기업으로 가업상속공제를 받지 않은 기업을 대상으로 가업승계 시 상속세 납부유예제도가 2023년 신설되었다. 이는 가업승계 시 상속세를 상속받은 가업상속재산을 양도(상속·증여포함)하는 시점까지 유예하겠다는 취지로, 상속세를 상속개시일이 아닌 양도이득(자본이득)이 발생하는 시점에 과세하겠다는 자본이득세 개념이 도입된 것이다.

□ 적용대상

  가업상속공제 요건을 충족하는 중소기업으로 가업상속공제를 받지 아니하였을 것. 이 경우「가업상속공제와 영농상속공제의 동시 적용 배제」에 따라 가업상속공제 대신 영농상속공제를 받은 경우에는 가업상속공제를 받은 것으로 본다.

□ 납부유예기간

  상속인이 상속받은 가업상속재산을 양도·상속·증여하는 시점까지 상속세 납부 유예

  • 납부유예 가능세액 = 상속세 납부세액 $\times \dfrac{\text{가업상속재산가액}}{\text{총상속재산가액}}$

□ 상속세 납부사유

  ①~⑥ 해당 시, 사유발생일이 속하는 달의 말일부터 6개월 이내에 상속세 및 이자상당액 납부

  ① 정당한 사유 없이 사후관리요건 위반하는 경우

  ② 1년 이상 휴업하거나 폐업하는 경우

  ③ 상속인이 최대주주 등에 해당하지 않게 되는 경우

  ④ 상속인이 사망하여 상속이 개시되는 경우

  ⑤ 상속인이 상속받은 가업상속재산(주식등 제외)을 양도·증여하는 경우(단, 40% 미만 양도·증여 시 제외)

  ⑥ 정당한 사유 없이 주식 등을 상속받은 상속인의 지분이 감소한 경우

□ 납부유예 사후관리 기간 및 요건

사후관리 기간으로 5년이며, 사후관리 요건은 다음과 같다.

① 가업종사 : 상속인이 가업에 종사할 것

② 고용유지 : 5년 통산 정규직 근로자수 70% 이상 또는 총급여액 70% 이상 유지

③ 지분 유지 : 상속받은 지분 유지

(업종 유지 요건은 없음)

02

가업상속 후 5년간 사후관리

🔍 **핵심**

**가업용 자산의 40% 이상 처분, 가업 미종사, 지분 감소, 5년간 정
규직 근로자 수 및 총급여액의 전체 평균이 기준의 90% 미달하는
경우 추징세액이 부과된다.**

가업상속공제 사후관리

　가업상속공제를 받은 가업상속인이 상속개시 이후 5년간 사후관리
의무를 이행하지 아니한 경우에는 공제받은 금액에 해당 가업용 자산
의 처분비율(가업용 자산을 처분한 경우)과 추징율(100%)을 곱한 금액
을 상속개시 당시의 상속세 과세가액에 산입하여 이자상당액과 함께
상속세를 부과한다.

가업상속인의 사후의무 이행 위반사유

① 해당 가업용 자산의 40% 이상을 처분한 경우

> • 가업용 자산의 처분비율
>   = 가업용 자산 중 처분(임대포함)한 자산의 상속개시일 현재의 가액
>   / 상속개시일 현재 가업용자산의 가액
>
> • 가업용 자산
>   - 개인가업 : 가업에 직접 사용되는 토지, 건축물, 기계장치 등 사업용 자산
>   - 법인가업 : 가업에 해당하는 법인의 사업에 직접 사용되는 사업용 고정자
>   산(사업무관자산은 제외)

② 해당 상속인이 가업에 종사하지 아니하게 된 경우
 • 상속인이 대표이사 등으로 종사하지 아니하는 경우
 • 가업의 주된 업종을 변경하는 경우
 • 해당 가업을 1년 이상 휴업(실적이 없는 경우 포함)하거나 폐업
   하는 경우
③ 주식 등을 상속받은 상속인의 지분이 감소된 경우(다만, 상속인
   이 상속받은 주식 등을 물납하여 지분이 감소한 경우는 제외하
   되, 이 경우에도 최대주주나 최대출자자에 해당하여야 함)
 • 상속인이 상속받은 주식 등을 처분하는 경우
 • 유상증자시 상속인이 실권하여 지분율이 감소되는 경우
 • 상속인과 특수관계에 있는 자가 주식 등을 처분하거나 유상증자
   시 실권하여 상속인이 최대주주 등에 해당하지 아니하게 된 경우

・감자로 인해 보유주식 수가 감소한 경우(단, 균등 무상감자는 제외)

④ 상속개시된 사업연도 말부터 5년간 정규직근로자 수의 평균이 기준고용인원의 100분의 90에 미달하거나, 5년간 총급여액의 평균이 기준총급여액의 100분의 90에 미달하는 경우(5년 전체 기간 판단)

> ・기준고용인원
> = 상속이 개시된 소득세 과세기간 또는 법인세 사업연도의 직전 2개 소득세 과세기간 또는 법인세 사업연도의 정규직근로자 수의 평균
>
> ・기준총급여액
> = 상속이 개시된 소득세 과세기간 또는 법인세 사업연도의 직전 2개 소득세 과세기간 또는 법인세 사업연도의 총급여액의 평균

가업의 주된 업종을 변경하는 경우

가업의 주된 업종을 변경하는 경우는 상속인이 가업에 종사하지 아니하게 된 경우로 가업상속인의 사후의무 이행 위반사유에 해당된다. 다만 ① 한국표준산업분류에 따른 대분류 내에서 업종을 변경(가업상속공제 적용대상 업종으로 변경하는 경우로 한정한다)하거나, ② 평가심의위원회의 심의를 거치는 경우에는 대분류간에 업종변경을 허용하고 있다.

업종변경 허용범위 확대 관련, 기술적 유사성은 있으나 업종변경이 필요한 경우가 있음을 고려하여 기존사업과의 관련성 및 고용의 승계 가능성 등을 검토하여 전문가로 구성된 평가심의위원회 심의를 거쳐 승인을 받도록 되어 있다.

 사례 – 대분류 내(중분류 간) 업종 변경

의약품제조(중분류 : 의료용물질 및 의약품 제조업)기술을 활용하여 화장품 제조업(중분류 : 화학물질 및 화학제품 제조업(의약품 제외))으로 변경

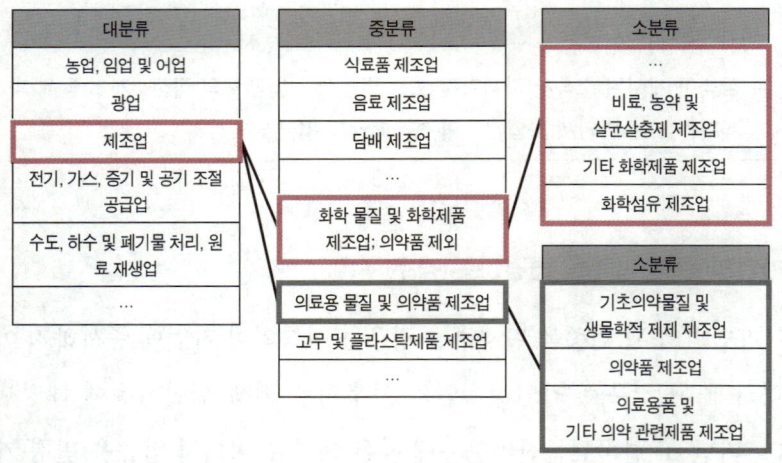

가업승계에 대한 증여세 과세특례제도

🔍**핵심**

자식이 부모로부터 주식(출자지분)을 증여받을 경우에는, 10억원 증여공제 & 10%세율 & 상속 시 정산하는 「가업승계증여세특례」를 고려해 보라.

'가업의 승계에 대한 증여세 과세특례'제도는 18세 이상인 거주자가 60세 이상의 부모로부터 가업의 승계를 목적으로 해당 주식 또는 출자지분을 증여받는 경우, 가업자산상당액에 대한 증여세 과세가액에서 10억원을 공제하며 10%(과세표준이 120억원을 초과하는 경우 그 초과금액에 대해서는 20%)로 증여세를 과세한 후 상속 시에 정산하는 과세제도이다.

이는 중소기업 경영자가 생전에 자녀에게 가업을 사전 상속함으로써 중소기업의 영속성을 유지하고 경제활력 증진을 도모하고자 하는 취지이다.

사례 – 가업승계에 대한 증여세 과세특례제도 절세효과

L 사장은 중소기업을 12년 차 경영하고 있으며, 본인 소유 법인 주식 가액은 약 300억원이며 이 중 10%에 해당하는 주식을 장남에게 사전 증여하려고 한다. 가업승계에 대한 증여세 과세특례제도 적용에 따른 절세효과가 얼마나 되는지에 대해서 문의해 왔다.

┃가업승계에 대한 증여세 과세특례제도 절세효과┃

(단위 : 천원)

증여세계산	일반증여	증여세과세특례 적용대상인 경우
= 증 여 세 과 세 가 액	3,000,000	3,000,000
(−) 증 여 공 제	50,000	1,000,000
= 과 세 표 준	2,950,000	2,000,000
(×) 세 율		
= 산 출 세 액	1,020,000	200,000
(−) 신 고 세 액 공 제 [22]	30,600	−
= 신 고 납 부 세 액	989,400	200,000
차 이		789,400

상기의 경우, 가업승계에 대한 증여세과세특례에 해당되는 경우에는 10억원 증여공제와 10%(과세표준이 120억원을 초과하는 경우 그 초과금액에 대해서는 20%) 증여세율이 적용되므로, 약 8억원 절세효과를 가져 올 수 있다.

---

22 가업승계 과세특례를 적용받는 경우에는 신고세액공제를 적용하지 않음

가업승계에 따른 증여세 과세특례 적용 요건

가업승계에 따른 증여세 과세특례를 적용받기 위해서는 다음의 요건을 모두 충족하여야 한다.[23]

- 수증자가 18세 이상 거주자일 것
- 증여자가 가업상속공제 적용대상 가업을 경영한 60세 이상의 부모일 것
- 증여자가 증여일로부터 소급하여 10년 이상 또는 전체 가업영위기간의 50% 이상 대표이사로 재직할 것
- 가업 주식을 증여받은 수증자 또는 그 배우자가 증여세 신고기한(증여일의 말일부터 3개월)까지 가업에 종사하고 증여일로부터 3년 이내에 대표이사에 취임할 것

과세특례의 세부 고찰

- 가업자산상당액에 대한 증여세의 과세가액(가업영위기간에 따라 300억원에서 600억원까지 한도)에서 10억원을 공제한 후, 10%(과세표준이 120억원을 초과하는 경우 그 초과금액에 대해서는 20%) 세율을 적용하여 증여세를 계산한다.
- 가업승계 과세특례를 적용받은 경우 증여세 신고세액공제는 적용하지 않는다(분납과 연부연납[24]은 가능함).

---

23 주식증여에 대한 과세특례로 개인사업체는 적용되지 아니함.
24 2024.1.1. 증여 신고분부터 연부연납기간 15년으로 연장

- 가업승계 과세특례를 적용받은 후 상속이 개시되는 경우, 가업 상속 공제도 받을 수 있다. 가업승계 과세특례가 적용된 증여재 산가액은 증여 기한에 관계없이 상속세 과세가액에 가산하여 상 속세로 정산하여 납부해야 한다.
- 상속공제 한도 계산 시 특례
  증여세 과세특례를 적용받은 가업 주식은 상속공제의 한도를 적용할 때에는 상속세 과세가액에 가산하는 증여재산으로 보지 아니한다.
- 증여세 과세특례가 적용된 주식 등은 동일인(그 배우자 포함)으 로부터 증여받은 다른 증여재산가액과 합산하여 가산하지 아니 한다. 즉, 가업승계 주식은 가업승계주식끼리 합산하고, 일반증 여재산은 일반증여재산끼리 합산한다.
- 가업승계 과세특례는 창업자금 과세특례와 중복하여 적용받을 수 없다.

가업승계주식 증여에 대한 사후관리

□ 증여 후 가업승계 불이행 시 증여세 부과

가업 주식의 증여일부터 5년 이내에 정당한 사유 없이 정상적으로 가업승계를 이행하지 아니한 경우에는 해당 가업 주식을 일반 증여 재산으로 보아 이자상당액과 함께 증여세를 부과한다.

□ 사후 관리 위반으로 증여세가 부과되는 경우
  ① 가업에 종사하지 아니하거나 가업을 휴업 또는 폐업하는 경우
  - 수증자가 증여세 신고기한까지 가업에 종사하지 아니하거나 증 여일로부터 3년 이내에 대표이사로 취임하지 아니한 경우

- 수증자(수증자의 배우자 포함)가 주식 등을 증여받은 날부터 5
  년까지 대표이사직을 유지하지 아니하는 경우
- 가업의 주된 업종을 변경하는 경우(한국표준산업분류에 따른
  대분류 내에서 변경하는 경우 및 전문가 위원의 심의를 거쳐 업
  종변경을 승인하는 경우 제외)
- 가업을 1년 이상 휴업(실적이 없는 경우 포함)하거나 폐업하는 경우
② 주식 등을 증여받은 수증자의 지분이 감소하는 경우
- 수증자가 증여받은 주식을 처분하는 경우
- 증여받은 주식을 발행한 법인이 유상증자 등을 하는 과정에서
  실권 등으로 수증자의 지분율이 낮아지는 경우
- 수증자와 특수관계 있는 자의 주식처분 또는 유상증자시 실권
  등으로 지분율이 낮아져 수증자가 최대주주 등에 해당되지 아니
  하는 경우

가업승계 시 증여세의 납부유예

가업승계 증여세 과세특례 요건을 충족하는 중소기업으로 과세특
례를 적용받지 않은 주식 또는 출자지분에 대한 증여세 납부유예제
도가 2023년 신설되었다.

□ 적용대상
가업승계 증여세 과세특례 요건을 충족하는 중소기업으로 과세특
례를 적용받지 아니하였을 것(수증자가 저율과세 방식과 납부유예
방식 중 선택 가능).

□ 납부유예기간

수증자가 증여받은 가업주식을 양도·상속·증여하는 시점까지 증여세 납부 유예

- 납부유예 가능세액 = 증여세 납부세액 $\times \dfrac{\text{가업주식상당액}}{\text{총증여재산가액}}$

□ 증여세 납부사유

①~⑤ 해당 시, 사유발생일이 속하는 달의 말일부터 3개월 이내에 증여세 및 이자상당액 납부

① 정당한 사유 없이 사후관리요건 위반하는 경우

② 1년 이상 휴업하거나 폐업하는 경우

③ 수증자가 최대주주 등에 해당하지 않게 되는 경우

④ 수증자가 사망하여 상속이 개시되는 경우

⑤ 정당한 사유 없이 주식 등을 증여받은 수증자의 지분이 감소한 경우

□ 납부유예 사후관리 기간 및 요건

사후관리 기간으로 5년이며, 사후관리 요건은 다음과 같다.

① 가업종사 : 수증자가 가업에 종사할 것

② 고용유지 : 5년 통산 정규직 근로자수 70% 이상 또는 총급여액 70% 이상 유지

③ 지분 유지 : 증여받은 지분 유지

　　(업종 유지 요건은 없음)

회사를 팔아야 했던 농우바이오 유족들

국내 최대 종자 업체인 농우바이오의 창업주 고(故) 고희선 명예회장이 2013년 8월 갑작스레 타계하자 장남 고준호 씨를 비롯한 유족들은 회사를 팔아야 했다. 고 명예회장이 사망 전 보유한 농우바이오 지분 45.4%에 대한 상속세로 무려 1,200억원이 부과됐기 때문이다. 고준호 씨가 기존 보유 지분 7.42%를 내다 팔아도 마련할 수 있는 현금은 300억원에 불과했다. 상장주식 물납제도는 2013년 2월 이후로 금지돼 상속세를 주식으로 내는 것도 불가능했다.

결국 유족들은 물려받은 지분과 고씨 보유분을 합친 지분(52.8%)을 농협경제지주에 판 뒤 상속세 공포에서 벗어날 수 있었다. 그 대신 기업 승계의 꿈은 버려야 했다.

"40년 일군 회사 팔 수밖에" 중견기업 회장의 눈물

우리나라 중견기업들은 과도한 세금 부담 때문에 성장에 큰 애로를 겪고 있다. 철강 자재기업 K사 회장이었던 B씨 역시 2년 전 자신의 보유 지분 모두를 200억원에 매각하며 "파는 것 외에는 방법이 없었다"고 회고했다. 당시 이 회사는 연매출 300억원을 올리는 강소기업이었다. 포스코 등 국내 대기업을 고객사로 두고 철강 자재를 독점 공급하고 있었다. 하지만 수십억원에 달하는 상속세를 낼 방법이 없어 끝내 경영권 매각이라는 길을 택했다.

매일경제 2017. 04. 12〈홍장원, 김대기, 배미정, 윤진호기자〉

이재용, 상속세 납부 위해 삼성 계열사주식 법원 공탁

이재용 삼성전자 부회장 등 삼성 총수 일가가 고(故) 이건희 삼성 회장이 남긴 유산의 상속세를 내기 위해 법원에 삼성전자와 삼성물산 등 주요 계열사 지분을 담보로 공탁했다. 또 홍라희 전 리움미술관장과 이부진 호텔신라 사장, 이서현 삼성복지재단 이사장은 상속세 납부를 위해 보유하고 있던 삼성 계열사 주식으로 금융권에서 조단위 대출을 받은 것으로 나타났다. 3일 삼성전자는 이 부회장이 지난달 26일 의결권 있는 삼성전자 주식 4,202만주(0.7%)를 서울서부지법에 공탁했다고 공시를 통해 밝혔다. 삼성전자는 상속세 연부연납 납세담보가 목적이라고 설명했다.

앞서 유족들은 지난달 28일 12조원에 달하는 상속세를 5년간 6회에 걸쳐 분납하는 연부연납제도를 활용해 납부하겠다고 밝힌 바 있다. 연부연납을 위해서는 과세당국에 지분 일부를 담보로 제공해야 한다. 삼성물산도 이날 이 부회장이 지난달 26일과 27일, 29일 등 사흘에 걸쳐 삼성물산 주식 3,267만주(17.49%)를 서울서부지법에 공탁했다고 공시했다. 이 역시 상속세 연부연납이 목적이다. 이 부회장은 삼성SDS 주식 711만주(9.20%)도 지난달 26일 법원에 담보로 제공했다. 홍 전 관장도 삼성전자 지분 2,412만주(0.40%)를 공탁했다. 이 사장과 이 이사장도 보유하고 있던 삼성물산과 삼성SDS 지분을 지난달 26일 법원에 공탁했다. 이 사장은 삼성물산 지분 2.82%와 삼성SDS 3.9%를, 이 이사장은 삼성물산 2.73%와 삼성SDS 3.12%의 주식을 각각 공탁했다. 아울러 유족들은 상속세 납부를 위해 금융권에서 대규모 대출도 받은 것으로 알려졌다. 홍 전 관장은 우리은행, 하나은행, 한국증권금융, 메리츠증권 등에서 삼성전자 주식을 담보로 1조원가량을 대출받았다. 이 사장도 삼성물산 지분을 담보로 하나은행과 한국증권금융에서 3,330억원을 대출받았다.

매일경제 2021.05.03 〈박재영 기자〉

주식평가

🔍 **핵심**

비상장주식 평가는 순손익가치와 순자산가치를 3대2 비율로 가
중평균하므로, 손실이 발생한 다음 해가 유리하나 순자산가치의
80%한도를 유념하라.

상장주식(유가증권시장과 코스닥시장)평가

　상장주식은 평가기준일(평가기준일이 공휴일 등 대통령령으로 정
하는 매매가 없는 날인 경우에는 그 전일을 기준으로 한다) 이전·이
후 각 2개월(총 4개월) 동안 공표된 매일의「자본시장과 금융투자업
에 관한 법률」에 따라 거래소허가를 받은 거래소 최종 시세가액(거
래실적 유무를 따지지 아니한다)의 평균액[25]으로 평가한다.

---

[25] 평가기준일 이전·이후 각 2개월 동안에 증자·합병 등의 사유가 발생하는 경우 평균액

구 분	평균액
평가기준일 이전에 증자·합병 등의 사유 발생	사유발생일의 다음날부터 평가기준일 이후 2개월이 되는 날까지의 기간
평가기준일 이후에 증자·합병 등의 사유 발생	평가기준일 이전 2월이 되는 날부터 사유가 발생한 날의 전일까지의 기간
평가기준일 이전·이후에 증자·합병 등의 사유 발생	평가기준일 이전 사유 발생일의 다음날부터 평가기준일 이후 사유발생일 전일까지의 기간

다만, 제38조(합병에 따른 이익의 증여)에 따라 합병으로 인한 이익을 계산할 때 합병(분할합병을 포함한다)으로 소멸하거나 흡수되는 법인 또는 신설되거나 존속하는 법인이 보유한 상장주식의 시가는 평가기준일 현재의 거래소 최종 시세가액으로 한다.

비상장주식 평가

비상장주식은 1주당 순손익가치와 1주당 순자산가치를 각각 3과 2의 비율로 가중평균한 가액으로 하되, 1주당 순자산가치의 80%를 하한으로 하며 산식은 다음과 같다.

> 1주당평가액 = MAX(A, B)
> - A : (1주당 순손익가치×3 + 1주당 순자산가치×2)×1/5
> - B : 1주당 순자산가치×80%

과거, 순손익가치와 순자산가치의 가중평균 방식은 순이익이 낮은 법인의 주식이 과소평가되는 점을 감안하여 순자산가치의 80%를 하한으로 설정하도록 개정되었다.

다만, 부동산과다법인의 경우에는 1주당 순손익가치와 1주당 순자산가치를 각각 2와 3의 비율로 가중평균한 가액으로 한다.

□ 1주당 순손익가치 계산

$$\text{순손익가치} = \frac{\text{1주당 최근 3년간 순손익액의 가중평균액}}{10\%}$$

1주당 순손익가치는 최근 3년간 순손익액의 가중평균액을 3년 만기 회사채의 유통수익률을 감안하여 기획재정부령이 정하는 이자율 (10%)로 나눈 값이다.

1주당 최근 3년간 순손익액의 가중평균액은 다음과 같이 계산한다.

> 1주당 최근 3년간의 순손익액의 가중평균액 =
> {(평가기준일 이전 1년이 되는 사업연도의 1주당 순손익액 × 3) +
> (평가기준일 이전 2년이 되는 사업연도의 1주당 순손익액 × 2) +
> (평가기준일 이전 3년이 되는 사업연도의 1주당 순손익액 × 1)} ÷ 6

여기서 순손익액은 다음과 같이 계산한다.

구 분		
사업연도소득(A)		
소득에 가산할 금액 (B)	+	국세, 지방세 과오납에 대한 환급금 이자
	+	수입배당금 중 익금불산입한 금액
	+	기부금 이월금액 중 당해연도 공제금액
	+	외화환산이익(법인세 계산시 반영하지 않는 경우)
	+	이월된 업무용승용차 관련 손금산입액
소득에서 공제할 금액 (C)	△	벌금, 과료, 과태료, 가산금과 체납처분비
	△	손금용인되지 않는 공과금
	△	업무에 관련 없는 지출
	△	감가상각비 상각범위액 한도초과액
	△	각 세법에 규정하는 징수불이행 납부세액

소득에서 공제할 금액 (C)	△ 기부금 한도초과액
	△ 기업업무추진비 한도초과액
	△ 과다경비 등의 손금불산입액
	△ 지급이자의 손금불산입액
	△ 법인세 총결정세액
	△ 농어촌특별세 총결정세액
	△ 지방소득세 총결정세액
	△ 외화환산손실(법인세 계산시 반영하지 않은 경우)
	△ 징벌적 목적의 손해배상금 등에 대한 손금불산입액
	△ 업무용승용차 관련 손금불산입
순손익액(A+B−C)	

위 규정에 불구하고 다음의 요건을 모두 갖춘 경우에는 1주당 최근 3년간의 순손익의 가중평균액을 기획재정부령으로 정하는 신용평가전문기관, 「공인회계사법」에 따른 회계법인 또는 「세무사법」에 따른 세무법인 중 둘 이상의 신용평가전문기관, 「공인회계사법」에 따른 회계법인 또는 「세무사법」에 따른 세무법인이 기획재정부령으로 정하는 기준에 따라 산출한 1주당 추정이익의 평균가액으로 할 수 있다.

1. 일시적이고 우발적인 사건으로 해당 법인의 최근 3년간 순손익액이 증가하는 등 기획재정부령으로 정하는 경우에 해당할 것

2. 법 제67조 및 제68조에 따른 상속세 과세표준 신고기한 및 증여세 과세표준 신고기한까지 1주당 추정이익의 평균가액을 신고할 것

3. 1주당 추정이익의 산정기준일과 평가서작성일이 해당 과세표준 신고기한 이내일 것

4. 1주당 추정이익의 산정기준일과 상속개시일 또는 증여일이 같은 연도에 속할 것

□ 1주당 순자산가치 계산

$$순자산가치 = \frac{당해\ 법인의\ 순자산가액}{발행주식총수}$$

순자산가액 = 자산가액 − 부채가액 + 영업권

구　　분	
1. 재무상태표상의 자산가액	
자산에 가산	2. 평가차액
	3. 법인세법상 유보금액
	4. 유상증자 등
	5. 기타
자산에서 제외	6. 선급비용, 무형고정자산(개발비), 이연법인세자산
	7. 증자일전 잉여금의 유보액
가. 자산총계 (1+…+5) − (6+7)	
8. 재무상태표상의 부채가액	
부채에 가산	9. 법인세
	10. 농어촌특별세
	11. 지방소득세
	12. 배당금, 상여금
	13. 퇴직급여추계액
	14. 기타
부채에서 제외	15. 제준비금
	16. 제충당금
	17. 기타
나. 부채총계 (8+…+14) − (15+…+17)	
18. 영업권 포함 전 순자산가액 (가−나)	
19. 영업권	
20. 순자산가액 (18+19)	

□ 1주당 평가액

```
1주당평가액 = MAX(A, B)
  · A : (1주당 순손익가치×3 + 1주당 순자산가치×2)×1/5
  · B : 1주당 순자산가치×80%
```

　다음 중 어느 하나에 해당하는 경우에는 상기 평가 규정에 불구하고, 순자산가치에 의해서만 계산한다.

1. 상속세 및 증여세 과세표준신고기한 이내에 평가대상 법인의 청산절차가 진행 중이거나 사업자의 사망 등으로 인하여 사업의 계속이 곤란하다고 인정되는 법인의 주식등

2. 사업개시 전의 법인, 사업개시 후 3년 미만의 법인 또는 휴업·폐업 중인 법인의 주식등. 이 경우 「법인세법」의 요건을 갖춘 적격분할 또는 적격물적분할로 신설된 법인의 사업기간은 분할 전 동일 사업부분의 사업개시일부터 기산한다.

3. 법인의 자산총액 중 토지·건물·부동산에 관한 권리가 차지하는 비율이 80% 이상인 법인의 주식등

4. 법인의 자산총액 중 주식등의 가액의 합계액이 차지하는 비율이 80% 이상인 법인의 주식등

5. 법인의 설립 시 정관에 존속기한이 확정된 법인으로서 평가기준일 현재 잔여 존속기한이 3년 이내인 법인의 주식등

최대주주 할증평가

최대주주 및 그와 특수관계에 있는 주주의 주식·출자지분에 대해서는 시가 등 주식평가액에 20%(중소기업 및 직전 3개년 평균매출액 5천억원 미만 중견기업 제외)를 가산한다.

평가기준일이 속하는 사업연도 전 3년 이내의 사업연도부터 계속하여「법인세법」에 따른 결손금이 있는 법인의 주식등 대통령령으로 정하는 주식에 대하여는 할증평가를 적용하지 아니하며, 아래 각 호의 어느 하나에 해당하는 경우를 말한다.

1. 평가기준일이 속하는 사업연도 전 3년 이내의 사업연도부터 계속하여 각사업연도소득에 결손금이 있는 경우

2. 평가기준일 전후 6개월(증여재산의 경우에는 전 6개월·후 3개월로 한다) 이내의 기간중 최대주주등이 보유하는 주식등이 전부 매각된 경우

3. 합병, 증자, 감자, 현물출자 및 전환사채 등의 주식전환에 따른 이익을 계산하는 경우

4. 평가대상인 주식등을 발행한 법인이 다른 법인이 발행한 주식등을 보유함으로써 그 다른 법인의 최대주주등에 해당하는 경우로서 그 다른 법인의 주식등을 평가하는 경우

5. 평가기준일부터 소급하여 3년 이내에 사업을 개시한 법인으로서 사업개시일이 속하는 사업연도부터 평가기준일이 속하는 사업연도의 직전사업연도까지 각 사업연도의 기업회계기준에 의한 영업이익이 모두 영 이하인 경우

6. 상속세과세표준신고기한 또는 증여세과세표준신고기한 이내에 평가대상 주식등을 발행한 법인의 청산이 확정된 경우

7. 최대주주등이 보유하고 있는 주식등을 최대주주등 외의 자가 법 제47조 제2항에서 규정하고 있는 10년 이내에 상속 또는 증여받은 경우로서 상속 또는 증여로 인하여 최대주주등에 해당되지 아니하는 경우

8. 주식등의 실제소유자와 명의자가 다른 경우로서 명의신탁자산의 증여의제에 따라 해당 주식등을 명의자가 실제소유자로부터 증여받은 것으로 보는 경우

9. 중소기업 또는 직전 3개년 평균매출액 5천억원 미만 중견기업이 발행한 주식

예를 들어 과세표준이 30억원을 초과하는 경우에는 최고세율 50%가 적용되는데, 여기에 20% 할증까지 추가되면 상속세율은 60%가 적용되는 셈이다. 국내 대부분 상장사의 최대주주 주식가치는 20% 할증을 고려하면 상속세율은 60%가 적용될 것이다.

영업권 평가

영업권의 평가는 다음 둘 중 큰 금액으로 한다.

MAX(①, ②)

① 영업권의 매입가액에서 매입한 날부터 평가기준일까지의 법인세법상 감가상각비를 뺀 금액

② 초과이익 금액을 평가기준일 이후의 영업권 지속연수(원칙적으로 5년으로 한다)를 감안하여 기획재정부령이 정하는 방법에 의하여 환산한 가액에 의한다. 다만, 매입한 무체재산권으로서 그 성질상 영업권에 포함시켜 평가되는 무체재산권의 경우에는 이를 별도로 평가하지 아니하되 당해 무체재산권의 평가액이 환산한 가액보다 큰 경우에는 당해 가액을 영업권의 평가액으로 한다.

$$\text{영업권} = \sum_{n=1}^{\text{지속연수(5년)}} \frac{\text{초과이익}}{(1+0.1)^n}$$

n : 평가기준일로부터 경과연수

초과이익 = [최근 3년간(3년에 미달하는 경우에는 당해 연수로 함) 순손익액 가중평균액의 50% − (평가기준일 현재의 자기자본 × 10%)]

📚 **사례** – 비상장주식 평가

비상장법인인 J회사의 상증법상 1주당 평가액 도출과정을 살펴보도록 하자. J회사의 개요는 다음과 같다.

□ **평가대상회사의 개요**

구 분	내 용
회사명	J 회사
법인구분	비상장 법인
납입자본금	2,529,830,000원
자산총액	38,715,849,565원
결산기	12월
발행주식수	5,059,660주
액면가액	500원

□ **1주당 순자산가치 산출액**

(단위 : 원)

구 분		금 액
1. 재무상태표상의 자산가액		38,715,849,565
자산에 가산	2. 평가차액	258,177,987
	3. 법인세법상 유보금액	6,892,599,198
	4. 유상증자 등	24,445,000
	5. 기타	—
자산에서 제외	6. 선급비용, 무형고정자산(개발비),이연법인세자산	1,439,972,514
	7. 증자일 전 잉여금의 유보액	—
가. 자산총계 (1+…+5)−(6+7)		44,451,099,236
8. 재무상태표상의 부채가액		15,092,340,117

부채에 가산	9. 법인세		—
	10. 농어촌특별세		—
	11. 지방소득세		—
	12. 배당금, 상여금		—
	13. 퇴직급여추계액		2,972,450,068
	14. 기타		—
부채에서 제외	15. 제준비금		—
	16. 제충당금		4,535,603,281
	17. 기타		—
나. 부채총계 (8+⋯+14)−(15+⋯+17)			13,529,186,904
18. 영업권 포함 전 순자산가액 (가−나)			30,921,912,332
19. 영업권			—
20. 순자산가액 (18+19)			30,921,912,332

평가기준일 현재 재무제표상의 자산과 부채에서 출발하여 자산(부채)의 가산 항목과 제외항목을 반영하여, 영업권 포함전 순자산가액을 산출한다. 여기에 영업권 평가한 가액을 고려하여 최종 순자산가액(20번)을 도출한다.

1주당 순자산가치는 순자산가액을 발행주식수로 나누어 계산한다.

구 분	금 액	비 고
순자산가액	30,921,912,332원	
발행주식수	5,059,660주	
1주당 순자산가치	6,111원/주	

□ 1주당 수익가치 산출액

회사의 1주당 수익가치 산출내역은 다음과 같다.

(단위 : 원)

구 분		D-1년	D-2년	D-3년
1.사업연도소득		2,759,808,253	(136,302,742)	3,123,976,315
소득에가산할금액	2.국세, 지방세 과오납에 대한 환급금 이자	—	—	—
	3.수입배당금 중 익금불산입한 금액	—	—	—
	4.기부금 이월금액 중 당해연도 공제금액	19,297,930	—	—
	5.외화환산이익	—	—	—
	6.이월된 업무용승용차 관련 손금산입액	—	—	—
가.합계(1+2+3+4+5+6)		2,779,106,183	(136,302,742)	3,123,976,315
소득에서공제할금액	7.벌금, 과료, 과태료, 가산금과 체납처분비	721,092	644,700	235,840
	8.손금용인되지 않는 공과금	—	—	—
	9.업무에 관련 없는 지출	—	—	—
	10.각 세법에 규정하는 징수불이행 납부세액	—	—	—
	11.기부금 한도초과액		19,297,930	
	12.기업업무추진비 한도초과액	2,313,953	8,319,067	34,923,455
	13.과다경비 등의 손금불산입액	—	—	—
	14.지급이자의 손금불산입액	27,730,000	3,941,120	
	15.감가상각비(시행령 제56조 제4항 라목)			
	16.법인세 총결정세액	276,011,075	—	498,942,117
	17.농어촌특별세 총결정세액	9,627,256	—	673,737
	18.지방소득세 총결정세액	50,470,110	—	60,479,526
	19.외화환산손실	—	—	—
	20.정벌적 목적의 손해배상금등에 대한 손금불산입액	—	—	—
	21.업무용승용차 관련 손금불산입	—	—	—
나.소계(⑦~㉑)		366,873,486	32,202,817	595,254,675

다.순손익액(가-나)	2,412,232,697	(168,505,559)	2,528,721,640
라.유상증자. 감자시 반영액	–	14,589,250	58,357,000
마.순손익액(다±라)	2,412,232,697	(153,916,309)	2,587,078,640
바.사업연도말 주식수 또는 환산주식수	5,059,660	5,059,660	5,059,660
	㉒	㉓	㉔
사.주당 순손익액(마÷바)	476	(30)	511
아.가중평균액{(㉒×3+㉓×2+㉔)/6}			313
자.기획재정부령이 정하는 율	10%		
차.최근 3년간 순손익액의 가중평균액에 의한 1주당가액 (아÷자)			3,130

※ 신규추가된 항목들 금액은 모두 0(-)

수익가치는 평가기준일 직전 3개년 손익을 3 : 2 : 1로 가중평균하여 산출하는데, 세무상 각사업연도소득금액에서 시작하여 가산할 금액과 공제할 금액을 각각 반영하여 연도별 순손익액을 계산한다. 사업연도말 주식수로 나눠 산출된 주당 순손익액을 3 : 2 : 1로 가중평균한 후 10%이자율로 나눈 값이 최종 1주당 순손익가치에 해당된다.

□ 1주당 가액 산출액

(단위 : 원)

구 분	산 식	금 액
MAX(A, B)	MAX(4,322, 4,889)	4,889
A : 가중평균액		
① 1주당 순손익가액		3,130
② 1주당 순자산가액		6,111
③ 1주당 평가액	(① × 3 + ② ×2) ÷ 5	4,322
B : 1주당 순자산가액의 80%		
① 1주당 순자산가액	(② × 80%)	4,889

1주당 순손익가액과 1주당 순자산가액을 3 : 2로 가중평균한 값과 1주당 순자산가액의 80% 중 큰 값인 4,889원 최종 주당 가액이 된다.

· ·

IV

상속세 세무 조사

🔍**핵심**

상속세는 신고서 접수 후 과세관청의 조사결정을 통해서 납세의무가 확정되는 세목이다. 특히 채무 승계 및 고액의 상속인은 상속 개시 후 5년간은 사후관리에 각별히 유념하라.

상속세는 신고서를 접수한 후 세무서로부터 대부분 세무조사를 받는다. 상속세는 부과결정세목이므로 세무조사 후에야 비로소 납세의무가 확정되기 때문이다.

그동안 지방청 및 일선세무서 등의 세무조사 과정에서 일반적으로 나타나는 조사 지적사항은, ① 과세당국과 납세자 간 늘 다툼이 발생하는 상속재산 평가부분이다. 부동산시세는 하한가에서 상한가로 형성되는데 과연 시가를 어느 선에 맞출 것인가? 또, 영업권 평가, 비상장주식 평가 등 재산평가 부분 ② 피상속인과 상속인 간의 생전 자금이체 등으로 인한 사전 증여 누락 부분 ③ 상속개시일로부터 소급하여 2년 이내 재산처분, 금전인출, 채무부담 등 납세자가 소명해야 하는 상속추정 부분 ④ 상속공제 적용 관련 특히 배우자상속공제, 상속공제한도 부분이 늘 쟁점이 되고 있다.

즉, 재산평가, 사전증여, 상속추정, 상속공제(한도포함) 등은 상속세에서 가장 중요한 부분이고, 이러한 부분이 늘 세무조사에서 쟁점이 되고 있다. 또한 세금 신고 후에도 채무부분에 대해서는 국세청에서 사후관리를 하고 있으며, 일정 기간 경과 후 채무 변제 사실이 있다면 변제 능력에 대한 자금 출처 역시 체크하고 있다.

고액상속인이 상속 전에 상속재산을 제3자 명의 등으로 위장분산시켜 조세부담을 부당하게 회피하는 것을 방지하고 성실납세를 유도하기 위하여 상속개시일로부터 5년이 되는 날까지 기간에 대해서 사후관리를 하고 있다.

┤규정├

고액상속인의 사후관리 (상증법 제76조)

⑤ 세무서장등은 제4항을 적용할 때 제1항이나 제2항에 따라 결정된 상속재산의 가액이 30억원 이상인 경우로서 상속개시 후 대통령령으로 정하는 기간(상속개시일로부터 5년이 되는 날)이내에 상속인이 보유한 부동산, 주식, 그 밖에 대통령령으로 정하는 주요 재산(금융재산, 서화, 골동품, 그 밖에 유형자산 및 무체재산권)의 가액이 상속개시 당시에 비하여 크게 증가한 경우에는 대통령령으로 정하는 바에 따라 그 결정한 과세표준과 세액에 탈루 또는 오류가 있는지를 조사하여야 한다. 다만, 상속인이 그 증가한 재산의 자금 출처를 대통령령으로 정하는 바에 따라 증명한 경우에는 그러하지 아니하다.

상속증여세 세무조사 관련 국세청 훈령(훈령이라 함은 상급 행정기관이 하급 행정기관의 권한행사를 지휘하기 위하여 발하는 명령) 중 상속세및증여세사무처리규정[2025. 04. 01. 국세청훈령 2670]에 대해서 주요사항 위주로 정리해 본다.

01

세무조사

| 상속세는 결국 세무조사로 종결된다.

　상속세와 증여세는 부과결정항목으로, 상속세 신고는 과세처분을 위한 참고자료로 제공하는 것이고, 과세관청이 부과처분을 할 때 조세확정의 효력이 발생한다. 즉, 상속세는 결국 세무조사로 종결된다.

　상속세 조사는 조사사무처리규정(17조)에 명시된 「전부조사」, 「부분조사」, 「간편조사」 방법과, 상속세및증여세사무처리규정 5장 「신고내역 확인」, 6장 「조사 및 결정」을 전부 포함하고 있다.

신고내용 확인

　국세청장, 지방국세청장은 상속세 및 증여세 과세표준과 세액의 결정·경정을 위해 상속세 및 증여세의 오류 또는 누락여부 등 신고내용의 적정여부를 확인하여야 한다.

상속세및증여세사무처리규정

제22조 【확인계획 수립】

국세청장(자산과세국장), 지방국세청장(성실납세지원국장)은 종사인력, 업무의 중요도, 대상자 수 등을 고려하여 신고내용 확인계획을 수립하여야 한다.

제23조 【확인대상자 선정】

① 국세청장(자산과세국장) 또는 지방국세청장(성실납세지원국장)은 세원정보 또는 「과세자료의 제출 및 관리에 관한 법률」에 따라 수집한 자료, 외부기관으로부터 수집한 자료 등을 활용하여 특정 항목(유형)의 오류 또는 누락 혐의사항에 대한 확인대상자를 선정한 후 지방국세청장(성실납세지원국장) 또는 세무서장(재산제세 담당과장)에게 통지할 수 있다.

② 제1항에 따른 확인대상자는 국세청장(자산과세국장), 지방국세청장(성실납세지원국장)이 선정함을 원칙으로 한다. 다만, 세무서장(재산제세 담당과장)이 관내 세원의 특수성을 감안하여 상속세 및 증여세의 특정 항목(유형)의 오류 또는 누락 혐의사항에 대하여 확인이 필요하다고 판단하는 경우 지방국세청장(성실납세지원국장)의 승인을 받아 확인대상자를 선정할 수 있다.

③ 지방국세청장(성실납세지원국장) 또는 세무서장(재산제세 담당과장)은 확인대상자의 신고·결정내역 등을 사전 검토하여 과세실익이 없다고 판단되는 경우에는 확인대상에서 제외한 후, 신고내용 확인 업무를 실시하여야 한다.

납세자권리헌장의 교부

세무조사관은 세무조사를 시작하는 시점에 납세자의 권리가 보장되어 있는 납세자권리헌장을 교부하여야 한다.

상속세및증여세사무처리규정
제30조 【납세자권리헌장의 교부】
조사공무원이 세무조사를 시작하는 때에는 「국세기본법」제81조의 2에 따라 국세청장이 제정·고시한 「납세자권리헌장」을 납세자에게 교부하고 직접 낭독해 주는 등 납세자가 보장받을 수 있는 권리를 충분히 설명하여야 하며, 「납세자권리헌장」, 세무조사 사전통지서 등의 수령증을 제출받아 조사서류와 함께 보관하여야 한다.

조사기간

상속세 세무조사기간은 일반적으로 세무조사 개시일로부터 3달이 주어진다. 3달 이내 마무리되지 못한 경우에는 연장가능하다.

상속세및증여세사무처리규정
제32조 【조사기간】
① 상속세 및 증여세 조사기간은 상속재산 및 증여재산의 종류와 조사의 난이도 등을 감안하여 조사에 필요 최소한의 기간이 되도록 하여야 한다. 다만, 조사 과정에서 필요한 경우에는 조사기간을 연장할 수 있다.
② 제1항에 따라 조사기간을 연장할 경우 그 연장사유 및 절차는 「조사사무처리규정」을 준용한다.

상속세조사의 관할

상속세조사 관할세무서는 피상속인의 주소지 관할세무서이다. 현재, 상속재산 60억원 이상인 경우에는 지방국세청에서 진행하고, 60억원 미만인 경우에는 일선세무서에서 진행한다.

상속세및증여세사무처리규정
제34조 【상속세조사의 관할】
① 상속세조사의 관할 및 상속재산의 소재지 판정은 법 제5조 및 제6조에 따른다.
② 지방국세청장[관할 지방국세청장이 다른 경우에는 국세청장(자산과세국장)]은 세무관서별 업무량과 조사인력 등을 고려하여 조사관할을 조정할 수 있다.

상증법 제5조 【상속재산 등의 소재지】
③ 상속재산의 소재지의 판정은 상속개시 또는 증여 당시의 현황에 따른다.

상증법 제6조 【과세 관할】
① 상속세는 피상속인의 주소지(주소지가 없거나 분명하지 아니한 경우에는 거소지를 말하며, 이하 "상속개시지"라 한다)를 관할하는 세무서장(국세청장이 특히 중요하다고 인정하는 것에 대해서는 관할 지방국세청장으로 하며, 이하 "세무서장등"이라 한다)이 과세한다. 다만, 상속개시지가 국외인 경우에는 상속재산 소재지를 관할하는 세무서장등이 과세하고, 상속재산이 둘 이상의 세무서장등의 관할구역에 있을 경우에는 주된 재산의 소재지를 관할하는 세무서장등이 과세한다.

상속재산의 조회

국세청(세무당국)은 「금융실명거래 및 비밀보장에 관한 법률」에도 불구하고 피상속인과 상속인의 금융거래내역을 일괄조회할 수 있다. 실제 실무에서 국세청은 피상속인 상속개시일로부터 소급하여 10년 간의 통장거래내역을 조회한 후 세무조사에 착수하고 있다.

상속세및증여세사무처리규정

제36조 【상속재산의 조회】

① 지방국세청장(조사국장) 또는 세무서장은 조사대상자의 상속재산 및 증여재 산을 NTIS(엔티스)로 확인하고, 필요한 경우에는 상속재산 및 증여재산을 확인하기 위하여 관계기관에 직접 조회하여야 한다.

② 지방국세청장(조사국장) 또는 세무서장은 피상속인의 직업, 나이, 재산 상 태, 소득신고 상황 등으로 보아 상속세 및 증여세를 누락한 혐의가 있다고 인정되거나, 피상속인의 자금사용처가 분명하지 않은 사유 등으로 금융재산 을 일괄하여 조회할 필요가 있는 경우에는 법 제83조에 따라 금융재산을 일 괄하여 조회하여야 한다.

상증법 제83조 【금융재산 일괄 조회】

① 국세청장(지방국세청장을 포함한다. 이하 이 조에서 같다)은 세무서장등이 제76조에 따른 상속세 또는 증여세를 결정하거나 경정하기 위하여 조사하는 경우에는 금융회사등의 장에게 「금융실명거래 및 비밀보장에 관한 법률」 제 4조에도 불구하고 다음 각 호의 어느 하나에 해당하는 자의 금융재산에 관한 과세자료를 일괄하여 조회할 수 있다.

1. 직업, 연령, 재산 상태, 소득신고 상황 등으로 볼 때 상속세나 증여세의 탈 루 혐의가 있다고 인정되는 자

2. 제85조 제1항을 적용받는 상속인·피상속인 또는 증여자·수증자(이하 이 조에서 "피상속인등"이라 한다)

② 제1항에 따라 금융재산에 대한 조회를 요구받은 금융회사등의 장은 그 요구
받은 과세자료를 지체 없이 국세청장에게 제출하여야 한다.

조사결과의 통지

국세청은 조사기간이 끝나는 날부터 20일 이내에 세무조사결과통
지서를 납세자에게 통보하여야 한다.

상속세및증여세사무처리규정
제47조 【조사결과의 통지】
지방국세청장(조사국장) 또는 세무서장은 납세자에게 통지한 조사기간이 끝나는
날(통지한 조사기간 전에 조사를 마치는 경우에는 그 조사종결일)부터 20일 이내에
「국세기본법」 제81조의12에 따라 「세무조사결과통지서(「국세기본법 시행규칙」
별지 제56호 서식)」에 세무조사 결과를 기재하여 납세자에게 통보하여야 한다.

계좌추적

국세청은 탈세, 상속·증여, 체납자 재산조회 등에 필요한 금융거래
정보 관련 계좌를 추적하며, 각 기관별 계좌추적 권한은 다음과 같다.

국세청

□ 계좌추적의 세계

'금융실명거래 및 비밀보장에 관한 법률'에 의하면 명의 당사자의 동의 없이 금융거래 정보를 타인에게 제공하거나 누설해서는 안된다. 그러나 과세당국인 국세청은 탈세, 상속·증여, 체납자 재산조회 등의 목적으로 계좌 조회권한이 있으며, 금감원 등 금융감독당국은 자본시장법상 '내부자 거래'와 '불공정 금융거래 행위'를 포함해 금융회사에 대한 감시 감독, 금융사고 규명 등이 목적인 경우 개인의 계좌 정보를 이용할 수 있는 권한을 가진다.

| 계좌추적 누가 언제 할 수 있나 |

기 관	요구내용	근거법
법원·검찰	재판상 필요에 따른 법원의 제출명령, 법관 발부 영장에 따른 금융 거래 정보	금융실명제법
국세청	탈세, 상속·증여, 체납자 재산조회 등에 필요한 금융거래 정보	국세징수법, 상속세 및 증여세법 등
금융위원회·금감원	불공정 거래조사, 고객 예금 횡령, 금융실명거래 위반, 국제 금융회사 요청 사항 등	금융산업의 구조개선에 관한 법률 등
공직자윤리 위원회	공직자 재산등록 의무자의 금융거래 내용에 관한 자료	공직자윤리법
예금보험공사	금융회사 부실 관련자와 이해관계자에 대한 금융거래 정보	예금자보호법
금융정보분석원	외국환거래에서 발생한 자금세탁행위 등 조사	특정 금융거래정보의 보고 및 이용 등에 관한 법률
감사원	감사 사항과 관련 있는 금융거래 정보에 대한 요구	감사원법
선거관리위원회	정치자금의 수입과 지출에 관한 조사, 정치자금법 위반 혐의자 관련	정치자금법

(출처 : 매일경제 2016.01.22, 이상덕, 서태욱, 김효성 기자)

자금출처조사

🔍 **핵심**

**| 40세 이상인 경우 주택 3억원, 기타재산 1억원, 채무상환 5천만원,
총액한도 4억원 미만인 경우에는 증여추정 배제기준에 해당된다.**

　　국세청(세무당국)은 재산 취득 자금이나 채무 상환 자금에 대해서
자금출처가 정상적이었는지에 대한 자금출처조사를 실시할 수 있다.

상속세및증여세사무처리규정

제41조 【자금출처조사 대상자의 선정】

① 지방국세청장(조사국장) 또는 세무서장은 「국세기본법」 제81조의6에 따라
　 대상을 선정하여 자금출처조사를 할 수 있다.

② 제1항에 따라 선정된 실지조사 대상자가 배우자 또는 직계존속과 직계비속으
　 로부터 취득자금을 증여받은 혐의가 있는 경우에는 그 배우자 또는 직계존속
　 과 직계비속을 조사대상자로 동시에 선정할 수 있다.

③ 지방국세청장(조사국장)은 조사업무량을 감안하여 세무서에서 조사하는 것
　 이 필요하다고 판단되는 경우에는 세무서장에게 위임하여 조사를 실시할 수
　 있으며, 이 경우에는 조사진행 상황 및 결과를 매월 확인하여야 한다.

자금출처조사

거주자 또는 비거주자의 재산 취득(해외유출 포함), 채무의 상환 등에 소요된 자금과 이와 유사한 자금의 원천이 직업, 연령, 소득 및 재산 상태 등으로 보아 본인의 자금능력에 의한 것이라고 인정하기 어려운 경우, 그 자금의 출처를 밝혀 증여세 등의 탈루여부를 확인하기 위하여 행하는 세무조사이다.

자금출처를 조사할 필요가 있다고 인정되는 자에 대하여 간접조사와 직접조사로 구분하여 행해지며, 전자는 서면 또는 간접의 방법으로 증여세부과대상 여부를 조사하는 방법이다. 일반적으로 증여세 우편질의가 포함된다. 후자는 세무공무원이 대인조사의 방법으로 해당 조사 대상자에 대하여 질문검사권을 행사하여 증여세부과대상자인지의 여부를 판정한다.

재산취득자의 직업, 연령, 소득 및 재산상태 등으로 볼 때 자력으로 취득하였다고 인정하기 어려운 경우 또는 채무를 자력으로 상환하였다고 인정하기 어려운 경우에는 그 가액을 증여받은 것으로 추정한다. 이 경우 일정금액 이하에 해당하는 경우(입증되지 않은 금액이 취득가액 또는 채무 상환액의 20%와 2억원 중 적은 금액에 미달하는 경우)와 출처에 관한 충분한 소명이 있는 경우에는 적용하지 않는다.

재산취득자금 등의 증여추정 배제기준을 보면, 40세 이상인 경우 주택 3억원, 기타재산 1억원, 채무상환 5천만원, 총액한도 4억원 미만인 경우에는 증여추정에서 배제된다.

상속세및증여세사무처리규정

제42조 【재산취득자금 등의 증여추정 배제기준】

① 재산취득일 전 또는 채무상환일 전 10년 이내에 주택과 기타재산의 취득가액
및 채무상환금액이 각각 아래 기준에 미달하고, 주택취득자금, 기타재산
취득자금 및 채무상환자금의 합계액이 총액한도 기준에 미달하는 경우에는
법 제45조 제1항과 제2항을 적용하지 않는다.

| 증여추정배제기준 |

(2020. 7. 20 개정)

구 분	취득재산		채무상환	총액한도
	주택	기타 재산		
30세 미만	5천만원	5천만원	5천만원	1억원
30세 이상	1.5억원	5천만원	5천만원	2억원
40세 이상	3억원	1억원	5천만원	4억원

② 제1항과 관계없이 취득가액 또는 채무상환금액이 타인으로부터 증여받은
사실이 확인될 경우에는 증여세 과세대상이 된다.

| 자금출처로 인정되는 금액 및 증빙서류 |

구 분	자금출처로 인정되는 금액	증빙서류
근로소득	총급여액 - 원천징수세액	원천징수영수증
원천징수소득 (이자 · 배당 · 기타소득 포함)	총지급액 - 원천징수세액	원천징수영수증
사업소득	소득금액 - 소득세 상당액	소득세신고서
차입금	차입금액	부채증명서
임대보증금	보증금 또는 전세금	임대차계약서
보유재산 처분액	처분가액 - 양도소득세 등	매매계약서
현금 · 예금	증여재산가액	통장

참고로 국세청 조직 체계에 대해서 알아보자. 국세청은 본청, 서울·인천·중부·대전·광주·부산·대구 7개 지방국세청과 133개 일선세무서로 구성되어 있다.

지방국세청	관 할 지 역	일선세무서	비 고
서울청	서울	28개	
인천청	인천, 경기도	15개	
중부청	경기도, 강원도	25개	
대전청	대전, 세종시, 충청도	17개	
광주청	광주, 전라도	15개	
대구청	대구, 경상북도	14개	
부산청	부산, 울산, 경남, 제주도	19개	
합계		133개	

서울청은 서울특별시를 근거지로 28개 일선세무서를 보유하고 있으며, 인천청은 인천광역시와 경기도서부, 북부를 근거지로 15개, 중부청은 경기도남부와 강원도를 근거지로 25개, 대전청은 대전광역시, 세종특별자치시, 충청도를 근거지로 17개, 광주청은 광주광역시와 전라도를 근거지로 15개, 대구청은 대구광역시와 경상북도를 근거지로 14개, 부산청은 부산광역시, 울산광역시, 경상남도, 제주도를 근거지로 19개 일선세무서를 보유하고 있다.

V

증여세 절세전략

증여세의 의의 및 과세방법

🔍 핵심

증여세는 증여자를 기준으로 계산하는 것이 아니라 증여를 받는 사람, 즉 수증인을 기준으로 계산한다.

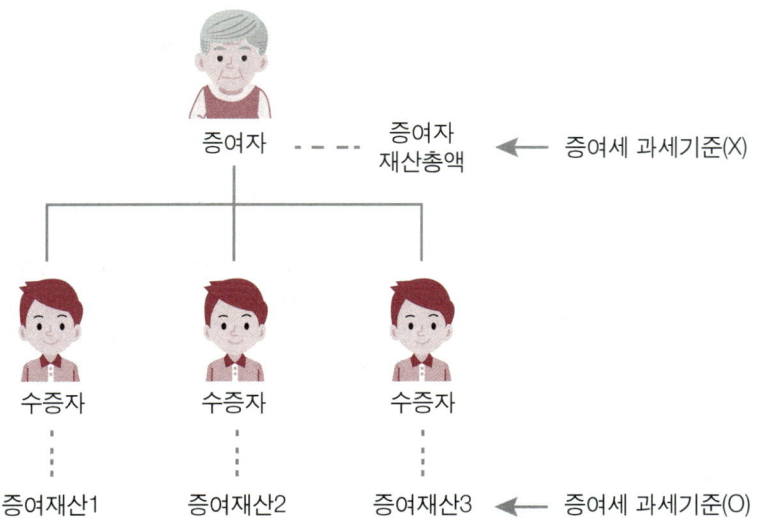

증여세의 의의

증여세는 생존하고 있는 자로부터의 재산의 무상이전에 대하여 부과하는 세금이다. 증여한 자를 증여인이라 하고, 재산을 물려받는 자를 수증인이라 한다.

증여세 과세방법

우리나라의 증여세는 증여 재산가액에 대하여 증여를 받은 자, 즉 수증자에게 증여세를 부과하는 '취득과세형'을 선택하고 있다. 따라서 수증인이 2명인 경우보다 5명인 경우 증여세는 줄어들게 되어 있다.

증여세 과세대상

수증자는 다음의 구분에 따른 그 증여재산에 대하여 증여세를 납부할 의무가 있다.

구분(수증인)	내 용
거주자인 경우	국내외 증여재산
비거주자인 경우	국내 증여재산

수증자가 거주자인 경우에는 국내외 모든 증여재산에 대하여 증여세가 과세되며, 수증자가 비거주자인 경우에는 국내에 있는 증여재산만 증여세가 과세된다.

동일인으로부터 증여를 받는 경우 10년 이내 합산과세

동일인으로부터 2회 이상 증여를 받는 경우 첫번째 증여 후의 증여를 재차증여라고 한다. 재차증여가 다음의 조건을 모두 충족하면 과거증여분과 합산하여 과세가 이루어진다.

① 동일한 증여자로부터 동일한 수증자에게 증여되었을 것
② 최초 증여일로부터 소급하여 10년 이내에 이루어진 증여일 것
③ 합산과세가액이 1,000만원 이상일 것
④ 합산배제증여재산에 해당하지 않을 것

한편, 증여자가 직계존속인 경우에는 그 배우자를 동일인으로 취급하여 합산과세 여부를 판단한다. 그러나 부친(모친)으로부터 자산을 증여 받고 부친(모친)이 사망한 후 10년 이내에 모친(부친)으로부터 증여를 받은 경우에는 합산과세 하지 않는 점에 유의해야 한다.

> 상증법 제47조에 따라 해당 증여일 전 10년 이내에 父로부터 받은 증여재산가액의 합계액이 1천만원 이상인 경우에는 그 가액을 증여세 과세가액에 가산하는 것이나, 母에게 증여 받기 전에 父가 사망한 경우에는 父를 母의 동일인으로 보아 합산과세하지 아니하는 것임(서면-2016-상속증여-5454, 2017.09.18).

증여세 계산구조

🔍 핵심

증여세 관련 수입은 증여재산이고, 관련 비용은 채무액과 증여공제이다.

증여세의 계산구조는 다음과 같다.

구 분	내 역
증 여 재 산 가 액	국내외 모든 재산 (시가 평가 원칙)
(-) 비 과 세	- 국가·지자체로부터 증여받은 재산 - 사회통념상 인정되는 피부양자의 생활비, 교육비 등
(-) 과세가액불산입액	공익법인등이 출연받은 재산
(-) 채 무 액	증여재산에 담보된 채무인수액
(+) 증 여 재 산 가 액	해당 증여일 전 동일인(직계존속의 배우자를 포함)으로부터 10년 이내에 받은 증여재산가액을 합친 금액이 1천만원 이상인 경우 가산
= 증 여 세 과 세 가 액	
(-) 증 여 공 제	- 증여재산공제 - 재해손실공제

(－) 감정평가수수료	- 부동산, 서화, 골동품 등 : 5백만원 한도 - 비상장주식 : 평가대상 법인의 수 및 신용평가전문기관 의 수별로 각각 1천만원 한도	
＝ 과 세 표 준		
(×) 세 율	10% ~ 50% 5단계 초과누진세율 최대주주 할증과세 적용	
＝ 산 출 세 액	세대생략 증여 30%(40%) 할증	
(－) 세 액 공 제	기납부증여세액공제, 외국납부세액공제, 신고세액공제(3%)	
＝ 신 고 납 부 세 액		
(＋) 가 산 세	신고불성실, 납부지연가산세	
＝ 총 납 부 세 액		

증여재산은 무상으로 이전받은 경우, 현저히 낮은 대가를 주고 이전받거나 현저히 높은 대가를 받고 이전한 경우, 해당 재산의 가치가 증가하는 경우로 나눌 수 있는데 가액 평가는 다음과 같은 방법으로 계산한다.

구 분	증여재산가액 산정 방법
재산 또는 이익을 무상 으로 이전받은 경우	증여재산의 시가
재산 또는 이익을 현저히 낮은 대가를 주고 이전받 거나 현저히 높은 대가를 받고 이전한 경우	시가와 대가의 차액 (다만, 시가와 대가의 차액이 3억원 이상이거나 시가의 30%이상인 경우 한정)
기여에 의한 재산가치 증가	재산가치증가사유 발생시점 재산가액 － (취득가액 ＋ 통상적 가치상승분 ＋ 가치상승기여분) 단, 시가와 대가의 차액이 시가의 30% 이상 차이가 있 거나 그 차액이 3억원 이상인 경우에 한함

수증자가 거주자인 경우 증여재산공제를 적용하나, 비거주자인 경우에는 증여재산공제를 적용하지 않는다.

증여세 신고 · 납부 기한

🔍 **핵심**

증여세는 증여일이 속하는 달의 말일부터 3개월 이내 신고하여 3% 신고세액공제를 획득하자.

증여세 신고·납부기한

　수증자는 증여세 과세대상이 되는 증여재산에 대하여 증여세를 납부할 의무를 지며, 증여받은 날이 속하는 달의 말일부터 3개월 이내에 신고 · 납부하여야 한다.

증여일

　증여일로 보는 증여재산 유형별 취득시기는 다음과 같다.

구 분	증여재산의 취득시기
등기 · 등록을 요하는 재산	소유권의 이전 등기 · 등록 신청서 접수일

증여목적으로 수증인 명의로 완성한 건물이나 취득한 분양권	사용승인서 교부일 · 사실상 사용일 · 임시사용 승인일 중 빠른 날
타인의 기여에 의하여 재산 가치가 증가한 경우	재산가치 증가 사유 발생일
주식 및 출자지분	객관적으로 확인된 주식 등 인도일 다만, 인도일이 불분명하거나 인도 전 명의개서 시 명부 등의 명의개서일
무기명채권	이자지급 등으로 취득사실이 객관적으로 확인된 날. 다만, 불분명시 이자지급 · 채권상환을 청구한 날
위 외의 재산	인도한 날 또는 사실상의 사용일

증여세 결정기한

세무서장 등은 증여세 신고기한으로부터 6개월 이내에 납세자가 신고한 과세표준과 세액을 결정하여야 한다.

04

증여 받은 후 반환

🔍 **핵심**
| **증여 재산을 반환하려거든 3개월 이내 반환하라.**

　최근 C기업 총수일가의 증여한 주식을 취소하고 재증여한 사례가 관심거리이다. 상장주식은 증여일(평가기준일) 현재 전후 2개월간의 시세 평균액으로 평가하는데, 증여 당시에 높았던 주가가 코로나바이러스 영향으로 인해 주가가 급락한 상황이 발생된 것이다. 증여한 재산을 증여세 신고기한 이내 반환(취소)하는 경우에는 처음부터 증여가 없는 것으로 본다는 규정을 활용하여, 당초 증여는 취소하고 주식 증여일을 주가 하락시기로 조정한 절세사례인 것이다.

상증법에 의하면, 수증자가 증여재산(금전은 제외한다)을 당사자 간의 합의에 따라 증여세 과세표준 신고기한(증여일이 속하는 달의 말일부터 3개월) 이내에 증여자에게 반환하는 경우에는 처음부터 증여가 없었던 것으로 보며, 증여세 과세표준 신고기한이 지난 후 3개월 이내에 증여자에게 반환하거나 증여자에게 다시 증여하는 경우에는 그 반환하거나 다시 증여하는 것에 대해서는 증여세를 부과하지 아니한다.

이를 정리해 보면 다음과 같다.

반환 시점	당초 증여 시	반환(재증여) 시
증여세 신고기한 이내	과세 제외	과세 제외
신고기한 지난 후 3개월 이내	과세	과세 제외
신고기한 지난 후 3개월 경과	과세	과세

즉, 증여 재산을 반환하려거든 증여일이 속하는 달의 말일로부터 3개월이내(증여세 신고기한) 반환하는 것이 중요하다.

단, 증여재산이 등기 또는 등록을 요하는 재산이라면, 3개월 이내(증여세 신고기한) 반환하더라도 각각 취득세는 부과되는 것에 유념해야 한다.

사례 – 금전 증여 받은 후 반환

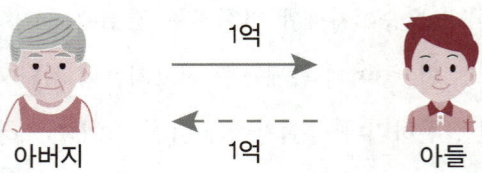

아버지 → 1억 → 아들

아들 ← 1억 ← 아버지

부친은 3달 전 아들의 요청에 따라 급히 사업운영자금 1억원을 이체해 주었다. 아들은 다행히 매출채권이 회수되어, 만 3달만에 부친에게 다시 1억원을 반환할 수 있었다(부친과 아들간에는 금전거래계약서 및 이자를 수수한 적은 없다).

• 세법규정에 의하면 이를 1안과 2안 중 어떻게 볼 것인가?

1안) 3달 전에 부친이 아들에게 1억을 이체했고, 아들이 3달만에 반환했으므로 부친이 이체한 돈 뿐만 아니라, 아들이 반환한 돈 역시도 증여로 보기 어렵다(즉, 과세에서 제외된다).

2안) 3달 전에 부친이 아들에게 이체해 준 1억도 증여고, 아들이 반환한 1억도 증여다(즉, 각각 증여로 본다).

비록 3달에 걸친 단기 금전거래이지만, 상호 관련 계약서 및 이자를 수수하지 않았기 때문에 차입거래로 보기는 어렵고 증여거래로 볼 소지가 높다.

• **결론** : 세법 규정에 의하면 2안대로 각각 증여로 본다. 증여재산을 신고기한 이내 반환하는 경우에는 당초부터 증여가 없는 것으로 보는데, 증여재산이 금전(현금)이라면 이 규정을 적용하지 않는다(상증법 4조 ④). 현금의 경우에는 당초 증여 받은 현금과 반환하는 현금의 동일성 여부를 확인할 방법이 없고, 이를 증여로 보지 않게 되면 증여세를 회피할 우려가 크다고 보기 때문이다.

이재현 CJ회장, 자녀 주식증여 취소 후 재증여

신종 코로나바이러스 감염증(코로나19)로 주식시장이 급락하면서, CJ그룹도 자녀 주식 증여 시점을 변경했다. 3개월 사이 주가가 40%가까이 떨어지자 주식증여 규모가 증여세 납부액 수준까지 하락하자 절세를 선택한 것으로 보인다.

CJ그룹은 2일 이재현 회장이 지난해 12월 9일 이경후·선호 씨에게 준 신형우선주 184만여주의 증여를 지난달 30일 취소한 뒤 이달 1일 재증여했다고 공시했다. 이재현 CJ그룹 회장이 지난해 말 두 자녀에게 증여한 주식을 취소한 뒤 재증여하는 것으로 증여 시점을 변경했다.

최초 증여 후 코로나19 사태로 주가가 급락하면서 증여액이 증여세와 비슷한 700억원 수준으로 떨어지자 절세를 선택한 것이다. 주식증여 시점은 발표 후 3개월 내 취소가 가능해 증여 시점을 변경하는 것은 통상적인 절세 방법으로 통한다.

재증여는 시점만 변경됐을 뿐 최초 증여와 똑같이 두 자녀에게 똑같이 92만주씩 증여하는 식으로 증여 시점만 4월 1일로 변경됐다.

CJ그룹에 따르면 이 회장이 두 자녀에게 증여한 주식 가액은 최초 증여 시점인 지난해 12월 9일 기준 주당 6만5,400원으로, 한 사람당 602억원씩 총 1,204억원 규모였다. 증여세는 증여일 전후 2개월간 평균 주가에 최대 주주 지분 증여에 따른 20% 할증을 포함하면 총 700억원이 넘는다. 그러나 코로나19 사태로 주가가 급락하면서 증여한 주식 가액은 이달 1일 종가 기준 767억원 규모까지 줄었다. 이는 최초 증여에 비해 36% 감소한 결과로, 증여세보다 약간 많은 수준이다.

상속세 및 증여세법에 따르면 증여세 과세표준 신고기한은 증여가 발생한 월의 마지막 날로부터 3개월 내로, 이 기간에는 당사자 간 합의에 따라 증여 취소가 가능하다. 이에 따라 CJ그룹은 증여 취소 기간인 3월 31일 하루 전에 증여를 취소하고 이틀 뒤 재증여를 결정했다.

CJ그룹은 "현재 수준으로 주가가 유지될 경우 증여세는 500억~550억원 수준이 될 것으로 예상한다"며 "이는 최초 증여세 700억원에 비해 150억~200억원이 적은 금액이다.

서울경제 2020. 04. 02 〈김보리 기자〉

05

증여자가 증여세를 납부하는 경우

🔍 **핵심**

> 증여 시에는 증여재산에 대한 증여세뿐만 아니라, 증여세를 수증자
> 가 낼 능력이 있는 지를 반드시 따져 보아라.

수증자가 납부해야 할 증여세에 대한 조세채권을 확보하기 곤란한
경우나 수증자가 비거주자인 경우에는 증여자가 증여세를 납부해야
되는 경우가 발생(연대납세의무)한다.

증여세는 수증자가 내야 되는 세금임에도 불구하고 오히려 증여한
증여자가 세금을 내야 되는 경우가 발생할 수도 있다.

┨규정┠

▍일반증여세와 증여세를 대납하는 경우 증여세 비교▍

(단위 : 원)

구 분		일반증여	단순합산	Gross-up방식(★)
증 여 재 산 가 액		200,000,000	200,000,000	200,000,000
(+)	10년 이내동일인으로부터증여받은재산	−	19,400,000	24,069,479
(−) 증 여 재 산 공 제		50,000,000	50,000,000	50,000,000
= 과 세 표 준		150,000,000	169,400,000	174,069,479
(×) 세 율				
= 산 출 세 액		20,000,000	23,880,000	24,813,896
(−) 신 고 세 액 공 제		600,000	716,400	744,417
= 신 고 납 부 세 액		19,400,000	23,163,600	24,069,479

일반적으로 부모가 자식에게 2억원을 증여한 경우에는 증여세는 19.4백만원 발생한다. 증여세를 수증자가 낼 능력이 있다면 문제가 없지만, 납부할 능력이 없어 부모가 대납한다면 증여세에 대해서 추가 증여세가 발생한다.

이 때, 대납한 증여세에 대한 계산은 단순합산방식이 아닌 Gross-up방식을 통해 계산하도록 되어 있다.

| Gross-up방식에 의한 계산 |

- G = 순수증여가액(N) + 증여세액
- 순수증여가액(N) = G − {(G − 증여재산공제금액)×증여세율 − 누진공제액}×(1 − 0.03)
- N = G − {(G − 50,000,000)×0.2 − 10,000,000} × 0.97
- 200,000,000 = G − (0.2G − 20,000,000) × 0.97
- 200,000,000 = 0.806G + 19,400,000
- G = 224,069,479

06

부담부증여

🔍 **핵심**

단순증여냐! 부담부증여냐! 판단하는 경우에는 양도세, 증여세 효과 뿐만 아니라 상속세 효과도 반드시 따져 보아라.

부담부증여는 채무를 부담시키고(넘겨주고) 증여하는 것을 뜻하며, 부담부증여 앞에는 '채무' 2글자가 생략되어 있다.

부담부증여는 2가지 세금이 동시에 발생하는데, 채무 부분은 양도소득세가 발생하고 증여재산가액에서 채무를 차감한 부분은 증여세가 발생한다.

 사례 – 단순증여 vs 부담부증여

부친은 10억원 상가(보증금 4억원)를 아들에게 증여하고자 한다. 10억원 상가를 단순증여하는 경우와 보증금 4억원을 부담시키면서 부담부증여하는 경우 세금차이는 얼마나 발생할까? (당초 취득가액 5억원)

총 세 액	단순증여	부담부증여
합 계	218,250	137,803

증여세 계산	단순증여	부담부증여
증 여 재 산 가 액	1,000,000	1,000,000
(−) 채 무	−	400,000
(−) 증 여 재 산 공 제	50,000	50,000
= 과 세 표 준	950,000	550,000
(×) 세 율	−	−
= 산 출 세 액	225,000	105,000
(−) 신 고 세 액 공 제	6,750	3,150
= 신 고 납 부 세 액	218,250	101,850

양도세 계산	단순증여	부담부증여
양 도 가 액	−	400,000
(−) 취 득 가 액	−	200,000[26]
= 양 도 차 익	−	200,000
(−) 장기보유특별공제	−	60,000
(−) 양 도 소 득 공 제	−	2,500
= 과 세 표 준	−	137,500
(×) 세 율		
= 양 도 세 액	−	32,685
(+) 주 민 세 액	−	3,268
= 총 납 부 세 액	−	35,953

---

26 5억원(당초 취득가액) $\times \dfrac{4억}{10억} = 2억$

일반적인 경우, 부담부증여 시 총세액 137,803천원으로 단순증여하는 경우보다 80,447천원 절세가 된다. 그러나 단순증여의 경우에는 채무 4억원은 여전히 부친에게 귀속되어 상속세를 절감시키기 때문에, 채무에 따른 상속세 효과를 추가적으로 고려하여야 할 것이다.

〈부담부증여 − 도해〉

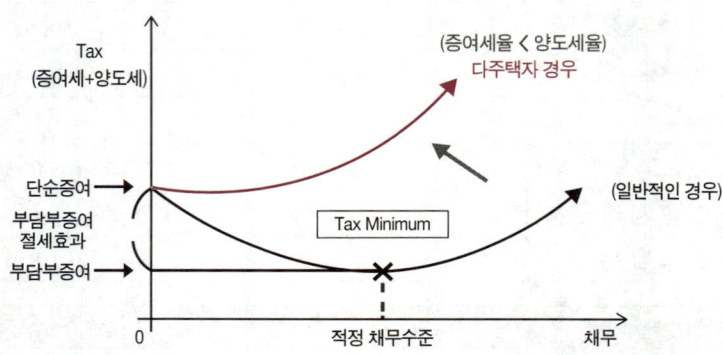

일반적으로 부담부증여는 총세금(양도세, 증여세)을 최소화하는 적정 채무를 설정해서 증여하는 것이 절세전략이다. 채무를 늘리면 늘릴수록 증여세는 줄고, 양도세는 증가하나 일정시점까지는 총세금은 감소한다. 그러나 일정시점을 초과하는 경우 양도세 증가로 인한 세금이 증여세 감소 세금효과보다 커서 총세금이 증가한다.

지난 7.10부동산 대책으로 다주택자의 경우에는, 양도소득세율이 중과[27] (2주택인 경우 최고세율 71.5%, 3주택이상인 경우에는 최고세율 82.5%)되기 때문에 증여세 최고세율 50%를 초과하게 된다. 이런 경우 부담부증여 그래프는 아래로 볼록한 포물선이 아니라, 우상

---

27 다주택자 양도소득세 중과 한시 배제에 따라, 2026년 5월 9일까지 양도하는 경우에는 양도소득세율이 중과되지 않는다.

향하는 그래프를 그리게 되어 있다. 즉, 부담부증여 장점이 사라지고 있다는 것이다.

일반적으로 부동산 증여 시 부담부증여하는 경우가 단순증여보다 절세효과가 있지만, 채무에 따른 상속세 효과를 반드시 고려해서 단순증여 또는 부담부증여를 선택해야 할 것이다.

| 부담부증여하는 고가주택인 1세대 1주택의 양도차익 |

> 고가주택의 판정은 주택의 전체이전, 일부이전, 부담부증여에 의한 이전 등 그 이전방식에 관계없이 1주택의 전체가액을 기준으로 판정하는 것이므로 1주택을 부담부증여로 이전하는 경우 고가주택 판정은 "승계채무"가 아닌 "당해 주택의 증여가액"에 의한다(소득세 집행기준 89-156-4).

07

장애인이 증여받은 재산의 과세가액 불산입

🔍 **핵심**

| 장애인을 수익자로 하는 자익신탁 또는 타익신탁계약을 하는 경우
| 최대 5억원까지 증여세 과세대상에서 제외한다.

장애인이 재산을 증여받고 그 재산을 본인을 수익자로 하여 신탁(자익신탁)하는 경우와 타인이 장애인을 수익자로 하여 재산을 신탁(타익신탁)하는 경우로서, 일정요건을 모두 충족하는 경우에는 증여세 과세대상에 제외한다.

이는 장애인에 대한 기부를 활성화하고 세제지원의 확대 일환으로 장애인을 수익자로 하는 자익신탁 또는 타익신탁계약을 하는 경우, 5억원까지 증여세 과세대상에서 제외하여 피상속인이 생전에 장애자녀에게 사전 증여하거나 조부모·독지가 등 타인이 장애인을 위해 재산을 증여하는데 따른 세제를 지원하는 것이다.

여기서 장애인은 다음 중 하나에 해당하는 자를 뜻한다.

① 「장애인복지법」에 의한 장애인

② 「국가유공자 등 예우 및 지원에 관한 법률」에 의한 상이자 및 이와 유사한 사람으로서 근로능력이 없는 사람

③ 희귀성난치질환등 또는 이와 유사한 질병·부상으로 인해 중단 없이 주기적인 치료가 필요한 사람으로서 의료기관의 장이 취업·취학 등 일상적인 생활에 지장이 있다고 인정하는 사람

┤규정├

상증법 제52조의 2 【장애인이 증여받은 재산의 과세가액 불산입】

① 장애인이 재산(신탁업자에게 신탁할 수 있는 재산으로서 금전·유가증권·부동산을 말한다)을 증여받고 그 재산을 본인을 수익자로 하여 신탁한 경우로서 해당 신탁(이하 "자익신탁"이라 한다)이 다음 각 호의 요건을 모두 충족하는 경우에는 그 증여받은 재산가액은 증여세 과세가액에 산입하지 아니한다.

1. 「자본시장과 금융투자업에 관한 법률」에 따른 신탁업자에게 신탁되었을 것

2. 그 장애인이 신탁의 이익 전부를 받는 수익자일 것

3. 신탁기간이 그 장애인이 사망할 때까지로 되어 있을 것. 다만, 장애인이 사망하기 전에 신탁기간이 끝나는 경우에는 신탁기간을 장애인이 사망할 때까지 계속 연장하여야 한다.

② 타인이 장애인을 수익자로 하여 재산을 신탁한 경우로서 해당 신탁(이하 "타익신탁"이라 한다)이 다음 각 호의 요건을 모두 충족하는 경우에는 장애인이 증여받은 그 신탁의 수익은 증여세 과세가액에 산입하지 아니한다.

1. 신탁업자에게 신탁되었을 것

2. 그 장애인이 신탁의 이익 전부를 받는 수익자일 것. 다만, 장애인이 사망한 후의 잔여재산에 대해서는 그러하지 아니하다

3. 다음 각 목의 내용이 신탁계약에 포함되어 있을 것

　가. 장애인이 사망하기 전에 신탁이 해지 또는 만료되는 경우에는 잔여
　　　재산이 그 장애인에게 귀속될 것

　나. 장애인이 사망하기 전에 수익자를 변경할 수 없을 것

　다. 장애인이 사망하기 전에 위탁자가 사망하는 경우에는 신탁의 위탁
　　　자 지위가 그 장애인에게 이전될 것

〈신문기사〉

아픈 자녀를 위한 평생케어 '장애인 신탁'

'그녀를 만나는 곳 100m 전' '슬픈 그림 같은 사랑' 등 많은 히트곡을 남겼던 가수 이상우 씨는 30대 중반에 홀연히 사업가로 변신을 시도했다. 가수로서 전성기를 누리던 그가 사업을 결심한 가장 큰 이유는 지적장애가 있는 아들 때문이다. 아이가 편하게 살 수 있도록 돈을 많이 벌어 '평생케어 시스템'을 만들고 싶어서였다는 후문이다.

개인마다 필요로 하는 노후 준비의 모습은 다르다. 특히 장애인 자녀가 있는 가정의 경우 고민의 깊이가 남다를 수밖에 없다. 그들에게 가장 절실한 노후 준비는 본인이 없더라도 자녀 혼자 세상을 살아갈 수 있도록 안정적인 장치를 마련해놓는 것일 터다.

장애 자녀에 대한 평생케어 시스템을 위해서는 어떤 조건이 갖춰져야 할까. 우선 기본적인 생활이 가능하도록 생활비와 돌봄·치료를 위한 비용이 안정적으로 지급돼야 한다. 또 남겨진 재산은 통제가 어려운 본인을 포함해 친척이나 외부인으로부터 철저하게 보호돼야 할 것이다. 이때 활용 가능한 것이 바로 '장애인 신탁'이다.

장애인 신탁은 장애인을 위해 일정 재산을 금융기관에 맡겨 관리 운용함으로써 부모 사망 이후에도 안정적인 생활자금이 지급되고, 최종적으로 장애인 자녀에게 자산이 이전될 수 있도록 하는 제도다. 신탁계약 체결 당사자인 위탁자와 수탁자인 금융회사가 수익자인 자녀에게 필요한 내용을 계약에 포함시킴으로써 부모 사후에도 장애 자녀의 평생케어 시스템을 구축할 수 있다.

장애인 신탁은 일정한 조건을 갖추면 5억원까지 증여세를 비과세 적용받을 수 있기 때문에 절세 효과가 매우 크다. 증여세를 면제받기 위해서는 다음의 조건을 갖춰야 한다. 먼저 증여받은 재산을 전부 신탁업자에게 신탁하고, 그 계약은 장애인 본인이 사망할 때까지 유지돼야 한다. 또한 장애인 본인이 신탁의 이익 전부를 받는 수익자가 돼야 한다. 만약 장애인이 사망하기 전에 신탁을 해지하거나 수익자를 다른 사람으로 변경하는 경우 증여세를 추징당할 수 있다.

다만 중증장애인의 경우 본인 의료비 · 특수교육비 · 간병비를 위한 중도 인출이 가능하며, 기초생활비 용도 인출도 가능하도록 세법이 개정됐다.

부동산을 갖고 있다면 '장애인부동산신탁'도 눈여겨볼 만하다. 보유한 부동산 지분 중 일부를 장애인 신탁으로 설정하고 해당 부동산 임대 수입을 자녀 생활비로 사용할 수 있도록 설계하는 것이다. 자녀가 생을 다할 때까지 임대 수입을 통해 생활비를 충당하고, 부모님 사후에는 해당 부동산이 온전히 자녀에게 이전될 수 있도록 추가적인 신탁계약을 할 수 있다.

상속세를 절세할 수 있다는 것도 장애인 신탁의 큰 장점이다. 일반적으로 사전증여 후 10년 이내에 상속이 개시되면 사전에 증여했던 재산이 상속재산에 합산되지만, 장애인에게 증여한 신탁재산은 동일한 경우에도 상속재산에 합산되지 않아 상속세를 아낄 수 있다.

최근 돌봄 사각지대에 놓여 있던 발달장애인과 모친이 스스로 목숨을 끊는 안타까운 일이 발생했다. 코로나19로 일상이 파괴된 장애 가족의 현실이다. 부모 생전에 부모의 돌봄을 받는 것이 장애를 가진 자녀의 일상이었다면, 부모가 사망한 후에 홀로 견뎌내야 하는 세상은 일상이 파괴된 삶을 사는 것과 다름없다. 복지 체계가 좋아졌다고는 하지만 장애를 가진 자가 타인의 돌봄 없이 살아가기란 여전히 녹록지 않다. 장애인 신탁은 약자를 보호하는 매우 유용한 도구며, 모든 장애 자녀를 둔 부모가 원하는 평생케어 시스템이다.

매경이코노미 제2067호 (2020.07.15~07.21일자)

증여재산공제와 쪼개기증여

🔍**핵심**

증여세는 수증자를 기준으로 증여재산공제를 적용하기 때문에 수증자 수를 늘리면 절세가 된다(예 : 부친이 장남에게 10억원을 증여하는 경우보다, 장남 5억원과 며느리 5억원씩 증여한다면 절세가 될 것이다).

| 증여재산공제 |

구 분	증여재산공제액
배우자로부터 증여 받는 경우	6억원
직계존속(직계존속의 배우자포함)으로부터 증여 받는 경우	5천만원 (다만, 미성년자인 경우 2천만원)
직계비속(배우자의 직계비속포함)으로부터 증여 받는 경우	5천만원
기타 친족[28](4촌 이내의 혈족, 3촌 이내의 인척)으로부터 증여 받는 경우	1천만원
혼인 · 출산에 따른 증여공제	1억원

28 · 혈족의 정의 : 자기의 직계존속과 직계비속을 직계혈족이라 하고 자기의 형제자매와 형제자매의 직계비속, 직계존속의 형제자매 및 그 형제자매의 직계비속을 방계혈족이라 한다.
· 인척의 정의 : 혈족의 배우자, 배우자의 혈족, 배우자의 혈족의 배우자를 뜻하며, 인척 관계는 혼인의 성립으로 발생하며, 혼인의 취소 또는 이혼으로 인하여 종료된다.

수증자가 비거주자인 경우에는 증여재산공제를 적용하지 않으며, 배우자는 법률혼 관계에 있는 자를, 미성년자는 증여일 현재 만19세에 도달하지 아니한자(단, 혼인한 경우는 성년자로 봄)를 말한다.

증여재산공제는 10년 단위로 배우자 간에는 6억원, 아버지·할아버지 직계존속인 경우에는 5천만원, 아들·손자 직계비속인 경우에도 5천만원, 기타 친족의 경우에는 1천만원이다. 만일 부부가 50년을 같이 산다면 10년 단위로 6억원 곱하기 5, 즉 30억원까지 세금 없이 배우자에게 줄 수 있다.

최근 결혼·출산비용 세부담 완화 목적으로, 혼인·출산 증여재산공제가 2024년 1월 1일 이후 증여 받은 분부터 도입되었다. 혼인 및 자녀 출생 시 부모 등의 직계존속으로부터 증여 받은 재산에 대하여 1억원을 한도로 공제해 주는 것이다. 기존 증여공제 5천만원에 혼인·출산 증여재산 공제 1억원이 신설되어, 직계존속으로부터 증여받는 경우에는 최대 1.5억원까지 공제 가능하다. 혼인의 경우에는 혼인신고일 기준으로 전후 2년 이내에, 출산(입양)의 경우에는 자녀 출생(입양)일부터 2년 이내 증여를 하면 된다.

증여재산공제는 수증자를 기준으로 적용한다. 예를 들어, 성인 아들 3명이 각각 5천만원씩 부친에게서 증여받는 경우에는 증여세가 발생하지 않으나, 부친이 아들 3명에게서 각각 5천만원씩 증여받는 경우에는 증여세가 9,700천원 발생한다.

증여세계산		아들1로 부터 수증 시	아들2로 부터 수증 시	아들3으로 부터 수증 시
	증 여 세 과 세 가 액	50,000	50,000	50,000
(−)	증 여 재 산 공 제	50,000	—	—
=	과 세 표 준	—	50,000	50,000
(×)	세 율			
=	산 출 세 액	—	5,000	5,000
(−)	신 고 세 액 공 제		150	150
=	신 고 납 부 세 액	—	4,850	4,850
	총 합 산 세 액			9,700

증여세는 증여를 받는 사람, 즉 수증인을 기준으로 계산하기 때문에 수증자 수를 늘리면 절세가 된다. 이를 세간에서는 '수증자를 쪼갠다'라고 해서 '쪼개기 증여'라고도 한다.

예를 들어, 부친이 장남에게 10억원을 증여하는 경우보다, 장남 5억원·며느리 5억원씩 증여하면 약 55백만원 절세가 된다. 더 나아가 장남 자녀 2명을 활용해서 장남·며느리·손자·손녀 각각 2.5억원씩 증여한다면 약 77백만원 절세가 된다.

이것이 바로 증여세 절세전략, 수증자 수를 늘리면 늘릴수록 절세가 되는 효과를 보여주는 것이다.

구 분	장남단독 (A)	장남·며느리 각각 1/2씩 (B)	장남·며느리· 손자·손녀 각각 1/4씩(C)
증여세	218,250	162,960	141,620
절세효과(A−B)		55,290	
절세효과(A−C)			76,630

계산근거

(단위 : 천원)

증여세계산		장남단독	장남 · 며느리 각각 1/2씩	
			장남	며느리
	증 여 세 과 세 가 액	1,000,000	500,000	500,000
(−)	증 여 재 산 공 제	50,000	50,000	10,000
=	과 세 표 준	950,000	450,000	490,000
(×)	세 율			
=	산 출 세 액	225,000	80,000	88,000
(−)	신 고 세 액 공 제	6,750	2,400	2,640
=	신 고 납 부 세 액	218,250	77,600	85,360
	합 계	218,250		162,960

(단위 : 천원)

증여세계산		장남 · 며느리 · 손자 · 손녀 각각 1/4씩			
		장남	며느리	손자	손녀
	증 여 세 과 세 가 액	250,000	250,000	250,000	250,000
(−)	증 여 재 산 공 제	50,000	10,000	50,000	50,000
=	과 세 표 준	200,000	240,000	200,000	200,000
(×)	세 율				
=	산 출 세 액	30,000	38,000	30,000	30,000
	할 증 세 액 (3 0 %)			39,000	39,000
(−)	신 고 세 액 공 제	900	1,140	1,170	1,170
=	신 고 납 부 세 액	29,100	36,860	37,830	37,830
	합 계				141,620

(손자 · 손녀 성인가정)

자녀에게 증여하는 방법(월정액 분할 증여)

🔍 핵심

| 자녀에게 일시불 증여보다는 월정액 분할 증여를 선택해 보아라.

요즘 부모들은 증여재산공제 범위 내에서 자녀들에게 미성년자인 경우에는 2천만원을, 성년인 경우에는 5천만원을 일시불로 증여하는 경우가 많다.

그러나 증여금액을 일시불로 증여하지 않고 월정액 금액으로 10년 간 나눠서 주면 목돈을 증여하는 부담을 덜 수 있을 뿐만 아니라 증여세 절세효과를 볼 수 있다.

📕 사례 – 일시불 증여와 월정액 분할 증여 차이

N 부부는 자식들에게 월 50만원씩 10년간 주는 경우와 일시불로 6천만원을 주는 경우 세금차이에 대해서 알고 싶어 한다.
1안) 월 50만원씩 10년간 분할 증여하는 경우 (유기정기금)
2안) 일시불 6천만원을 증여하는 경우

증 여 세 계 산		1안 (유기정기금)	2안 (일시불)
	증 여 재 산 가 액	52,716,654[*]	60,000,000
(−)	증 여 재 산 공 제	50,000,000	50,000,000
=	과 세 표 준	2,716,654	10,000,000
(×)	세 율		
=	산 출 세 액	271,665	1,000,000
(−)	신 고 세 액 공 제	8,150	30,000
=	신 고 납 부 세 액	263,515	970,000

[*] 월 50만원씩 10년간 분할 증여하는 경우에는 매년 할인율 3%로 할인한 가액의 10
년간 합산액으로 계산한 것임.

┤규정├

상증령 제62조 【정기금을 받을 권리의 평가】

정기금을 받을 권리의 가액은 다음과 같이 평가하되, 평가기준일 현재 계약의 철
회, 해지, 취소 등을 통해 받을 수 있는 일시금이 다음과 같이 평가한 가액보다
큰 경우에는 그 일시금의 가액에 의한다.

1. 유기정기금 : 잔존기간에 각 연도에 받을 정기금액을 기준으로 다음 계산식에
   따라 계산한 금액의 합계액. 다만, 1년분 정기금액의 20배를 초과할 수 없다.

각 연도에 받을 정기금액 $/ (1 + 3\%)^n$

n : 평가기준일부터의 경과연수

유기정기금은 당사자의 일방이 상대방에게 일정기간 정기적으로 반복하
여 금전, 기타의 물건을 급부시키는 것을 목적으로 하는 정기금을 말하며,
연금·적금 등이 있다.

10

세대생략증여

🔍 **핵심**

세대생략증여는 증여세 절세뿐만 아니라, 상속재산 합산기간 5년 단축이라는 장점을 활용하라.

요즘 세대를 건너 뛴 증여, 즉 세대생략증여에 대한 문의가 많다. 그것은 아버지가 아들에게, 그리고 아들이 다시 손자에게 증여하는 경우보다(각각 증여세가 발생하는 경우보다), 아버지가 손자에게 직접 증여하는 경우가 절세효과가 크기 때문이다.

예를 들어 10억원을 아버지가 아들에게, 다시 아들이 손자에게 증여하는 경우 증여세가 3억7천만원, 아버지가 손자에게 직접 증여하는 경우 증여세가 2억8천만원으로 약 9천만원 정도 세금을 줄일 수 있다.

| 일반증여와 세대생략증여 비교 |

(단위 : 원)

구분	일반증여 (부친 → 아들 → 손자)	세대생략증여 (부친 → 손자)
1차 증여	〈부친 → 아들〉	〈부친 → 손자〉
1차 증여재산가액	10억	10억
1차 증여세(A)	2억 2천만	2억 8천만
2차 증여	〈아들 → 손자〉	─
2차 증여재산가액	7억 8천만	─
2차 증여세(B)	1억 5천만	─
총납부세액(A+B)	3억 7천만	2억 8천만

　상기처럼 세대생략증여가 절세가 되나, 아들을 건너뛰어서 손자에게 증여하는 경우 불이익이 발생한다. 이를 세대생략할증과세라고 하는데, 할증세액은 일반적으로 산출세액에 30% 가산되며, 미성년자이면서 증여재산가액이 20억원을 초과하는 경우에는 40%까지 할증과세가 붙는다.

　그럼에도 불구하고, 더 많은 절세효과가 있기 때문에 세대생략증여가 인기가 좋다. 더욱이 세대생략증여의 경우에는 사전증여 상속재산 합산기간이 10년이 아니라 5년으로 단축되기 때문에 절세전략으로 많이 활용한다.

11

특수관계자간 저가 양수도

🔍 **핵심**

양도소득세가 비과세되는 경우에는 특수관계인간 저가 양수도를 활용해 보아라.

　요즘 특수관계자간의 저가 양수도 방식을 택하여 부모가 자식에게 재산을 이전하는 방식이 활용되고 있다. 이는 특수관계자간의 거래 시 시가와 대가의 차액이 시가의 30%(3억원 한도) 범위내에서는 증여로 의제하지 않기 때문에 이 규정을 활용하는 사례가 적지 않다.

사례 – 특수관계자간 증여와 저가 양수도 차이

시가 5억원인 아파트를 자식에게 이전하고자 한다. ① 100% 증여 방식을 택하는 경우와 ② 2억원으로 양수도하는 경우 세부담이 어디가 유리한지? (단, 아파트는 양도소득세 비과세 대상임)

(단위 : 원)

증여세계산	1안 (증여)	2안 (저가양수도)
증 여 재 산 가 액	500,000,000	*150,000,000
(−) 증 여 재 산 공 제	50,000,000	50,000,000
= 과 세 표 준	450,000,000	100,000,000
(×) 세 율		
= 산 출 세 액	80,000,000	10,000,000
(−) 신 고 세 액 공 제	2,400,000	300,000
= 신 고 납 부 세 액	77,600,000	9,700,000

* 증여의제금액 = 시가와 대가의 차액[3억원(5억원−2억원)] − 시가의 30% [1.5억원(5억원×30%)] = 1.5억원

상기 사례에서 살펴본 바와 같이 양도소득세가 비과세되는 재산을 증여받고자 하는 경우에는 대가의 일부라도 지급하고 양수도 방식으로 취득하는 것이 증여세를 절감할 수 있다. 이는 대가와 시가의 차액에서 시가의 30%와 3억원 중 적은 금액을 뺀 금액이 증여재산가액이 되기 때문이다.

만일, 양도소득세가 과세되는 경우에 특수관계인간 저가 양수도 방식을 활용하였을 때는 양도자는 소득세법상 저가 양수도에 따른 부당행위계산부인(시가와 대가의 차액이 시가의 5% 또는 3억원보다 클 경우)에 해당되어 시가로 양도하는 것으로 양도소득세를 재계산할 수 있는점에 유의해야 한다(소득세법 시행령 98조 2항).

┤**규정**├

상증법 제35조 【저가 양수 또는 고가 양도에 따른 이익의 증여】
① 특수관계인 간에 재산(전환사채 등 대통령령으로 정하는 재산은 제외한다. 이하 이 조에서 같다)을 시가보다 낮은 가액으로 양수하거나 시가보다 높은 가액으로 양도한 경우로서 그 대가와 시가의 차액이 기준금액(시가의 30%와 3억원중 적은 금액) 이상인 경우에는 해당 재산의 양수일 또는 양도일을 증여일로 하여 그 대가와 시가의 차액에서 기준금액을 뺀 금액을 그 이익을 얻은 자의 증여재산가액으로 한다.

12

특수관계자간 부동산 무상사용

🔍 **핵심**

부동산가액이 13억원 이상인 경우에는 무상사용에 따른 증여세에 유의하라.

특수관계 있는 자의 부동산을 무상으로 사용하는 경우 증여세를 과세하는 것이나 해당 부동산 소유자와 함께 거주하는 주택과 그 부수토지는 증여세에서 제외된다. 그러나 특수관계인의 토지 위에 건물을 신축하여 사용하는 경우 토지사용료 상당액만큼은 증여받은 효과가 발생된다.

아버지 소유 땅에 아들 명의로 건물을 신축하는 경우가 적지 않다. 이 때 아들은 토지를 무상으로 사용하게 되는데, 5년에 걸친 부동산 무상사용이익의 합계액이 1억원 이상인 경우에는 증여세 문제가 발생한다.

사례 – 부동산 무상사용에 따른 이익의 증여

L씨는 아버지 소유 대지에 상가건물을 최근 완공하여 본인 사업장을 마련하였다. 아버지 소유 대지를 무상으로 사용할 계획인데, 혹시 무상사용에 대한 증여세는 문제가 없는지 걱정이 되어 상담 문의를 해왔다. 아버지 소유 토지 공시지가는 10억원이다.

(단위 : 천원)

연 도	부동산 무상사용이익*	현가계수	현재가치
×1년	20,000	0.90909	18,181
×2년	20,000	0.82645	16,528
×3년	20,000	0.75131	15,026
×4년	20,000	0.68301	13,660
×5년	20,000	0.62092	12,418
합 계			75,815

* 10억 × 2%(현행 규정상 무상사용수익률)

부친 소유 부동산(대지)을 무상으로 5년간 사용한다면, 무상사용을 개시한 날(증여일) 현재 증여가액은 상기 계산처럼 약76백만원일 것이다. 합계액이 1억원 미만이므로 증여세 문제는 발생하지 않는다.

참고로, 부동산가격이 13억원이었을 때 무상사용이익이 약 1억원으로 계산되어 과세임계점으로 형성된다. 즉, 부동산가격(상증법상 평가액)이 13억원 미만인 경우에는 5년간 무상사용 이익이 1억원 미만이므로 과세되지 않을 것이다.

┤규정├

상증법 제37조(부동산 무상사용에 따른 이익의 증여)
① 타인의 부동산(그 부동산 소유자와 함께 거주하는 주택과 그에 딸린 토지는 제외한다)을 무상으로 사용함에 따라 이익을 얻은 경우에는 그 무상 사용을 개시한 날을 증여일로 하여 그 이익에 상당하는 금액을 부동산 무상 사용자의 증

여재산가액으로 한다. 다만, 그 이익에 상당하는 금액이 1억원 미만인 경우는 제외한다.

② 타인의 부동산을 무상으로 담보로 이용하여 금전 등을 차입함에 따라 이익을 얻은 경우에는 그 부동산 담보 이용을 개시한 날을 증여일로 하여 그 이익에 상당하는 금액을 부동산을 담보로 이용한 자의 증여재산가액으로 한다. 다만, 그 이익에 상당하는 금액이 1천만원 미만인 경우는 제외한다.

③ 특수관계인이 아닌 자 간의 거래인 경우에는 거래의 관행상 정당한 사유가 없는 경우에 한정하여 제1항 및 제2항을 적용한다.

부동산무상사용이익 = 각 연도 부동산무상사용이익 / $(1+0.1)^n$

(n : 평가기준일로부터의 경과연수)

부동산무상사용이익은 각 연도 부동산무상사용이익을 이자율 10%로 환산한 금액의 합계액을 뜻한다. 이 경우 해당 부동산에 대한 무상사용기간은 5년으로 하고, 무상사용기간이 5년을 초과하는 경우에는 그 무상사용을 개시한 날부터 5년이 되는 날의 다음 날에 새로 해당 부동산의 무상사용을 개시한 것으로 본다. 즉, 평가기준일 경과연수는 5년 단위로 계산한다는 의미이다.

각 연도 부동산무상사용이익 = 부동산 가액(상증법상 평가액) × 2%

각 연도 부동산무상사용이익은 연간 2% 수익률로 간주하여 부동산가액에 2%를 곱한 금액을 무상사용이익으로 한다.

특수관계자간 부동산 무상담보

타인의 부동산을 무상으로 사용함에 따라 얻은 이익에 대해서 증여세가 발생하는 것처럼, 타인의 부동산을 무상으로 담보로 이용하여 얻은 이익에 대해서도 증여세가 발생한다.

부동산을 무상으로 담보로 이용하여 금전 등을 차입함에 따라 얻은 이익은 차입금에 적정이자율(4.6%)을 곱하여 계산한 금액에서 실제로 지급하였거나 지급할 이자를 뺀 금액만큼 이익을 얻은 것으로 보아 증여세를 과세한다.

차입에 따른 증여이익 = 차입금 × 적정이자(4.6%) − 실제로 지급하였거나 지급할 이자

13

부모 자식간 자금거래(금전 무상 대출)

🔍 핵심

부모 자식간의 자금거래가 증여가 아닌 차입거래라면 반드시 이자를 주고 받아라.

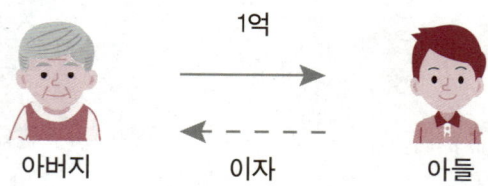

부모 자식간 자금거래가 늘 논란의 대상이 되고 있다. 부모는 자식에게 돈을 빌려준 것이라고 주장하는데, 세무서에서는 빌려준 것이 아니라 자식에게 증여한 것이라고 봐서 세금을 부과하려고 한다. 납세자 입장에서 증여한 것이 아니라 빌려준 것이라고 주장하는 이유는, 증여한 것으로 간주되는 경우 무거운 증여세가 부과되기 때문이다.

부모가 자식에게 빌려 준 것이냐, 증여한 것이냐 차이는 계약서를 작성하고 공증을 받는 것이 결코 중요하지 않다. 가장 중요한 차이는 이자를 주고 받았는지 여부이다. 이자를 정기적으로 실제 주고 받았으면 빌려 준 것이고, 그렇지 않으면 증여한 것으로 간주된다.

그럼 이때 부모 자식간 주고 받아야 하는 이자율은, 현행 세법 상 금전 대출에 따른 적정이자율 4.6%로 규정하고 있다. 즉, 1억원에 따른 이자는 연 460만원, 월 40만원정도 이자를 주고 받아야 세무상 문제가 발생되지 않는다.

┤┠규정┨├

상증법 제41조의 4 【금전 무상대출 등에 따른 이익의 증여】
① 타인으로부터 금전을 무상으로 또는 적정 이자율보다 낮은 이자율로 대출받은 경우에는 그 금전을 대출받은 날에 다음 각 호의 구분에 따른 금액을 그 금전을 대출받은 자의 증여재산가액으로 한다. 다만, 다음 각 호의 구분에 따른 금액이 대통령령으로 정하는 기준금액(1천만원) 미만인 경우는 제외한다.
   1. 무상으로 대출받은 경우 : 대출금액에 적정 이자율을 곱하여 계산한 금액
   2. 적정 이자율보다 낮은 이자율로 대출받은 경우 : 대출금액에 적정 이자율을 곱하여 계산한 금액에서 실제 지급한 이자 상당액을 뺀 금액
② 제1항을 적용할 때 대출기간이 정해지지 아니한 경우에는 그 대출기간을 1년으로 보고, 대출기간이 1년 이상인 경우에는 1년이 되는 날의 다음 날에 매년 새로 대출받은 것으로 보아 해당 증여재산가액을 계산한다.
③ 특수관계인이 아닌 자 간의 거래인 경우에는 거래의 관행상 정당한 사유가 없는 경우에 한정하여 제1항을 적용한다.
④ 제1항에 따른 적정 이자율, 증여일의 판단 및 그 밖에 필요한 사항은 대통령령으로 정한다.

금전 무상대출 등에 따른 이익의 증여의제 규정에 의하면, 금전 무상대출에 따른 이익이 1천만원 이상인 경우에 증여세가 과세된다. 즉, 무상으로 빌리는 금액이 약 2.17억(1천만원/4.6%)미만인 경우에는 증여세가 과세되지 않는다.

　　그렇다고 부모에게 2억원을 무상으로 차입한다면(이자를 지급하지 않는다면), 거래금액 전부인 원금 2억원에 대해서 증여로 보아 증여세를 과세할 것이다.

　　결론적으로 자금거래에 있어서 증여가 아닌 차입거래라면 4.6% 이자를 주고 받거나, 금전 무상대출 등에 따른 이익(4.6%에 따른 연 이자 ― 실수령 이자)이 1천만원 미만이 되도록 해야 한다. 추가로 원금이 약 2.17억 미만인 경우라도 최소 1% 이자는 주고 받아야 한다.

| 각 상황별 증여의제 기준금액 등 비교 |

구 분		기준금액	기간	임계점	규정
부동산 무상사용에 따른 이익의 증여	타인의 부동산을 무상사용	1억원	5년	13억	상증법 37조
	타인의 부동산을 무상 담보	1천만원	1년	2.17억	
금전 무상대출 등에 따른 이익의 증여		1천만원	1년	2.17억	상증법 41조의 4
특정법인과의 거래를 통한 이익의 증여		1억원	1년		상증법 45조의 5

초과배당

🔍 **핵심**

| 초과배당은 소득세와 증여세 모두 과세되며, 증여세는 2번 신고한다.

초과배당은 본인이 보유한 지분에 비하여 높은 금액의 배당을 받는 경우를 뜻하는데 종전에는 초과배당에 대하여 소득세와 증여세 중 큰 금액으로 과세했는데, 소득세와 증여세 모두 과세되도록 2021년 개정되었다. 이는 종전에는 일정금액 이하의 초과배당에 대해서는 소득세만 과세되고, 증여세가 과세되지 않아 이를 통한 세부담회피를 방지하기 위한 취지로 개정된 것이다.

법인이 배당 또는 분배(이하 "배당등")하는 경우로서 그 법인의 최대주주 또는 최대출자자(이하 "최대주주등")가 본인이 지급받을 배당등의 금액의 전부 또는 일부를 포기하거나 본인이 보유한 주식등에 비례하여 균등하지 아니한 조건으로 배당등을 받음에 따라 그 최대주주등의 특수관계인이 본인이 보유한 주식등에 비하여 높은 금액의 배당등을 받은 경우에는 법인이 배당 또는 분배한 금액을 지급한 날을 증여일로 하여 그 최대주주등의 특수관계인이 본인이 보유한 주식등에 비례하여 균등하지 아니한 조건으로 배당등을 받은 금액(이하 "초과배당금액")에서 해당 초과배당금액에 대한 소득세 상당액을 공제한 금액을 그 최대주주등의 특수관계인의 증여재산가액으로 한다.

$$증여재산가액 = 초과배당금액 - 소득세 상당액$$

〈초과배당금액〉

$$(최대주주등의\ 특수관계인의\ 배당등\ 금액 - 균등\ 배당등\ 금액) \times \frac{최대주주등의\ 과소배당금액}{과소배당금액^*}$$

* 과소배당금액 = 균등 배당등 금액 - 실제 배당등 금액

증여세 신고

먼저 초과배당을 지급받는 시점에 증여세를 가계산하여 법정 신고기한 내에 1차 신고납부하고, 다음해 5월 종합소득세 확정신고기한 내(성실신고확인대상사업자의 경우 6월말까지)에 실제 소득세액을 반영한 최종 증여세를 신고하여 기 신고납부분과 정산하는 과정을 거친다.

사례 – 초과배당에 따른 이익의 증여

JJ법인은 A주주(지분율 70%), B주주(지분율 30%)에게 각각 5천만원씩 총 1억원을 배당하였을 때, 초과배당에 따른 세금은 얼마인가? (소득세율 40%, 증여세율 30% 가정)

구 분	실제배당	균등배당	손익	비고
A주주	5천만원	7천만원	2천만원 손실	
B주주	5천만원	3천만원	2천만원 이익	증여의제
합 계	10천만원	10천만원	–	

A주주는 2천만원 손실이 발생하고, B주주는 2천만원 이익이 발생한다. 즉, 이익을 본 B주주는 초과배당금액에 대해서 소득세와 증여세가 과세된다.

종전규정에 의하면 B주주의 경우 소득세 8백만원 (2천만원×40%)만 과세되었지만, 개정규정에 의하면 소득세 외에 증여세 3.6백만원 [(2천만원 − 8백만원) × 30%]이 추가 과세된다. 결론적으로, B주주는 소득세 8백만원과 증여세 3.6백만원 총 11.6백만원 초과배당에 따른 세금이 발생되는 것이다.

추가적으로 주주가 개인인 경우에는 10년 이내 증여 분 합산과세가 발생할 수 있으며, 특수관계 있는 법인주주인 경우에는 부당행위계산부인을 체크해야 할 것이다.

특정법인과의 거래에 따른 증여

🔍 **핵심**

지배주주등의 주식보유비율 30% 이상인 특정법인이 지배주주의 특수관계인과 일정 거래를 통하여 이익을 얻는 경우 증여세에 유의하자!

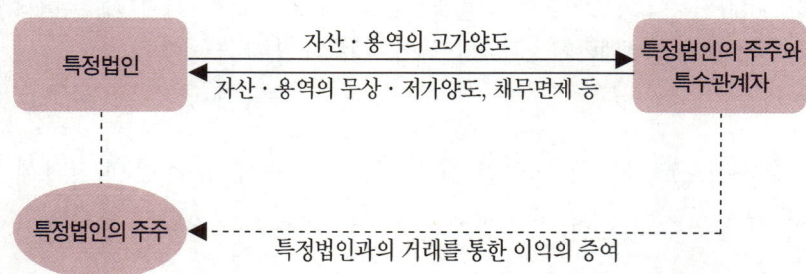

특정법인의 주주등과 특수관계에 있는 자가 그 법인과 통상적인 범위를 초과하는 가격 등으로 거래를 하여 그 특정법인의 주주등이 얻는 이익을 주주 또는 출자자가 증여받는 것으로 본다(집행기준 45의 5-0-1).

「특정법인과의 거래를 통한 이익의 증여의제」는 지배주주등의 주식보유비율이 30% 이상인 특정법인이 지배주주의 특수관계인과 일정 거래를 통하여 이익을 얻는 경우 그 특정법인이 얻은 이익에 특정법인의 지배주주등의 주식보유비율을 곱하여 계산한 금액을 그 특정법인의 지배주주등이 증여받은 것으로 본다(상증법 45조의 5).

특정법인과의 거래 유형

① 재산이나 용역을 무상으로 제공하는 거래(초과배당 포함)

② 재산이나 용역을 통상적인 거래 관행에 비추어 볼 때 현저히 낮은 대가로 양도 · 제공하는 거래

③ 재산이나 용역을 통상적인 거래 관행에 비추어 볼 때 현저히 높은 대가로 양수 · 제공받는 거래

④ 불균등 감자 등 자본거래를 통하여 이익을 분여받는 거래

⑤ 당해 법인의 채무를 면제 · 인수 또는 변제하는 것. 다만, 해산(합병 등에 의한 해산 제외) 중인 법인의 주주 등이 채무를 변제한 후 잔여재산이 없을 경우는 제외한다.

⑥ 시가보다 낮은 가액으로 당해 법인에 현물출자하는 것

영리법인이 증여를 받는 경우에는 법인세가 부과되므로 일반적으로는 증여세가 과세되지 않지만, 간접적으로 영리법인의 주주에게 사실상 경제적 이익이 발생된다. 예를 들어 결손법인을 자녀에게 무상 증여(결손법인의 주가가 음수인 것을 이용하여 자녀에게 증여하고 증여세 없음)한 후, 그 법인에 부동산 등을 증여(법인 입장에서 자산수증이익

과 이월결손금 상계하고 법인세 없음)하면 증여세와 법인세 부담 없이 부의 이전이 이루어질 수 있다. 이를 방지하고자 사실상 경제적 이익을 보는 특정법인의 주주에게 증여세를 과세하고자 하는 취지인 것이다.

증여의제이익

증여의제이익 = 특정법인의 이익 × 특정법인의 지배주주등의 주식보유비율

특정법인의 이익은 증여재산가액(채무면제이익) 또는 시가[29]와 대가와의 차액에서 법인세 상당액을 차감한 후 계산하며, 증여의제이익이 1억원 이상인 경우로 한정한다.

📖 **사례** – 특정법인과의 거래를 통한 이익의 증여

··

A법인의 대표이사는 A법인의 재무상태를 양호하게 하기 위해 회수가 어려운 본인 가수금 10억원을 포기하였다. A법인의 주주 현황은 대표이사 20%, 아들 40%, 딸 40%이다.

대표이사가 포기한 가수금 10억원으로 인해 아들과 딸에게 증여세가 과세될 수 있는가? (법인세는 없는 것으로 가정함)

구 분	특정법인의 이익	주식보유비율	증여의제이익	증여세
아들	10억	40%	4억	58백만
딸	10억	40%	4억	58백만
합 계	–	80%	8억	116백만

아들과 딸은 각각 특정법인의 이익 10억에 지분율 40%를 곱한 4억의 경제적 이익을 본 것으로 증여의제 되어 증여세 58백만원 과세된다.

··

---

29 시가는 법인세법상 시가를 따른다.

16

배우자 등 증여자산 이월과세

🔍 **핵심**

| **배우자에게 증여한 부동산은 10년 후에 양도하라.**

	APT		10년 후	
	증여		양도	
남편		배우자		제3자

 사례 1 — 배우자에게 증여 후 10년 후 양도

현재 시가 10억원, 당초 취득가액 3억원인 아파트를 배우자에게 증여하였을 때, 증여 후 10년을 기준으로 양도소득세에 어떤 효과가 있는지? (예상 양도가는 시가 10억원 가정)

| 배우자에게 증여 후 10년 이내 양도 VS 10년 후 양도 |

(단위 : 원)

구 분	증여 후 10년 이내 양도	증여 후 10년 후 양도
양도가액	10억	10억
(-) 취득가액	3억	10억
= 양도차익	7억	-

상기 사례에서 본 바와 같이, 배우자에게 증여한 후 10년 후 양도하면 양도소득세가 절세된다. 당초 취득가액이 증여가액으로 전환되면서 취득가액 상승효과가 나오기 때문이다. 세법에서는 배우자 등 특수관계자에게 먼저 증여한 후 양도하였을 때 조세부담을 회피하려는 의도로 보아, 배우자 등이 10년 이내 양도시 취득가액을 배우자 등이 수증받은 가액이 아닌 당초 증여자의 취득가액을 준용하도록 되어 있다. 상기 관련 규정을 적용받지 않기 위해서는 반드시 10년 후에 양도해야 배우자 등 증여자산의 이월과세 규정을 적용받지 않을 것이다. 참고로, 2025년부터 1년 이내에 증여받은 주식을 양도 시 이월과세 규정이 적용됨에 유의해야 할 것이다.

규정

배우자 등 증여자산의 이월과세 (소득세법 제97조의 2)
거주자가 양도일부터 소급하여 등기부상의 소유기간을 기준으로 10년(주식은 1년) 이내에 그 배우자 또는 직계존비속으로부터 증여받은 토지·건물·주식·부동산을 취득할 수 있는 권리 및 특정물시설물이용권의 양도차익을 계산할 때 양도가액에서 공제할 필요경비는 법 제97조 제2항에 따르되, 그 취득가액은 배우자 등 증여자산의 이월과세규정에 따라 당초 증여한 그 배우자 등의 취득 당시 취득가액으로 한다. 이 경우 증여세는 필요경비에 산입한다.

- 증여한 배우자가 사망으로 혼인관계가 소멸된 경우
- 협의 매수 또는 수용된 경우
- 1세대 1주택 비과세

 사례 2 – 시가 10억원 상가 딸에게 물려 주는 방법

시가 10억원(기준시가 6억원 / 취득가액 2억원)인 상가를 딸에게 물려주고자한다. 상가를 본인이 팔아서 현금을 딸에게 주는 경우가 나은지? 상가를 딸에게 증여한 후 딸이 직접 양도하는 것이 나은지?

→ 일반적으로 대부분 상가를 팔아서 현금으로 자녀에게 주는 경우를 많이 생각한다. 이런 경우에는 먼저 상가 양도에 따른 양도세 2억1,800만원, 남은 자금 현금 증여에 따른 증여세 1억5,480만원, 총 세금 3억7,280만원이 발생한다. 그래서 이 방법보다는 상가를 바로 자녀에게 증여해 주는 것이 절세전략이다. 상가는 시가가 아닌 기준시가 6억원으로 평가할 수 있기 때문에 그렇다. 이 상가를 자녀에게 증여했을 때 증여세 1억180만원, 그리고 자녀가 이를 양도했을 때 양도세 8,550만원, 총 세금 1억8,730만원이 나오는데 상가를 팔아서 현금으로 줄 때 발생되는 세금 3억7,280만원보다 무려 1억8,550만원의 세금을 줄일 수 있다.

| 상가 양도 후 현금 증여 방식 VS 상가 증여 후 양도 방식 |

(단위 : 원)

상가 양도 후 현금 증여		상가 증여 후 양도	
총부담세액	3억 7,280만	총부담세액	1억 8,730만
양도세	2억 1,800만	증여세	1억 180만
증여세	1억 5,480만	양도세	8,550만

이것이 바로 상가는 시가가 아닌 기준시가로 평가할 수 있다는 장점을 이용한 절세전략이다.[30] 상가를 기준시가로 딸에게 증여한 후, 10년 후 양도하라!

---

30 고가의 비주거용 부동산에 대해서는 감정가액을 적용할수 있음에 유의하자.

부동산별 기준시가 고시시점

🔍 **핵심**

| 증여 계획이 있다면 기준시가 발표일 전에 증여하라.

부동산별 기준시가 고시시점은 다음과 같다.

구 분	평가가액	대상	고시시점
토지	개별공시지가	토지	표준지 : 1월 말 개별지 : 4월 말
주택	공동주택가격	공동주택 (아파트 · 연립 · 다세대)	4월 말
	개별주택가격	단독주택 (다가구 · 다중포함)	표준주택 : 1월 말 개별주택 : 4월 말
오피스텔 및 상업용건물[31]	기준시가	오피스텔 : 전체 상가 : 대형상가	12월 말
기타건물	기준시가	상가 주택 · 오피스텔 · 상업용건물 외 모든 건물	12월 말

---

31 「오피스텔 및 상업용 건물 기준시가」가 적용되는 지정지역은 건물의 용도 · 면적 및 구분 소유하는 건물의 수 등을 고려하여 국세청장이 정하는 지역으로 이 고시에서는 수도권(서울 · 경기 · 인천), 5대 지방광역시, 세종특별자치시를 말한다. 고시지역 내, 오피스텔은 전체를 고시하고 상업용건물은 건물연면적 합계가 3,000㎡ 이상이거나 100개호 이상인 경우를 고시한다.

부동산 가격이 상승하는 경우에는 토지 4월 말, 주택 4월말, 오피스텔 및 상업용건물은 12월 말 전에 증여하면 낮은 가액으로 증여할 수 있다. 그러나 부동산 가격이 하락하는 경우에는 고시시점 이후에 증여해야 세부담이 줄어들 것이다.

부록 1

2025년 주요 개정세법

- 법인의 가업상속공제 및 가업승계 증여세 특례의 사업무 관자산 범위 조정
- 가업상속공제 대상 업종 확대
- 동거주택 상속공제 요건 합리화
- 특정법인과의 거래를 통한 증여의제 범위 확대
- 증여재산 공제가 적용되는 친족 범위 합리화
- 가업승계 증여세 과세특례 요건 합리화

1. 법인의 가업상속공제 및 가업승계 증여세 특례의 사업무관자산 범위 조정(상증령 제15조 제5항)

가. 개정취지
○ 기업 승계 지원

나. 개정내용

종 전	개 정
□ 사업무관자산*의 범위 * 사업무관 자산은 가업의 직접적인 경영 · 영업활동과 관련이 없어 가업상속 · 승계 재산에서 제외	□ 범위 조정
○ 비사업용 토지 등	○ (좌　동)
○ 업무무관 자산 및 임대부동산 〈단서 신설〉	○ (좌　동) - 임직원* 사택** 제외 　* ❶ 소액주주가 아닌 주주등 및 ❷ 최대주주의 친족등인 임직원은 제외 　** ❶ 국민주택규모국민주택규모(85㎡) 이하 또는 기준시가 6억원 이하 주택, ❷상속개시일 · 증여일 현재까지 5년 이상 계속하여 무상으로 제공하고 있는 주택
○ 대여금 〈단서 신설〉	○ (좌　동) - 임직원 학자금* · 주택자금** 제외 　* 자녀의 학자금을 포함 　** 기준시가 6억원 이하 주택의 전세자금
○ 과다보유 현금 - 직전 5년 평균의 150% 초과분	○ 기준 조정 - 150% → 200%

다. 적용시기 및 적용례
○ 2025.2.28. 이후 상속이 개시되거나 증여받는 분부터 적용

2. 가업상속공제 대상 업종 확대 (상증령 별표)

가. 개정취지
○ 백년가게 지속경영 지원

나. 개정내용

종 전	개 정
□ 가업상속공제 적용 대상 업종 　○ 제조업, 건설업, 도소매업, 사회복지서비스업, 광업 등 〈추　가〉	□ 대상 업종 추가 　○ (좌　동) 　○ 「소상공인법」에 따른 백년가게*를 운영하는 사업 　　* 30년 이상 계속 사업한 소상공인 (제조업 제외) 중 제품 서비스 차별성, 지역사회 기여도 등을 고려하여 중기부 장관이 지정한 자

다. 적용시기 및 적용례
○ 2025.2.28. 이후 상속이 개시되는 분부터 적용

3. 동거주택 상속공제 요건 합리화(상증령 제20조의2 제1항 제8호)

가. 개정취지

ㅇ 동거주택 상속공제 요건 합리화

나. 개정내용

종 전	개 정
□ 동거주택 상속공제 요건 중 1세대 1주택 요건을 충족한 것으로 인정되는 경우 ※ **동거주택 상속공제** - (공제한도) 6억원 - (요건) ①피상속인과 상속인이 10년 이상 계속하여 하나의 주택에서 동거, ②10년 이상 계속하여 1세대를 구성하며 1세대 1주택에 해당, ③피상속인과 동거한 상속인이 해당 주택을 상속받을 것	□ 요건 합리화
ㅇ 피상속인 또는 상속인이 피상속인의 사망 전에 발생된 제3자의 상속으로 인해 공동으로 소유하는 주택을 소수지분자로서 소유한 경우	ㅇ (좌 동)
〈추 가〉	- 상속인의 배우자가 피상속인의 사망 전에 발생된 제3자의 상속으로 인해 공동으로 소유하는 주택을 소수지분자로서 소유한 경우

다. 적용시기 및 적용례

ㅇ 2025.2.28. 이후 결정 또는 경정하는 분부터 적용

4. 특정법인과의 거래를 통한 증여의제 범위 확대(상증법 제45조의5 제1항)

가. 개정취지

○ 특정법인과의 거래를 통한 증여의제 범위 조정

나. 개정내용

종 전	개 정
□ 특정법인*이 지배주주의 특수관계인과의 거래를 통해 이익을 얻은 경우 지배주주 등이 증여받은 것으로 보아 증여세 과세 　* 지배주주등(지배주주+친족)의 직간접 주식보유비율이 30% 이상인 법인	□ 증여의제 범위 추가
○ 과세대상 거래 　- 재산·용역 무상 제공 또는 고·저가 거래 　- 채무 면제·인수·변제 　- 시가보다 낮은 가액으로 현물출자	○ (좌 동)
〈추 가〉	- 자본거래를 통한 이익 분여
○ 증여의제이익의 계산 　- (계산식) [거래이익 — 법인세상당액] × 주주등의 지분율 　- (한도) 주주에게 직접 증여한 경우의 증여세 — 법인세상당액	○ (좌 동)

다. 적용시기 및 적용례

○ 2025.3.14. 이후 거래하는 분부터 적용

5. 증여재산 공제가 적용되는 친족 범위 합리화(상증법 제53조)

가. 개정취지
○ 국세기본법상 친족 범위와 일치

나. 개정내용

종 전	개 정
▫ 증여재산 공제 적용범위 ○ (배우자) 6억원 ○ (직계존속) 5천만원* 　* 미성년자 2천만원 ○ (직계비속) 5천만원	▫ 친족 범위 합리화 ○ (좌　동)
○ (6촌 이내 혈족, 4촌 이내 인척) 　1천만원	○ (4촌 이내 혈족, 3촌 이내 인척) 　1천만원

다. 적용시기 및 적용례
○ 2025.3.14. 이후 증여하는 분부터 적용

6. 가업승계 증여세 과세특례 요건 합리화(조특령 제27조의6)

가. 개정취지
○ 가업승계 증여세 특례제도 합리화

나. 개정내용

종 전	개 정
☐ 가업승계 증여세 특례제도*가 적용되는 요건 * 18세 이상 거주자가 60세 이상 부모로부터 10년 이상 계속하여 경영한 가업의 주식등을 증여받고 기업을 승계한 경우 증여세 저율과세(120억원 이하 10%, 120억원 초과 20%)	☐ 증여자의 대표이사 재직요건 추가
① (대상) 가업상속공제 적용대상업종을 영위한 중소기업 및 매출액 5천억원 미만 중견기업 ② (증여자) 최대주주등으로서 발행주식총수의 40%* 이상 10년 이상 계속 보유 * 상장기업은 20% 이상	○ (좌 동)
〈추 가〉	- 다음 어느 하나의 기간 중 대표이사로 재직 • 가업영위기간의 50% 이상 • 증여일부터 소급하여 10년 중 5년 이상

다. 적용시기 및 적용례
○ 2025.2.28. 이후 증여받는 분부터 적용

부록 2

웹툰으로 풀어보는
상속증여 절세전략 (전문가 칼럼)

- 제1화 : 60대 부부, 10년 전에 사전 증여하라!
- 제2화 : 부모 재산이 상속공제 이내라면 "사전증여보다 상속이 유리"
- 제3화 : 상속세 세무조사, 특히 자금거래에 주의하라!
- 제4화 : 시세 상승하는 부동산, 상속재산에 합산돼도 사전증여가 유리하다!
- 제5화 : 가족 간 자금거래 각별히 주의하라!
- 제6화 : 상속과 증여의 차이 제대로 알자!
- 제7화 : 특수관계자 간 부동산 무상사용이익에 주의하자!
- 제8화 : 증여재산을 반환하려면 3개월 이내 반환하라!
- 제9화 : 상속세와 유류분, 차이에 유의하라!
- 제10화 : 상속받은 부동산, 양도소득세 줄이려면 시가로 신고하라!
- 제11화 : 증여 후 양도 시에는 각별히 주의하라!
- 제12화 : 초과배당은 소득세와 증여세 모두 과세된다!
- 제13화 : 증여 받은 아파트 얼마로 신고해야할까?
- 제14화 : 세대를 건너뛴 증여와 상속, 어떻게 다를까?
- 제15화 : 가족에게 시가보다 저렴하게 부동산을 양도하려면?
- 제16화 : 해외에 거주하는 국내 부동산 보유자, 양도소득세는 어떻게?
- 제17화 : 단순증여와 부담부증여, 어느 쪽이 유리할까?
- 제18화 : 비상장주식, 액면가액으로 양도하지 마라!
- 제19화 : 대표가 회사에 빌려준 돈, 함부로 포기하면 안 되는 이유?

상기 칼럼을 작성한 시점과 현재 시점 차이로 관련 규정이 개정될 수 있음에 유의
하시길 바랍니다.

제1화 : 60대 부부, 10년 전에 사전 증여하라!

　　상속, 증여에서는 10년은 중요한 의미를 갖습니다. 최근 세상을 뜬 L씨는 부인에게 "이제 편히 눈을 감아도 좋겠다. 자녀들에게 증여한 지 이젠 10년이 지났다. 아버지로서 마지막 도리를 다했다."라는 이야기를 했다고 합니다. 고인은 사전증여 상속합산 기간 10년을 염두해 두셨던 것입니다.

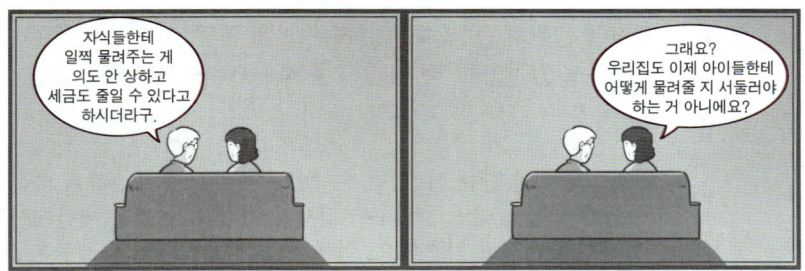

Q. 자식들한테 재산을 일찍 물려주면 세금을 줄일 수 있다!
10년 전에 준비를 하면 절세가 많이 되나요?
10년이라는 의미가 중요한 건지요?

A   아주 중요합니다. 사전 증여 후 10년이 지나면 상속재산에 합산되
지 않지만, 10년 이내이면 합산되기 때문에 그렇습니다. 그래서
사전 증여 후 최소 10년 이상을 건강하게 사셔야 확실히 절세할
수 있는 것입니다.

Q. 사전 증여 후 10년이 지나면 상속재산에 합산되지 않는다는데 10
년이 경과했는지, 아닌지에 따라 세금이 어느 정도 차이나나요?

A   예를 들어, 사전 증여 재산 10억과 상속재산 15억이 있다고 보면,
사전 증여 후 10년이 경과한 경우에는 세금이 약 4,800만원, 10년
이 경과하지 않은 경우에는 세금이 약 1억3,000만원, 즉 10년이 경
과했을 때 약 8,200만원 정도 절세가 됩니다.

Q. 8천만원이면 굉장히 큰 액수인데, 자식이 한 명일 수도 있지만 두 세 명일 경우도 있잖아요. 몇 명에게 증여하느냐에 따라 세금도 달 라지나요?

A 증여세는 증여를 받는 사람, 즉 수증인을 기준으로 계산하기 때문 에 수증자 수를 늘리면 늘릴수록 절세가 됩니다. 이것을 세간에서 는 쪼개기 증여라고 하는데요, 현행 상속세와 증여세의 세율은 5 단계 초과 누진세율 구조인데, 수증자 수를 늘릴수록 적용 세율이 낮아지기 때문에 그렇습니다.

Q. 증여받는 사람을 늘릴수록, 그러니까 쪼개기 증여를 하면 얼마나 세금을 줄일 수 있는 건가요?

A 예를 들어, 부친이 장남에게만 10억원을 증여하는 경우에는 세금 이 약 2억원, 이를 장남과 며느리에게 각각 5억원씩 증여하면 세 금이 약 5천만원 절세가 되고, 더 나아가 손자 손녀를 활용해서 4 명에게 각각 2억5천만원씩 증여하면 세금이 약 7천만원까지 절 세 가 됩니다. 이것이 바로 증여세 절세전략, 수증자를 늘리면 늘 릴 수록 절세가 되는 효과를 보여주는 것입니다.

Q. 아들이나 딸이 아닌 손자와 손녀에게 바로 증여하는 분들도 계시 던데, 그건 왜 그렇습니까? 그럴 경우 절세 효과가 있나요?

A 그렇습니다. 이를 '세대생략 증여'라고 하는데, 일반적으로 아버지 가 아들에게 그리고 아들이 다시 손자에게 증여하는 경우보다, 즉 각각 증여세가 2번 발생하는 경우보다, 아버지가 손자에게 직 접 증여하는 경우가 절세 효과가 더 큽니다.

Q. **그럼, 세대생략 증여의 경우에는 얼마나 절세되나요?**

A 예를 들어, 10억을 아버지가 아들에게, 다시 아들이 손자에게 증여 하는 경우 총 납부세액이 3억7천만원, 아버지가 손자에게 직접 증여한 경우에는 납부세액이 2억8천만원으로 약 9천만원 정도 세금을 줄일 수 있습니다.

Q. **그런데 아들을 건너뛰어서 증여하는 경우 불이익은 없나요?**

A 불이익 있습니다. 이를 세대생략할증과세라고 합니다. 할증세액은 일반적으로 증여세산출세액에 30% 가산되는데, 미성년자이면서 증여재산가액이 20억원을 초과하는 경우에는 40%까지 할증세액이 붙습니다. 그러나 비록 할증세액이 가산되더라도 더 많은 절세효과를 가져오기 때문에 세대생략증여가 인기가 좋습니다.

제2화 : 부모 재산이 상속공제 이내라면 "사전증여보다 상속이 유리"

　　상속과 증여에서는 각각의 상속공제와 증여공제를 잘 챙기는 것이 절세의 지름길입니다. 부모재산이 상속공제 이내 금액임에도 불구하고, 사전증여를 선택하여 세금을 납부하는 경우가 발생하곤 합니다. 상속공제에서는 배우자공제, 동거주택 상속공제, 가업상속공제가 중요하며, 특히 배우자공제는 최소 5억에서 최대 30억까지 가능합니다.

Q. 아버님에 이어서 어머님이 돌아가셨는데, 상속 재산은 10억으로 변동이 없어요. 그런데 아버님이 돌아가신 경우엔 세금이 안 나왔는데 어머님이 돌아가시는 경우엔 세금이 왜 발생한 거죠?

A   그것은 바로 상속공제 차이 때문입니다. 배우자가 있는 경우에는 최소 10억, 없는 경우에는 최소 5억 공제가 가능한데, 아버지가 돌아가실 때에는 10억 공제가 돼서 세금이 안 나온 것이고, 어머니가 돌아가실 때에는 배우자공제가 적용되지 않아 세금이 무려 9천만원이 나온 것입니다.

Q. 배우자공제가 최소 5억원이라고 하셨는데요, 그럼 최대 얼마까지 상속공제가 가능한가요?

A   최대 30억까지 가능한데, 요건이 있습니다. 상속재산에 배우자법정지분 즉, 1.5/3.5(자녀 2명인 경우)만큼 공제를 받을 수 있는데, 최대 30억 공제를 받으려면 상속재산이 최소 70억 이상이 되어야 가능합니다.

Q. 배우자공제가 최대 30억까지 가능하지만 충족 요건이 돼야지만 가능하군요? 그렇다면, 배우자공제를 극대화하려면 어떻게 해야 되나요?

A   그것은 최소한 상속재산에 배우자 법정지분만큼 배우자에게 상속해 주는 것이 배우자공제를 극대화하는 것입니다. 배우자공제를 극대화하는 것이 상속세 절세전략이 되겠습니다.

Q. 만일 부모 재산이 상속공제 이내 금액이라면 사전 증여가 아니라 상속으로 가는 것이 유리한 거네요?

A 맞습니다. 만약, 홀어머님 전 재산이 약 5억원인 경우 사전증여로 가야 하나요? 상속으로 가야 하나요? 사전 증여 시 세금은 9천만 원, 상속으로 가는 경우 세금은 없습니다. 상속공제 이내 금액은 당연히 증여가 아니라 상속으로 가야 합니다.

Q. 상속재산이 배우자가 있는 경우 10억원, 배우자가 없는 경우 5억원 이내면 무조건 상속으로 가야 되는 거군요. 자, 피상속인과 동거한 주택을 상속받는 경우도 있지 않습니까? 이 경우 상속공제 혜택은 없나요?

A 동거주택상속공제가 있습니다. 상속인이 무주택자로서, 피상속인과 10년이상 1주택에서 같이 살았다면 주택가액의 100%(6억 한도)를 공제해 주고 있습니다. 만약 여기에 해당된다면, 사전에 매각 하거나 사전증여하지 않고 상속으로 가는 것이 절세전략입니다.

Q. 동거주택에 해당된다면 동거주택상속공제 제도를 잘 활용하는 것이 중요하군요. 그런데 가업을 상속받는 경우도 있잖아요. 이 경우는 어떻습니까?

A 가업상속공제가 있습니다. 부모의 가업승계를 지원하기 위한 제도로서, 2007년까지 불과 1억에 불과했던 것이 일정 요건 충족 시 최소 300억에서 최대 600억까지 공제를 해주는 가업상속공제 제도가 있습니다.

Q. 가업상속공제로 인한 절세 효과는 어떤가요?

A 예를 들어, 가업재산 100억원, 일반재산 10억, 총 110억 재산의 경우 가업상속공제 요건을 충족한 경우에는 세금은 제로, 가업상속공제 요건을 충족하지 못한 경우 세금은 44억 원이나 발생합니다. 이러한 무거운 세금으로 상속 과정에 회사를 매각하는 안타까운 사례도 발생하고 있습니다.

Q. 가업상속공제 요건도 중요하지만 사후관리 역시 중요하겠군요. 각자 해당되는 상속 증여 공제를 미리 확인하는 것이 절세의 지름길이겠네요?

A 네, 그렇습니다. 상속증여 공제 각자 상황에 따라 차이가 발생합니다. 상속공제 배우자가 있는 경우에는 최소 10억, 없는 경우에는 최소 5억 공제 가능하고 더 나아가 배우자공제, 동거주택상속공제, 가업상속공제 요건을 미리 확인하시고 지금부터 준비하시는 것이 절세전략이 되겠습니다.

제3화 : 상속세 세무조사, 특히 자금거래에 주의하라!

　상속세와 증여세는 납세자가 제출한 신고서를 과세관청에서 탈루와 오류 등이 있는지 조사하여 결정합니다. 이를 "세무조사"라 부릅니다. 피상속인의 배우자가 있는 경우 상속재산이 10억원(배우자가 없는 경우는 5억원) 이상이면 상속세가 과세돼 대부분 세무조사를 받습니다. 많은 상속인들이 세무조사를 받으면서 자금 내역을 소명하느라 엄청난 스트레스를 받습니다.

Q. 상속세는 신고서를 접수하면 반드시 세무조사를 받아야 하나요?

A 그렇습니다. 상속세가 과세되지 않는 경우를 제외하고 대부분 세무조사를 받습니다. 상속세액은 신고서 접수 후 과세관청의 조사 결정을 통해서 확정되기 때문에, 세무조사를 미리 준비 하는 것이 중요합니다.

Q. 세무조사라고 하니까 어감이 상당히 무거운데요, 이 과정에서 주로 문제가 되는 건 무엇인가요?

A 4가지 쟁점이 있습니다. 첫째 상속재산의 평가입니다. 특히 시가 평가는 늘 과세당국과 다툼의 대상이 되는 이슈입니다. 둘째, 사전증여 여부입니다. 10년 이내 사전증여분은 상속재산에 합산됩니다. 셋째는 배우자공제 등을 포함한 상속공제, 넷째는 오늘 말씀드릴 상속추정입니다.

Q. 아버지가 돌아가시기 1년 전에 인출한 1,000만원. 상속인조차 출처를 전혀 모르는 이 돈도 상속재산에 포함되는 게 맞나요?

A 네, 맞습니다. 그것은 바로 상속추정 규정 때문에 그렇습니다. 피상속인이 사망하기 전 현금을 인출한 내역이 있으면, 어디에 사용했는지를 상속인이 소명하지 못하면, 피상속인이 상속인에게 현금으로 증여한 것으로 보아 상속재산으로 추정하겠다는 것입니다. 사실 이 규정 때문에 상속인들이 조사과정에 많이 힘들어합니다.

Q. 그렇다면, 상속추정은 피상속인의 사망 전 몇 년 치 내역을 소명해야 하나요?

A 상속 추정 기간은 피상속인 사망 전 2년으로 한정하고 있습니다. 사례에서 본 것처럼, 상속개시일 1년 전에 인출한 1,000만원은 상속인이 입증하지 못하면 상속재산에 포함됩니다. 만약 1,000만원을 3년 전에 인출한 경우에는 과세관청이 입증하지 못하면 상속재산에 포함되지 않습니다.

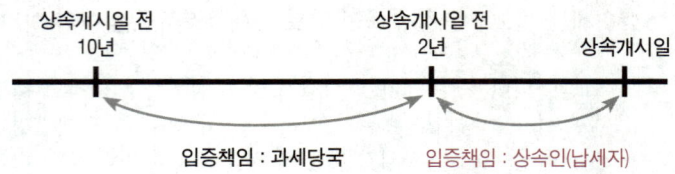

상속개시일 전 10년   상속개시일 전 2년   상속개시일

입증책임 : 과세당국   입증책임 : 상속인(납세자)

Q. 아버지가 돌아가시기 9년 전 남매에게 각각 이체해주신 1,000만원도 세무조사에서 나온다는 게 놀랍네요. 이런 내역들이 조사 과정에서 전부 밝혀지나요?

A 네, 맞습니다. 국세청은 금융실명제에도 불구하고, 피상속인과 상속인의 금융거래내역을 일괄 조회할 수 있습니다. 국세청은 기본적으로 피상속인 사망일로부터 소급하여 10년간의 모든 통장거래내역을 일괄 조회한 후 상속세 세무조사에 착수하고 있습니다.

Q. 그렇군요. 이것이 세금에는 어떤 영향을 미치나요?

A 남매가 받은 1,000만원이 증여공제를 초과한다고 가정해봅시다. 9년 전 증여 사실로 인해 먼저 증여세가 발생되고, 10년 이내 사전증여분은 상속재산에 포함되어 상속세까지 과세됩니다. 만일 40% 세율 적용 대상자라면 증여세 700만원, 상속세 600만원으로 총 추징세액은 1,300만원입니다.

Q. 남매에게 각각 이체한 1,000만원에 비해 추징세액이 꽤 많은데요. 피상속인과 상속인 간의 자금 이체는 전부 문제가 되는 건가요?

A 꼭 그렇지는 않습니다. 자금 이체는 상속추정이 아니라 직접증여로 봅니다. 대가성 없이 서로 주고받는 것은 사전 증여로 보지만, 생활비나 경조사비는 비용에 해당 돼 증여세가 과세되지 않습니다.

제4화 : 시세 상승하는 부동산, 상속재산에 합산돼도 사전증여가 유리하다!

민법에서는 각 상속인이 최소한도로 받을 수 있는 상속분을 '유류분'이라고 합니다. 유류분은 상속세와는 달리 사전증여 시점과 관계없이 청구대상에 해당되며, 청구권 소멸시효는 상속개시일로부터 10년입니다.

Q. 증여받은 지 10년이 안 된 아파트를 상속재산에 합산 해야 할 때 당시 증여한 가액인 10억원으로 신고해야 되나요? 현 시세 15억원으로 신고해야 되나요?

A 아버님 돌아가시기 10년 이내 사전 증여한 재산은 상속재산에 합산되지만, 현 시세가 아닌 증여 당시 가액인 10억원으로 신고하도록 되어 있습니다.

Q. 그냥 상속으로 물려받는 것보다 사전 증여받는 게 훨씬 유리한 거네요? 세금 효과 면에선 얼마나 차이가 나나요?

A 추가 상속재산이 15억 있다는 가정해봅시다. 증여 당시 가액 10억, 현재 시세 15억인 아파트를 사전증여받은 경우 총 세금이 3억 5천만원, 사전 증여 없이 바로 상속으로 가는 경우 5억4천만원 무려 1억9천만원 차이가 발생합니다.

Q. 그런데, 반대로 사전증여받은 자산이 상속 시 가격보다 오히려 하락할 수도 있잖아요. 그럴 경우엔 사전 증여가 불리한 거 아닌가요?

A 맞습니다. 시세가 상승하는 부동산이라면 사전 증여가 유리하고, 하락한 경우라면 사전증여가 불리합니다. 확실한 점은 사전증여 후 10년이 지나면 상속재산에 포함되지 않기 때문에 사전 증여가 절대적으로 유리하다는 것입니다.

Q. 증여의 경우 '쪼개기 증여'라는 말이 있듯이 수증인이 많을수록 세금이 줄어드는데, 상속은 어떻습니까? 상속도 상속인이 많을수록 세금이 줄어드나요?

A 좋은 질문입니다. 상속과 증여의 가장 큰 차이입니다. 증여세는 수증인이 늘수록 세금이 줄어드나, 상속세는 상속인이 몇 명이든 세금에는 영향이 없습니다. 증여세는 수증인을 기준으로 계산하고, 상속세는 돌아가신 분인 피상속인을 기준으로 계산하기 때문입니다.

Q. 웹툰 사례자의 경우, 아파트를 증여받을 때 증여세를 본인이 낸 게 아니라 증여를 한 아버님이 대신 내주셨어요. 가능한 일인가요?

A 이러면 문제가 발생합니다. 세금은 이익을 보는 사람이 내도록 되어 있어서 증여세는 증여 받은 수증인이 냅니다. 그런데 만약 증여세를 아버지가 대신 내 주면 어떻게 될까요? 이럴 경우 대신 내 준 증여세에 대해서 한 번 더 증여세를 내야 합니다!

Q. 사례를 다시 보면 한 가지 문제가 더 있어요. 8년 전 아버지가 장남에게 사전 증여한 아파트에 대한 몫을 차남이 요구하는 것 같은데 이게 법적으로 가능한가요?

A 장남 입장에서는 서운하겠지만, 차남은 충분히 주장할 수 있습니다. 민법에서는 각 상속인이 최소 한도로 받을 수 있는 상속분을 명시하고 있는데, 이를 '유류분'이라고 합니다. 본인 법정상속분의 50%를 청구할 수 있습니다.

Q. 그럼 피상속인이 죽기 전 사전증여를 한 모든 것이 유류분 대상이 될 수 있는 건가요? 아니면 청구 가능한 대상이 제한되어 있나요?

A 네, 유류분은 사전 증여 시점과 관계없이 모두 청구 대상이며, 청구권 소멸시효는 일반적으로 상속개시일로부터 10년 이내입니다. 여기서 추가로 고려할 것은, 앞선 사례에서 사전 증여한 재산은 증여 당시 가액인 10억으로 평가했지만, 유류분은 현재 시세인 15억 원으로 계산한다는 점입니다.

제5화 : 가족 간 자금거래 각별히 주의하라!

　가족간 자금 거래, 늘 이슈가 되고 있습니다. 납세자는 빌려준 것이라고 주장하는데 반해, 과세관청에서는 증여한 것으로 주장합니다.
　특히 상속세 세무조사 시 과세관청은 피상속인 사망일로부터 소급해 10년간의 모든 통장거래내역을 일괄 조회한 후 조사에 착수하는데요. 이 과정에서 가족 간 자금이체 내역에 대한 소명 자료를 요청합니다.

Q. **돌아가신 아버지(피상속인)와 상속인간10년간의 금융거래가 전부 밝혀지나요?**

A 상속세 세무조사의 핵심은 금융거래 파악에 있습니다. 과세관청은 10년간 통장거래내역을 일괄 조회 후 세무조사에 착수하고 있기 때문에, 피상속인과 상속인간 10년간의 거래내역이 밝혀집니다.

Q. **그렇다면 피상속인과 상속인간 자금 거래 모두가 문제가 되나요?**

A 통상 경조사비와 생활비성 자금거래는 비용에 해당돼 증여로 보지 않지만, 비용으로 소명하지 못한 나머지 거래는 증여로 간주돼 무거운 세금을 추징당하게 됩니다.

Q. **생활비 성격으로 배우자간 주고받은 금액은 문제가 되지 않나요?**

A 통상 생활비는 매달 정해진 날에 일정 금액을 주는 경우에 인정합니다. 그러나 1년치 또는 10년치를 한꺼번에 주고 생활비로 주장하는 것은 인정되기 어려우며, 생활비로 이체해준 금액을 전혀 사용하지 않고 저축했다면 이는 생활비가 아니라 통장예금을 증여해 준 것으로 봅니다.

Q. 할아버지가 손자녀 입학 축하금으로 건넨 돈은 증여로 보는지요, 경조사비 성격으로 보는지요?

A 요즘 할아버지가 손자녀 축하용으로 돈을 건네는 경우가 많습니다. 이를 증여로 볼지 축하금으로 볼지는 아들이 생활능력(소득) 유무에 따라 결정됩니다. 아들이 생활능력이 있음에도 불구하고 할아버지가 주는 경우에는 증여고, 반대의 경우는 축하금으로 봅니다.

Q. 부모 자식에게 1억원을 빌려 주고 상환하는 경우에는 문제가 없습니까? 각각 거래를 증여로 보는지요?

A 부모 자식 간 자금거래는 건별로 증여로 봅니다. 이는 현금의 경우 당초 빌려준 현금과 반환하는 현금의 동일성 여부를 확인할 방법이 없고, 이를 증여로 보지 않게 되면 증여세를 회피할 우려가 크다고 보기 때문입니다.

Q. 그럼 양자 간 차용증을 작성하고 상환했다면 빌려준 것이라고 주장할 수 있지 않나요?

A 빌려준 것인지 증여한 것인지를 판단할 때 차용증 작성여부는 중요하지 않습니다. 이자를 주고받았으면 빌려준 것이고 그렇지 않으면 증여한 것입니다.

Q. 그 밖에 각별히 주의해야 할 거래에는 어떤 것이 있나요?

A 부모가 연로해 자금관리 능력이 없는 경우 자금을 자식에게 이체한 후, 자식이 그 자금으로 부모를 공양하는 경우가 있습니다. 이것 역시 주의하셔야 합니다. 자식이 부모를 위해 돈을 쓰면 효도지만, 부모 통장에서 자식에게 돈을 이체하면 증여로 볼 수 있습니다.

제6화 : 상속과 증여의 차이 제대로 알자!

상속과 증여는 과세 기준이 다릅니다. 증여세는 증여를 받는 사람, 즉 수증인을 늘릴수록 절세됩니다. 증여세는 수증인을 기준으로 계산하기 때문입니다. 그럼 상속세도 상속을 받는 사람, 즉 상속인을 늘릴수록 절세될까요? 아닙니다. 상속세는 피상속인(사망인)을 기준으로 계산하기 때문입니다. 그렇다면 상속세를 줄이려면 어떻게 해야 할까요?

답은 세율 구조에 있습니다. 현행 상속·증여 세율은 5단계 초과누진세율 구조로 과세표준에 따라 10%에서 50%까지 세율을 적용합니다. 재산(과세표준)이 많을수록 세율이 높아지는 구조입니다. 과세표준이 30억원이 넘는 재산가는 상속 시 최대 50%의 세율이 적용되는데, 그보다 낮은 세율을 적용받기 위해서는 어떻게 해야 할까요?

Q. 증여세는 증여를 받는 사람, 즉 수증자를 기준으로 계산한다는데.

A 맞습니다, 수증인을 기준으로 계산하기 때문에 수증인을 늘릴수록 줄어듭니다. 예를 들어 재산 10억원을 장남에게만 줄 경우 세금이 약 2억원인데요. 만약 10억원을 장남, 며느리, 손자, 손녀에게 각 1/4씩 증여 시 세금은 약 1억3,000만원으로 7,000만원의 절세 효과가 있습니다.

Q. 증여세는 수증자가 내는 것이죠?

A 그렇습니다, 수증자(자녀)가 내야 할 증여세를 증여자(부모)가 대신 내면, 증여세에 대해서 한 번 더 세금이 부과됩니다. 그래서 수증자의 세금 납부 능력을 고려해 수증자 계좌에서 직접 증여세를 냈는지 여부가 중요합니다. 요즘은 수증자가 해외 유학이나 이민 등의 사유로 국내에 살지 않는 경우, 증여자가 대신 증여세 납부할 수 있어 이를 활용하기도 합니다.

Q. 동일인에 대한 증여는 10년간 합산이 되는지요?

A 상속·증여에서 10년이라는 시간은 중요한 의미를 갖습니다. 부모가 자녀에게 오늘 증여를 했다면, 오늘부터 10년 이내 증여분은 합산해서 신고하도록 되어 있습니다. 10년 단위로 합산 과세하는 것이 원칙입니다.

Q. 상속세도 마찬가지로 상속인을 늘릴수록 절세되나요?

A 상속세는 상속인이 아니라 피상속인 기준으로 계산하기 때문에 상속인 수와 무관합니다. 사례에서 피상속인인 아버님 재산을 줄이는 것이 상속세를 절세하는 한 방법입니다.

Q. 그럼, 아버님 재산을 줄이려면 어떻게 해야 하나요?

A 재산을 많이 쓰셔야겠지만 어느 정도 한계가 있습니다. 그래서 미리 사전 증여하는 것이 중요합니다. 사전증여 후 10년(손자·손녀·며느리·사위의 경우 5년)이 경과했을 때 절세효과가 극대화됩니다.

Q. 절세 효과는 바로 세율 구조에 답이 있다면서요.

A 맞습니다. 상속·증여 세율은 5단계 초과 누진세율 구조를 가지고 있습니다. 과세표준 30억원 이상인 재산가는 상속 시 최대 50% 세율이 적용되는데, 미리 사전증여를 한다면 낮은 세율로 증여를 할 수 있어 절세 효과가 있습니다. 예를 들어 재산가 10억원을 사전 증여하면 세금이 2억원 정도 발생하는데, 사전증여 없이 상속만 진행하면 약 5억원의 상속세가 나옵니다.

Q. 그 밖에 알아두면 좋은 절세 팁이 있다면요?

A 요즘은 형제 중 해외에 거주하는 사람이 많죠. 등기 등 절차의 간소화하기 위해 국내에 거주하는 대표상속인 1명에게 상속 등기를 하고, 부동산 매각 후 양도대금을 상속인이 1/N씩 나눠 갖는 사례가 있습니다. 이 경우 대표상속인 1명이 나머지 상속인들에게 증여한 것으로 과세당국이 판단하기 때문에 각별히 주의해야 합니다.
상속 매각 후 재산을 나눠 가질 계획이라면, 당초 상속등기 시점부터 1/N씩 공동 등기하는 것이 바람직합니다.

제7화 : 특수관계자간 부동산 무상사용이익에 주의하자!

　부모 소유 토지에 자녀 명의로 건물을 신축하는 경우에 대한 문의가 많습니다. 특수관계에 있는 자의 부동산을 무상으로 사용하는 경우에는 늘 이슈가 되는 것이 바로 증여세입니다. 예를 들어 아버지가 갖고 있는 땅에 자식이 건물을 지으면 '토지사용료상당액'만큼 증여세가 과세될 수 있습니다.

Q.　특수관계자의 부동산을 무상 사용할 경우 세무상 어떤 이슈가 있는지요?

A　부동산을 무상으로 사용하는 자가 무상사용이익을 얻기 때문에 증여세가 발생합니다. 즉, 토지를 소유한 아버지가 무상으로 아들에게 토지를 대여해 준다면 아들에게 증여세가 발생합니다.

Q.　그럼 부모 소유 주택에 자녀와 같이 살아도 문제가 되나요?

A　해당 부동산의 소유자와 함께 거주하는 주택 및 그 부수토지는 증여세가 과세되지 않습니다. 특수관계인의 토지 위에 건물을 신축해 사용하는 경우 '토지사용료상당액' 만큼 증여세가 과세됩니다.

Q.　토지사용료상당액에 해당하는 부동산 무상사용이익은 어떻게 계산하나요?

A　상속세 및 증여세법(이하 상증법)상 평가한 부동산가액에 연간 수익률 2%를 곱한 금액을 무상사용이익으로 봅니다. 예를 들어 토지에 대한 상증법상 평가가액이 10억원이라면 무상사용이익은 10억원의 2%, 연 2천만원입니다.

Q. 만약 부동산 무상 사용 기간이 10년이라면 어떻게 계산하나요?

A 부동산에 대한 무상 사용 기간을 5년으로 봅니다. 이 기간이 5년을 초과하는 경우, 무상 사용 개시일로부터 5년이 되는 날의 다음 날에 해당 부동산의 무상 사용을 재개한 것으로 봅니다. 즉, 평가기준일 경과연수를 5년 단위로 계산하는 것입니다.

Q. 5년 동안의 무상사용이익이 얼마이든지 상관없이 전부 증여세를 내야 하나요?

A 각 연도 부동산 무상사용이익을 연 10% 이자율로 할인한 금액을 5년 단위로 합산하는데, 현행 세법에서는 5년간 무상사용이익이 1억원 이상이면 과세하고 있습니다.

Q. 그럼 5년간 무상사용이익이 1억원이 되려면 부동산 가액은 얼마나 되나요?

A 이게 바로 핵심인데요, 상증법상 평가액이 13억원일 때 5년간 무상사용이익이 1억원으로 계산돼 과세 임계점이 형성됩니다. 토지에 대한 가액이 공시지가로 평가된다면, 토지 공시지가가 13억원 이상일 때 부동산 무상사용이익에 대한 증여세 문제가 발생합니다.

Q. 특수관계자간 부동산 무상사용이익 관련 내용을 한 문장으로 정리해 주신다면.

A 부모 토지를 자녀가 무상으로 사용해 본인 명의 건물을 지을 때, 그 부동산가액이 13억원 이상이면 증여세가 과세될 수 있으니 각별히 유념하시길 바랍니다.

제8화 : 증여 재산을 반환하려면 3개월 이내 반환하라!

　몇 달 전 모 대기업 회장이 자녀에게 증여한 주식을 취소하고 재 증여했습니다.
　이 회장은 당초 주식 증여를 취소하고 증여일을 주가 하락 시기로 조정해 절세 효과를 봤습니다.
　증여한 재산은 증여세 신고기한 내 반환(취소)하면 처음부터 증여가 없었던 것으로 보기 때문입니다.

Q.   위의 사례처럼 한번 증여한 주식을 취소해도 문제가 없나요?

A   네. 증여세 신고 기한(증여일이 속한 달의 말일로부터 3개월 이내)
반환하면 처음부터 증여가 없었던 것으로 봅니다.

Q.   그럼 증여일로부터 3개월이 지나 반환하면 어떻게 되나요?

A   증여일이 속한 달의 마지막 날로부터 3개월이 지났어도 6개월 이
내라면, 반환분은 과세 대상에서 제외되나 당초 증여분은 과세됩
니다. 증여일이 속한 달의 말일로부터 6개월 후에는 반환분이든
당초 증여분이든 전부 과세 대상에 해당됩니다.

Q.   주식이 아닌 부동산과 현금재산의 경우는요?

A   부동산은 주식처럼 3개월 이내 반환하면 처음부터 증여가 없었던
것으로 보지만, 현금은 그렇지 않습니다.

Q.   예를 들어 아버지가 빌려준 1억원을 3개월만에 아들이 상환한다면.

A   먼저 두 사람이 금전 거래 계약서를 작성하고, 아버지가 아들에게
이자를 받았는지 확인해야 합니다. 계약 사실이 없거나 이자를 받
지 않았다면 증여거래로 볼 소지가 높습니다.

Q. 아버지가 아들에게 이체한 1억원을 아들이 3개월만에 상환했으니 거래가 상쇄돼 문제가 없는 것 아닌가요?

A 그렇지 않습니다. 아버지가 아들에게 이체한 1억원도 증여고, 3개월 후 아들이 상환한 1억원도 증여로 볼 수 있습니다.

Q. 세법 규정이 엄격하네요.

A 증여재산을 신고 기한 이내 반환하는 경우에는 과세당국에서 당초 증여가 발생하지 않은 것으로 보는데, 증여재산이 금전(현금)이라면 이 규정(상증법 4조 ④)을 적용하지 않습니다.

Q. 왜 금전거래는 반환 시기와 상관없이 엄격한 잣대를 적용하나요?

A 현금은 당초 증여한 현금과 반환하는 현금 간 동일성 여부를 확인할 방법이 없습니다. 금전 거래를 증여로 보지 않으면 납세의무자가 증여세를 회피할 우려가 큽니다. 그래서 특수관계자간 현금거래는 각별히 유의하셔야 합니다.

제9화 : 상속세와 유류분, 차이에 유의하라!

　　최근에 모 회장이 생전에 전 재산을 모교에 기부했으나, 사후 상속인들이 유류분 소송을 걸어 기부의 의미가 퇴색되는 안타까운 뉴스가 있었습니다.

　　상속인에게 사전 증여하면 증여시점과 상관없이 유류분을 청구할 수 있지만, 상속인 외의 자에게 사전 증여(기부)하면 상속 개시 전 1년 이내 증여분에 대해서만 유류분을 청구할 수 있습니다.

　　이처럼 상속재산은 가족간 협의와 사전 준비가 중요합니다.

Q. 웹툰처럼 피상속인이 제3자인 학교에 기부한 재산도 유류분 청구 대상이 되나요?

A 맞습니다. 주상속인뿐만 아니라 제3자에게 증여(기부)한 재산도 해당됩니다.

Q. 상속 개시 전 1년 이내 증여(기부)분만 문제가 되나요?

A 유류분은 상속인이 최소한도로 받을 수 있는 상속분을 의미합니다. 주상속인이 아닌 사람에게 사전 증여(기부)한 경우에는 상속 개시 전 1년 이내 증여분만 유류분 청구 대상입니다.

Q. 상속세도 상속 개시 전 1년 이내 증여한 재산만 상속재산에 합산 되나요?

A 상속세는 유류분과 다른데요. 유류분은 상속 개시 전 1년 이내 증여한 재산만 청구 대상이지만, 상속세는 5년 이내 증여분을 상속 재산에 합산해 산정합니다. 예를 들어 상속 개시 2년 전 주상속인 이 아닌 사람에게 사전 증여한 재산은 유류분 청구 대상은 아니지 만 상속세 과세 대상에는 해당됩니다.

Q. 그럼 상속세는 누가 내야 하나요?

A 상속세는 상속인들이 연대 납부 의무를 지며, 사례처럼 주상속인이 아닌 사람이 사전 증여를 받은 경우 상속세 납부 의무가 발생하지 않습니다. 단, 수증자에 따라 증여세 납부 의무는 발생할 수 있습니다.

Q. 가족 간에도 유류분이 발생하는데요. 아버지가 장남에게 상속 개시 10년 전 증여한 재산도 유류분 청구 대상인가요?

A 그렇습니다. 주상속인에게 증여하면 증여 시점과 상관없이 유류분을 청구할 수 있으며, 증여 당시 가액이 아닌 상속 개시 시점의 시가로 재산가액을 재평가합니다.

Q. 증여 시점과 상관없이 유류분을 청구할 수 있군요. 그럼 상속개시일로부터 언제까지 청구 가능한가요?

A 유류분 청구권 소멸시효는 일반적으로 상속개시일로부터 10년 이내입니다.

Q. 민법상 상속세와 유류분이 어떻게 다른지 유념해야겠네요. 상속세와 유류분의 차이점을 다시 한 번 짚어주세요.

A 정리하자면 상속세는 주상속인에게 사전 증여 시 상속 개시 전 10년 이내 증여한 재산만 상속재산에 합산되고, 주상속인이 아닌 사람에게 사전 증여 시 5년 이내 증여분만 상속재산에 합산됩니다. 재산가액은 증여 시점의 가액으로 평가합니다.
유류분은 주상속인에게 사전 증여한 재산이라면 시점과 상관없이 청구할 수 있고, 주상속인이 아닌 사람에게는 1년 이내 증여분만 청구 대상에 해당됩니다. 재산가액은 증여시점 가액이 아닌 상속 개시 시점으로 재평가되며, 청구권 소멸시효는 일반적으로 상속개시일로부터 10년 이내입니다.

제10화 : 상속받은 부동산, 양도소득세 줄이려면 시가로 신고하라!

상속재산 중 부동산이 있을 때, 상속세가 발생하지 않더라도 상속세 신고를 해야 하는 경우가 있습니다.

상속세 신고를 하지 않으면 해당 부동산의 기준시가(공시가액)가 취득가액이 되지만, 시가로 신고하면 그 시가가 취득가액이 되므로 추후 양도 시 양도차익을 줄일 수 있습니다.

Q. **세금이 나오지 않는데도 상속세 신고를 해야 하는 이유는 무엇인가요?**

A 상속재산 중 부동산이 있는 경우 추후 양도소득세를 대비하기 위해서입니다.

Q. **양도소득세가 어떻게 절세가 되나요?**

A 상속세가 발생하지 않아 상속세 신고를 하지 않으면 상속받은 부동산의 기준시가가 취득가액이 되지만, 시가로 신고하면 시가가 취득가액이 됩니다. 시가로 신고할 경우 상속재산가액이 증가해 상속세는 늘어나도, 역으로 취득가액이 증가함에 따라 양도소득세는 줄어들기 때문입니다.

Q. **그렇군요. 상기 웹툰 사례를 자세히 설명해 주신다면.**

A 사례 속 상속재산은 공시지가 4억원, 시가 8억원의 토지만 있다고 가정해봅시다. 기본적으로 상속공제는 최소 10억원(배우자 있는 경우 10억원, 없는 경우 5억원)까지 가능합니다. 배우자가 있든 없든 상속세는 발생하지 않는 셈이죠. 만약 상속세 신고를 하지 않는다면 상속으로 취득한 토지가액은 4억원으로 간주돼 추후 양도 시 양도차익 4억원(=시가-공시지가)이 발생하게 됩니다. 그러나 감정을 받아 8억원으로 신고하면 양도차익이 발생하지 않으므로 절세 효과를 볼 수 있습니다.

Q. 상속세가 발생하는 경우에도 상속세와 양도소득세를 고려해서 신고해야겠네요.

A 네 맞습니다. 상속재산을 시가로 신고 시, 상속세 증가 효과와 양도소득세 절세효과를 숫자로 따져보는 것이 중요합니다.

Q. 상속세가 늘어나는 것보다 양도소득세가 줄어드는 효과가 더 크기 때문에 시가로 신고한다는 거군요. 세금은 얼마나 차이 날까요?

A 예를 들어 상속받은 토지를 기준시가 신고 시 6억원, 시가 신고 시 12억원이라고 가정해봅시다. 상속재산을 기준시가로 신고할 경우 상속세는 제로(0), 양도소득세는 2억3,651만원으로 총 2억3,651만원의 세금이 발생합니다. 그러나 상속토지를 시가로 신고할 경우 상속세 2,910만원에 양도소득세 0원, 총 세금은 2,910만원으로 2억원이나 차이가 납니다. 만약 시가로 신고 시 내야 할 세금의 총합(=상속세+양도소득세)이 기준시가로 신고 시 나오는 세금보다 크다면 기준시가를 택하는 것이 유리합니다.

Q. 상속받은 부동산을 어떻게 신고하는지가 중요하네요. 절세 효과를 보려면 여러 가지 요소를 고려해야겠어요.

A 상속받은 부동산을 기준시가로 신고 가능하다면, 시가와 기준시가 중 어느 쪽으로 신고할지 생각해야 합니다. 세금제도는 하나의 세금이 줄어들면 반드시 다른 세금이 늘어나도록 되어 있습니다. 부동산을 시가로 신고할 때는 상속세와 양도소득세를 반드시 숫자로 따져보시기 바랍니다.

제11화 : 증여 후 양도시에는 각별히 주의하라!

 양도소득세 중과 및 종합부동산세 할증과세를 피하기 위해 배우자나 직계 비속에게 주택을 증여하려는 다주택자들이 많습니다. 증여 전 절세 효과를 미리 따져보는 것 못지않게 증여 후 각별히 유념해야 할 점이 있습니다.

 첫째, 증여 후 남은 주택을 양도 시 반드시 세대분리 후 양도하십시오. 세대분리가 되지 않은 상태에서 양도하면 소유한 주택 수가 줄어들지 않아 양도소득세 중과세율이 적용될 수 있습니다. 둘째, 증여 받은 주택을 양도 시 증여일로부터 5년(2023년 증여분부터는 10년) 후 양도하십시오. 5년(10년) 이내 양도할 경우, 이월과세가 적용되어 양도차익이 늘어나 양도소득세가 과중 될 수 있습니다.

Q. 증여 후 양도할 때 각별히 주의할 점이 있다면서요?

A 그렇습니다. 첫째, 증여 후 남은 주택을 양도 시 반드시 세대분리 후 양도할 것. 둘째, 증여받은 주택을 양도 시 증여일로부터 5년 후에 양도할 것*. 이 2가지가 매우 중요합니다. 여러 경우의 수를 꼼꼼히 따져보고 증여를 실행했어도 증여 후 잘못된 방법으로 양도해 세금 폭탄을 맞는 사례가 발생합니다.

* 2023년부터는 증여자산 이월과세 규정이 5년에서 10년으로 개정됨.

Q. 위 사례에서 부모가 30대 직장인 장남과 20대 대학생 차남에게 각 50%씩 증여를 했는데, 어떤 점이 문제가 되나요?

A 장남과 차남이 부모와 떨어져 산다 하더라도 세대분리 요건을 충족해야지 별도세대가 되는 것이고, 그렇지 않으면 동일세대로 간주됩니다. 양도 시 주택 수는 세대를 기준으로 계산하기 때문에 동일세대에게 증여하는 경우 주택 수는 변동이 없습니다.

Q. 세대분리 요건은 무엇인가요?

A 수증자가 증여자와 별도 주소에 거주하면서 다음 3가지 중 최소 하나 이상을 충족해야 합니다. 만 30세 이상이거나, 소득이 있거나, 배우자가 있어야 합니다.

Q. 그럼 위 사례에서는 장남만 세대분리 요건을 충족하게 되나요?

A 맞습니다. 차남은 20대에 소득이 없고 미혼이므로 부모와 따로 살아도 세대분리에 해당되지 않습니다.

Q. 현 상황에서 부모가 증여 후 남은 주택을 양도하면 어떻게 되나요?

A 장남, 차남 둘 다 세대분리 요건을 충족했다면 남은 주택을 양도 시 1세대 1주택 비과세 적용을 받습니다. 지금처럼 차남이 세대분리 요건을 충족하지 못한 상태에서 매각할 경우 1세대 1주택 양도에 해당되지 않아 다주택자 양도세 중과세율이 적용될 수 있습니다.

Q. 세금효과는 어느 정도인가요?

A 취득가액을 3억원, 양도가액을 9억원으로 가정하겠습니다. 1세대 1주택 비과세가 적용되면 양도소득세가 없지만, 2주택 중과세율이 적용되면 약 3억원이 과세될 수 있습니다.

Q. 세금차이가 꽤 나네요. 세대분리 외에 또 주의할 점이 있다면.

A 증여받은 장남과 차남, 즉 수증자가 숙지해야 할 사항인데요. 바로 증여받은 물건을 양도할 때는 반드시 5(10)년 후 양도하라는 것입니다.

Q. 5년(10년)이라는 기간이 중요한가요?

A 중요합니다. 이번에는 장남과 차남 모두 세대분리 요건을 충족했다고 가정해봅시다. 부모가 주택을 최초 3억원에 취득했고, 증여가액은 9억원, 양도 당시 가액은 12억원이라고 하겠습니다. 일반적으로 양도소득세는 양도가액 12억원에서 취득가액(증여가액) 9억원을 차감한 양도차익 3억원에 대해 과세됩니다. 그러나 증여 시점으로부터 5(10)년 이내에 양도하면 취득가액은 9억원이 아닌 부모가 당초 취득한 3억원으로 적용됩니다. 그럼 양도차익은 양도가액 12억원에서 취득가액 3억원을 차감한 액수인 9억원이 됩니다.

Q. 수증자의 취득가액이란 곧 본인(자녀)이 증여받은 가액인데, 이 가액이 아니라 당초 증여자인 부모의 취득가액으로 적용된다는 말이군요.

A 맞습니다. 증여자산의 이월과세 규정 때문입니다. 수증 후 5(10)년 안에 양도하면 그 취득가액은 증여 당시 가액이 아니라 증여자의 취득 당시 가액으로 적용됩니다.

Q. 증여 후 양도할 때 각별히 주의해야겠네요. 이번 회차 핵심 내용을 요약해주신다면.

A 첫째, 증여 후 남은 주택을 양도할 때는 반드시 세대분리 후 양도하십시오. 세대분리 요건을 충족하지 못한 자녀에게 증여할 경우, 자녀와 따로 살고 있다 하더라도 양도세 계산 시 주택 수가 줄지 않아 중과세율이 적용될 수 있습니다. 둘째, 증여받은 주택을 양도할 때는 증여받은 날로부터 5(10)년 후 양도하십시오. 5(10)년 이내 양도하면 증여자산 이월 규정 때문에 수증자의 취득가액이 증여자의 당초 취득가액으로 적용됩니다.

제12화 : 초과배당은 소득세와 증여세 모두 과세된다!

　초과배당은 본인이 보유한 지분에 비하여 높은 금액의 배당을 받는 경우를 뜻합니다. 2021년 개정세법에서 뜨거운 이슈 중 하나가 바로 "초과배당에 따른 이익의 증여" 규정입니다. 종전에는 초과배당금액에 대해 소득세와 증여세 중 큰 금액으로 과세되었으나, 2021년부터는 소득세와 증여세 둘 다 과세하는 것으로 법이 개정되었습니다. 과거 일정 금액 이하의 초과배당은 소득세만 내고 증여세는 내지 않는다는 점을 이용한 세부담 회피를 방지하겠다는 취지입니다.

Q. 본인이 보유한 지분에 비해 높은 금액의 배당(초과배당)을 받는 경우 세법상 어떤 문제가 발생하나요?

A 우리 세법에서는 초과배당을 받는 자가 그보다 낮은 배당을 받는 자로부터 이익을 넘겨받은 것으로 보아, 초과배당을 받는 주주에게 증여세를 과세합니다. 시가보다 저가로 매입하는 경우, 고가로 양도하는 경우와 유사하게 초과배당을 받는 자는 상대적으로 이익을 보기 때문에 증여세가 발생하는 것입니다.

Q. 이전에는 일정 금액 이하의 초과배당에 대해서는 소득세만 과세되고, 증여세는 과세되지 않았나요?

A 기존 규정에서는 소득세와 증여세 중 큰 금액으로 과세했으나, 그 결과(타 소득 및 10년 이내 다른 증여가 없다고 가정 시)배당금액 약 54억원까지는 소득세만 과세되고 증여세는 과세되지 않는 문제가 발생했습니다.

Q. 약 54억원까지는 증여세가 과세되지 않았다고요?

A 네. 54억원까지는 소득세가 증여세보다 세액이 커서 소득세만 과세됐습니다. 하지만 약 54억원 이상부터는 증여세가 소득세보다 커지기 때문에 그때서야 증여세가 과세된 것입니다.

Q. 2021년부터는 국세당국이 초과배당금에 대해 소득세와 증여세 모두 과세한다는데, 그럼 이중과세 아닌가요?

A 먼저 소득세를 과세하고, 초과배당액에서 그 소득세를 뺀 금액에 대해 증여세를 과세하는 방식이므로 이중과세라고 볼 수는 없습니다.

Q. 초과배당의 규정 개정 전후 세금효과가 어느 정도 발생하나요?

A 예를 들어 A주주(지분율 70%), B주주(지분율 30%)에게 총 현금 1억원을 배당한다고 합시다. 7,000만원과 3,000만원을 배당해야 하는데, 각 5천만원씩 동일하게 배당한다고 가정하겠습니다. A주주는 2,000만원 손실, B주주는 2,000만원 이익을 보게 됩니다. B주주는 이익을 봤으므로 초과배당금액에 대해 소득세와 증여세가 과세됩니다. 소득세율이 40%, 증여세율이 30%이라 할 때 기존 규정에 의하면 B주주는 소득세 800만원(2,000만원 × 40%)만 발생합니다. 그러나 개정세법을 따르면 소득세 외에도 증여세 360만원((2,000만원−800만원) × 30%)을 추가로 내야 합니다.

Q. 증여세를 2번 신고해야 한다는데 그 이유는 무엇인가요?

A 먼저 초과배당을 받는 시점에 증여세를 가계산해 법정 신고기한 내 1차 납부하고, 다음해 5월 종합소득세 확정신고기한 내에 실제 소득세액을 반영한 최종 증여세를 신고해 기 신고납부분과 정산하는 과정을 거치기 때문입니다.

Q. 그 밖에 확인해야 할 사항이 있나요?

A 주주가 개인일 경우 10년 이내 증여분 합산과세가 발생할 수 있으며, 특수관계에 있는 법인 주주의 경우 부당행위계산부인 규정을 추가로 검토해봐야 합니다.

A 2021년부터는 초과배당금에 대해 소득세와 증여세 모두 내야 하고, 증여세는 2번 신고해야 합니다. 10년 이내 증여분 합산과세 또는 법인 주주의 경우 부당행위계산부인 적용 여부를 확인해보셔야 합니다.

제13화 : 증여 받은 아파트 얼마로 신고해야할까?

　사전증여에 대한 관심과 문의가 늘 쇄도하고 있습니다.

　명의를 이전할 때 발생하는 세금 중 양도소득세는 실거래가액을 기준으로 계산합니다. 그러나 상속·증여세는 무상으로 재산을 이전하는 상속·증여 행위의 특성상 실거래가액이 존재하지 않습니다.

　그렇다면 상속·증여재산은 어떻게 평가해야 할까요?

　상속·증여재산 평가의 원칙은 시가 평가입니다. 시가는 시점에 따라 계속 바뀌며, 동일 시점이라 해도 특정 가격이 아니라 하한가에서 상한가까지 범위로 설정됩니다.

　특히 공동주택(아파트)의 가액을 평가할 때는 유사매매사례가액을 시가로 활용하는데, 공시 시점의 차이로 실시간 확인이 어렵다는 문제점이 있습니다.

Q. 증여 받은 아파트의 가액을 시가로 신고해야 되는데, 시가는 어떻게 정의하나요?

A 시가는 '불특정 다수인 사이에 자유롭게 거래가 이루어지는 경우 통상적으로 성립하는 가액'을 의미합니다. 해당 물건의 매매, 감정, 수용, 경매가액 등이 시가로 인정됩니다. 그러나 평가 기간 내에 해당 물건에 대한 매매 또는 감정가액 등이 없다면, 비슷한 재산의 시가를 대신 적용할 수 있습니다. 이를 유사매매사례가액이라 합니다. 해당 자산과 면적, 위치, 용도, 종목 및 기준시가가 동일하거나 유사한 타 재산에 대한 매매 · 감정 · 수용 · 경매가액 등을 시가로 인정하는 것입니다. 단, 해당 자산의 매매 등 가액이 있는 경우에는 유사매매사례가액을 적용하지 않습니다.

Q. 유사매매사례가액은 어디서 확인할 수 있나요?

A 국세청 홈택스 메뉴 중 '조회/발급' 〉 '세금신고납부' 〉 '상속 · 증여 재산 평가하기' 또는 국토교통부 실거래가 공개시스템에서 확인할 수 있습니다. 부동산 매매 계약 시 체결일로부터 30일 이내 주소지 관할 시 · 군 · 구청에 계약 내용을 신고해야 하는데, 이렇게 신고한 내용이 국세청 홈택스와 국토교통부 실거래가 시스템에 공개되는 것입니다.

Q. **아파트 증여 시 유사매매사례가액이 시가로 인정되기 위한 조건이 궁금해요.**

A ① 평가대상 아파트와 같은 공동주택 단지 안에 있을 것. ② 주거전용면적의 차이가 평가대상 아파트 주거전용면적의 5% 이내일 것. ③ 가격의 차이가 평가대상 아파트 공동주택가액의 5% 이내일 것. 이상 3가지 요건을 모두 충족해야 합니다. 만약 이 조건에 부합하는 아파트가 둘 이상이라면 평가대상 아파트와 가격 차이가 가장 작은 아파트를 선택하시면 됩니다.

Q. **유사매매사례가액의 평가기간은 어떻게 되나요?**

A 증여의 경우 증여일 이전 6개월부터 신고일까지입니다. 신고일 이후에는 유사매매사례가액은 인정하지 않습니다. 이 기간에 유사매매사례가액이 존재하지 않는다면, 평가기간에 해당되지 않는 기간으로서 평가기준일 전 2년 이내, 또는 평가기간 경과 후 법정결정기한*까지의 기간 동안 매매 등 이력이 있을 경우 국세청 재산평가심의위원회의 심의를 거쳐 시가로 적용할 수 있습니다.
* 상속은 신고기한부터 9개월, 증여는 신고기한부터 6개월

Q. **유사매매사례가액은 상속·증여세 신고일까지의 가액만 인정한다는 말은 곧 신고일 현재 조회된 사례의 가액만 인정한다는 뜻인가요?**

A 좋은 질문입니다. 신고일 현재 홈택스(또는 실거래가 시스템)에서 조회된 가액만 인정하는 것이 아니라, 신고일까지 계약된 사례의 가액을 인정한다는 의미로 해석할 수 있다고 보입니다. 그런데 신고일 직전이나 당일 계약된 건은 신고일에 조회되지 않고 2~3개월 후 공시되기 때문에 납세자가 확인하기 어렵습니다.
예를 들어 증여를 20×1년 5월 3일에 실행하고 하루 뒤인 4일에 증여세 신고를 했다고 가정해봅시다. 이 경우 5월 4일 신고 일 현재

조회되는 유사매매사례가액은 몇 달 전에 계약한 건만 조회되고, 5월 4일 계약된 건은 몇 달 후에나 조회가 가능합니다. 그래서 당국이 증여세 세무조사를 진행하는 도중 납세자가 당초 신고한 가액보다 높은 유사매매사례가액을 발견하고 증여세를 추징하는 사례가 적지 않게 발생하고 있습니다.

Q. 그렇다면 어떻게 신고하는 것이 좋을까요?

A 유사매매사례가액은 평가기준일 전 6개월부터 신고일까지의 사례만 인정하므로 증여세 신고를 일찍 하는 것이 유리합니다. 또한 신고기한(웹툰 사례 속 신고기한은 8월 말) 직전 다시 확인해보시는 게 좋습니다.

Q. 유사매매사례가액을 적용하는 것 외에, 다른 방법은 없나요?

A 해당 물건에 대해 감정을 받는 방법이 있습니다. 감정가액은 유사매매사례가액보다 우선 적용되므로, 수시로 변동하는 사례가액보다는 확정된 감정가액을 적용하는 편이 납세자 입장에서 마음이 놓일 수 있습니다.

Q. 이번 회차의 핵심을 정리해주신다면.

A 첫째, 유사매매사례가액은 평가기준일 전 6개월부터 신고일까지 사례만 인정하므로 가능한 한 증여세 신고를 일찍 하십시오. 둘째, 신고기한 종료일 직전 다시 매매사례가액을 살펴보고 당초 신고가액과 차이가 난다면 재산가액 변동신고를 하십시오. 셋째, 이러한 과정이 복잡하고 시가가 수시로 변동한다면 감정을 받아 감정평가서를 제출하십시오. 해당 물건의 감정가액이 유사 재산의 매매사례가액보다 우선 적용되기 때문입니다.

제14화 : 세대를 건너뛴 증여와 상속, 어떻게 다를까?

취득세, 종합부동산세, 양도세 등 부동산 거래 과정에서 발생하는 모든 세금이 오른 현재 유일한 절세 전략이라 할 수 있는 사전증여에 관심이 쏟아지고 있습니다.

특히 한 세대를 건너뛴 증여, 즉 세대생략증여에 대한 문의가 많습니다.

세대생략증여가 일반적인 증여에 비해 세금이 절감되는 건 맞지만 장단점을 살펴봐야 합니다. 또한 세대생략상속과의 비교 역시 중요합니다.

세대생략상속은 ① 선순위 상속인 전원이 상속을 포기하거나 ② 생전에 피상속인이 자녀 대신 손자녀에게 유증하는 식으로 세대를 건너뛴 유증을 한 경우에만 적용됩니다.

만약 유증 없이 상속 개시 후 상속재산을 피상속인의 자녀를 넘어 손자녀에게 이전하면 어떻게 될까요? 그때는 피상속인으로부터 자녀에게 상속을 하고, 다시 자녀로부터 손자녀에게 증여를 한 것으로 봅니다. 따라서 상속세와 증여세가 각각 과세됨에 주의하셔야 합니다.

Q. 자녀를 거치지 않고 손자녀에게 바로 증여하는 경우가 있더라고
   요. 특별한 이유가 있나요?

A 이를 '세대생략증여'라고 합니다. 일반적으로 부모가 자녀에게, 그
   리고 자녀가 손자녀에게 증여함으로써 증여세가 2번 발생하는 것
   보다 부모가 직접 손자녀에게 증여하는게 절세 효과가 크기 때문
   입니다.

Q. 세대생략증여를 하면 얼마나 절세할 수 있나요?

A 예를 들어 10억원을 부모가 자녀에게, 그리고 자녀가 손자녀에게
   증여하는 경우 총세액은 3억7,000만원이나, 부모가 손자녀에게 직
   접 증여하면 2억8,000만원의 세액이 발생합니다. 약 9,000만원을
   절세하는 것입니다.

Q. 세대생략증여는 절세 외에 또 다른 이점이 있다고 하던데요.

A 일반적으로 부모가 자녀에게 증여 시 사전증여 상속재산 합산 기간이 10년입니다. 다시 말해 사전증여 후 10년이 지나야만, 해당 증여분이 상속재산에 합산되지 않고 과세 대상에서 제외돼 절세 효과를 누릴 수 있습니다. 그러나 세대생략증여는 10년이 아닌 5년만 지나도 증여분이 상속재산에서 빠진다는 이점이 있어 절세 전략으로 많이 활용됩니다.

Q. 그럼 세대생략증여 시 불이익은 없나요?

A 불이익이 있습니다. 이를 '세대생략할증과세'라고 합니다. 할증세액은 일반적으로 산출세액의 30%(단, 수증자가 미성년자이면서 증여가액이 20억원을 초과할 경우 40%)를 가산합니다. 그래서 세대생략증여는 장점과 더불어 할증과세라는 단점을 잘 살펴봐야 합니다.

Q. 세대생략상속은 일반적인 상속과 어떤 점이 다른가요?

A 세대생략상속은 선순위인 상속인 전원이 상속포기를 하거나, 생전에 피상속인이 세대를 생략한 유증을 한 경우에만 가능합니다. 또 세대생략상속은 세대생략증여보다 요건이 까다로운 편입니다. 만약 피상속인의 유증 없이 상속 개시 후 상속재산을 피상속인의 자녀 대신 손자녀에게 이전하면 피상속인으로부터 자녀에게 상속을, 다시 자녀로부터 손자녀에게 증여를 한 것으로 봅니다. 즉, 상속세와 증여세가 각각 과세되므로 주의가 필요합니다.

Q. 세대생략상속을 하면 얼마나 절세할 수 있나요?

A 예를 들어 상속재산이 25억원이라고 가정하면 2세대(부모−자녀 및 자녀−손자녀)에 걸친 일반 상속은 총 세액이 10억5,000만원, 세대생략상속 시 총 세액은 7억7,000만원으로 약 2억8,000만원이 절세됩니다.

Q.   세대생략상속이 일반적인 상속보다 세금이 더 나올 수도 있나요?

A   그럴 수 있습니다. 세대생략상속은 세대생략증여와 마찬가지로 할증과세가 적용됩니다. 여기에 상속공제 한도 감소에 따른 불이익까지 감안하면 일반 상속보다 세금을 더내게 되는 결과가 나올 수 있음을 유념하셔야 합니다.

Q.   이번 회차의 핵심 내용을 정리해주신다면.

A   세대생략증여는 할증과세가 적용되지만, 일반 증여 대비 절세가 될 뿐만 아니라 상속재산 합산 기간이 5년으로 줄어 인기가 좋습니다. 하지만 세대생략상속은 할증과세 외에도 상속공제 한도가 감소되는 효과 때문에 일반적인 상속보다 오히려 세금이 더 나올 수 있습니다.

제15화 : 가족에게 시가보다 저렴하게 부동산을 양도하려면?

부모가 자녀에게 시세보다 낮은 가액에 양도하는 방법으로 부동산을 이전하는 사례가 종종 있습니다. 이처럼 증여 대신 특수관계자 간 저가 양수도에 의해 재산을 물려줄 때는 각별히 주의하셔야 합니다.

상속세 및 증여세법 44조에 따르면 통상 배우자나 직계 존·비속에게 재산을 양도할 경우, 그 재산가액을 증여한 것으로 추정하기 때문입니다. 따라서 자칫 증여로 추정되지 않도록 양수도로 인정되기 위한 요건을 사전에 꼼꼼히 숙지해야 합니다.

부모가 자녀에게 시가보다 저렴하게 부동산을 양수도하면 자녀는 저가 취득에 따른 증여세가 발생할 수 있으며, 부모는 저가 양도로 인한 양도소득세 부당행위계산부인 적용 여부를 확인해야 합니다.

Q. **부모와 자녀 사이에 양수도 방식으로 부동산을 이전할 수 있나요?**

A 가능합니다. 단 유상 이전에 따른 금융거래를 철저히 준비하셔야 합니다. 그렇지 않으면 부모와 자녀 간 거래는 증여로 추정되기 때문입니다.

Q. **시가보다 저가로 양수도하면 세무상 어떤 문제가 발생하나요?**

A 부모(양도인) 입장에서는 양도소득세가, 자녀(양수인) 입장에서는 증여세가 발생할 수 있습니다.

A   먼저 부모에게는 양도소득의 부당행위계산부인 규정이 적용될 수
      있습니다. 이 제도는 양도소득이 있는 거주자의 행위 또는 계산
      이, 그 거주자의 배우자나 직계 존·비속처럼 특수관계에 있는 사
      람과의 거래를 통해 해당 소득에 대한 조세 부담을 부당하게 감소
      시킨 것으로 인정되는 경우* 적용됩니다. 이미 발생한 거래를 부
      인하고 세법에 따라 소득금액을 재계산해 과세한다는 뜻입니다.
      자녀에게는 증여의제 규정이 적용될 수 있습니다. 증여의제란 법
      률상 증여는 아니지만 경제적으로 증여와 동일한 효과가 있어 세
      법상 증여로 보는 것을 말합니다. 이 경우 납세자가 증여가 아님
      을 입증하는 반대 증거를 제시해도 증여세가 부과됩니다. 특수관
      계자 간 재산을 시가보다 낮은 가액으로 양수할 때, 그 대가(양도
      가)와 시가의 차액이 기준금액(시가의 30%와 3억원 중 적은 금액)
      이상이면 해당 대가와 시가의 차액에서 기준금액을 뺀 금액을 증
      여재산가액으로 봅니다.

      * 시가와 거래가액의 차이가 3억원 이상이거나 시가의 100분의 5에 상
        당하는 금액이상인 경우

Q.   상기 웹툰 사례에는 증여의제가 적용되나요?

A   사례를 보면 대가와 시가의 차액이 3억원(20억−17억)입니다. 앞
      서 말씀드렸다시피 기준금액은 시가의 30%와 3억원 중 적은 금액
      을 적용하는데, 웹툰 사례의 경우 시가 20억원의 30%가 6억원이
      므로 3억원이 기준금액이 됩니다. 대가와 시가의 차액에서 기준금
      액을 빼면 이익이 발생하지 않아(3억−3억=0) 증여세가 부과되
      지 않습니다.

A   보증금 10억원, 시가 20억원의 아파트를 부담부증여 방식으로 이전하면 증여세는 2억1,800만원, 양도세는 400만원(1세대 1주택 장기보유특별공제 80% 적용 시)으로 총 2억2,200만원의 세금이 발생합니다. 저가 양수도 방식을 택하면 증여세는 0, 양도세는 1,400만원(1세대 1주택 장기보유특별공제 80% 적용 시)으로 총 1,400만원의 세금이 발생합니다. 결론적으로 저가 양수도 시 약 2억원을 절세할 수 있습니다.

Q. 웹툰 사례 속 부자(父子)는 어떤 점을 주의해야 할까요?

A   상기 웹툰 사례처럼 양도소득세가 비과세되는 1주택이라면 저가 양수도 방식이 유리할 것입니다. 그러나 2주택 이상이면 양도소득세율이 중과되기 때문에 오히려 저가양수도 방식이 불리할 수 있습니다. 또 사례에서는 부자가 양도가액 17억원에 거래했지만, 양도소득세에 부당행위계산부인 규정이 적용돼 실제로는 20억원으로 계산해 신고해야 합니다. 양도가액은 증여세가 발생하지 않도록 기준금액을 결정짓는 2가지 금액(시가의 30%, 3억원) 중 더 낮은 금액으로 책정하는 것이 중요합니다.

Q. 이번 회차 절세 전략을 정리해주신다면

A   양도소득세가 비과세되는 부동산이라면 저가 양수도를 활용해 절세할 수 있습니다. 이때 3가지를 주의하셔야 합니다. 첫째, 반드시 금융거래를 확실하게 준비하십시오. 둘째, 양도소득세는 시가로 신고하십시오. 셋째, 증여세가 발생하지 않는 구간으로 양도가액을 책정하십시오.

제16화 : 해외에 거주하는 국내 부동산 보유자, 양도소득세는 어떻게?

해외에 살면서 국내 부동산을 갖고 계신 분들이 자주 하시는 질문이 있습니다.
바로 부동산을 처분하기 전 미리 국내에 들어와야 하는지에 대한 것입니다.

이는 우리나라 국내 거주자와 비(非)거주자 간 세목(종합소득세, 양도세, 상속·증여세)별 세금 차이가 크기 때문입니다.

예를 들어 우리나라는 상속·증여세율이 최고 50%인 데 반해 상속·증여세가 없는 나라도 있습니다. 나라마다 매기는 세율이나 비과세 적용 조건이 다르므로 세금 차익거래(Tax Arbitrage)가 자연스레 발생하게 되는데요.

이때 거주자의 판정은 시민권 또는 영주권 취득 여부와는 무관합니다. 또한 외국인이라 하더라도 한국에 주소가 있거나 1과세기간 중 183일 이상 거소(또는 2과세기간에 걸쳐 계속하여 183일 이상 거소)를 둔 경우에는 거주자가 될 수 있음을 유념하셔야 합니다.

Q. 상기 웹툰 사례처럼 외국에 살던 사람이 국내 부동산을 양도하기 전 한국으로 돌아오면 세금을 아낄 수 있나요?

A 해외에서 국내로 들어왔다고 해서 절세가 되는 건 아닙니다. 그 사람의 신분이 비거주자에서 거주자로 전환됐느냐가 중요합니다.

Q. 거주자를 판정하는 기준은 무엇인가요?

A 거주자의 판정은 국적과 무관합니다. 따라서 시민권이나 영주권을 취득했는지는 중요하지 않습니다. 외국인도 우리나라에 주소가 있거나 1과세기간 중 183일 이상 거소(또는 2과세기간에 걸쳐 계속하여 183일 이상 거소)를 두고 있다면 거주자가 될 수 있습니다. 여기서 주소는 본인 생활의 근거가 되는 곳입니다. 우리 세법에서는 원칙적으로 주민등록법상 주민등록지를 기준으로 하되, 생계를 같이하는 가족 또는 국내 소재 자산의 유무 등 객관적 사실에 따라 주소를 판단하고 있습니다. 거소(居所)란 본인이 주소 외에 상당 기간 거주하는 곳으로, 주소처럼 밀접하고 일반적인 생활관계가 형성되지 않은 장소를 말합니다.

Q. 그럼 계속해서 183일 이상 국내에 머무르면 누구든 거주자가 될 수 있나요?

A 183일 이상 머무른다고 해서 반드시 거주자로 인정되지는 않습니다. ① 통상 183일 이상 지속적으로 국내에 거주해야 하는 직업을 가지거나 ② 국내에 생계를 같이하는 가족이 있고, 그 직업과 자산을 고려할 때 계속해서 183일 이상 국내에 거주할 것으로 인정받아야 비로소 거주자가 될 수 있습니다

Q. 거주자가 되려면 직업, 가족, 자산 상태 등을 확인해야 하네요. 거주자와 비거주자의 양도소득세는 얼마나 차이가 나나요?

A 양도소득세 계산 시 원칙은 거주자와 비거주자 간 차이가 없습니다. 그러나 1세대 1주택자라면 차이가 발생합니다. 비거주자는 비과세 특례가 배제되고 장기보유특별공제도 최대 30%만 적용됩니다. 예를 들어 1세대 1주택에 양도차익이 10억원(양도가액 20억원, 취득가액 10억원)이라 가정해봅시다. 이 경우 거주자는 1,400만원(장기보유특별공제 80% 적용시), 비거주자는 2억8,300만원이 과세돼 무려 2억6,900여만원의 세금 차이가 발생합니다. 그래서 비거주자 신분의 1세대 1주택자는 거주자가 되기 위해 많은 노력을 합니다.

Q. 양도세에서 꽤 많은 차이가 나는군요. 상속 · 증여세도 그런가요?

A 증여세는 수증자가 비거주자일 경우 증여공제(배우자 간 6억원, 직계 존비속 간 5,000만원)가 적용되지 않습니다. 상속세는 피상속인이 비거주자일 경우 일괄공제, 배우자공제, 금융재산공제 등이 적용되지 않으며 오직 기초공제(2억원)와 감정평가수수료 공제만 적용됩니다. 이처럼 국내에서는 비거주자가 각종 공제를 받기 어렵습니다. 만일 현지 국가가 상속 · 증여에 대해 비과세를 적용한다면 국내 대신 그곳에서 상속 · 증여를 실행하는 편이 유리할 것입니다.

A ① 부동산 양도 후 양도세를 납부하고 외국에 송금 ② 배우자나 직계 비속에게 먼저 증여한 후 양도 ③ 상속 시까지 보유한 후 양도하는 방법 등이 있습니다. 현지 국가에 상속·증여세가 없다면 일반적으로 ①이 유리할 것입니다. ②와 ③은 국내에서 증여세와 상속세가 과세되므로 상대적으로 불리하다 할 수 있겠습니다.

Q. 이번 회차의 핵심 내용을 정리해주신다면.

A 거주자와 비거주자가 내는 세금의 차이를 짚어드렸습니다. 먼저 종합소득세의 경우 거주자는 국내외 소득에 대해, 비거주자는 국내 소득에 대해서만 과세됩니다. 양도소득세의 경우 비거주자는 거주자와 달리 1세대 1주택 비과세 특례가 적용되지 않으며, 장기보유특별공제는 최대 30%만 적용됩니다. 상속·증여세의 경우 거주자는 국내외 자산에 대해, 비거주자는 국내 자산에 대해서만 과세됩니다. 단, 비거주자는 기초공제(2억원)와 감정평가수수료 공제만 적용되고 증여공제는 적용되지 않습니다. 또한 본인이 현재 살고 있는 외국 현지에서 상속·증여세가 과세되지 않는다면, 거주자와 비거주자 양쪽 입장에서 각각의 세금 효과를 판단하시는 게 좋습니다.

제17화 : 단순증여와 부담부증여, 어느 쪽이 유리할까?

　부담부증여는 쉽게 말해 채무를 부담시키고(넘기고) 증여하는 행위입니다. 부담부증여 앞에 '채무'라는 두 글자가 생략된 셈입니다.

　예를 들어 아버지가 보증금 4억원, 시가 10억원의 상가를 아들에게 증여할 때, 보증금을 제외하고 상가만 넘기면 단순증여(일반증여), 보증금과 상가 모두 넘기면 부담부증여에 해당됩니다. 이때 증여가액은 10억원에서 4억원을 뺀 6억원으로, 채무(보증금) 4억원에 대해서는 양도소득세가 과세됩니다.

　단순증여와 부담부증여 중 어떤 방식으로 증여할지 판단할 때에는 증여세와 양도세, 상속세가 각각 얼마나 발생하는지 살펴봐야 합니다. 부담부증여가 양도세 및 증여세 절세에 유리하다 해도, 상속세까지 감안하면 오히려 단순증여가 유리할 수 있기 때문입니다.

증여세와 양도세가 동시에 나오겠네요.

그런데, 보증금을 승계하는 것이 추후 상속세에 어떤 영향이 있을지 알아보자.

Q. 단순증여(일반증여)와 부담부증여는 무엇인가요?

A   부동산증여 시 부동산에 포함된 임차보증금, 담보대출금 등의 채무를 떠넘기고 증여하는 것을 부담부증여, 채무는 제외하고 부동산만 증여하는 것을 단순증여라고 합니다.

Q. 부담부증여 시 채무에 대해 양도세가 발생하는 이유는 무엇인가요?

A   부담부증여는 10억원의 부동산을 증여하면서 임차보증금 4억원도 같이 넘기는 것입니다. 이는 수증인이 현금 4억원을 받는 것과 경제적 효과가 동일합니다. 즉, 4억원을 유상양도하는 행위와 같아 양도세가 발생하게 됩니다.

Q. 단순증여와 부담부증여의 세금효과는 어떤가요?

A   상기 웹툰 사례처럼 임차보증금 4억원에 시가가 10억원인 상가를 증여한다고 가정하겠습니다. 단순증여 시 증여세는 2억1,800만원, 양도소득세는 0으로 총 2억1,800만원의 세금이 발생합니다. 부담부증여 시에는 증여세 1억200만원, 양도소득세 3,580만원으로 총 1억3,980만원이 발생합니다. 따라서 일반적인 경우 부담부증여(1.38억원)가 단순증여(2.18억원)보다 절세 효과가 있습니다.

Q. **증여하려는 부동산이 상가가 아니라 주택이어도 부담부증여가 유리한가요?**

A 좋은 질문입니다. 증여물건이 상가라면 부담부증여 시 양도소득세에 대해 기본세율(6~45%)이 적용됩니다. 그러나 증여물건이 주택이라면 2주택자는 기본세율+20% 중과세율, 3주택자는 기본세율+30% 중과세율이 적용되기 때문에 부담부증여가 단순증여보다 불리합니다. 이는 양도소득세율이 증여세율을 초과하기 때문입니다.

Q. **증여물건에 따라 부담부증여가 유리할 수도 불리할 수도 있네요.**

A 맞습니다. 일반적으로 부담부증여는 채무가 늘어날수록 증여세는 줄고, 양도세는 증가하면서 일정 시점까지는 총 세금이 감소합니다(그래프 참조). 그러나 일정 시점을 넘어서면 양도세 증가로 인한 세금이 증여세 감소 효과보다 커져 총 세금이 늘어납니다. 또 증여물건이 주택이라면 양도소득세율이 중과(2주택 최고세율 65%, 3주택이상 최고세율 75%)돼 증여세 최고세율 50%를 초과하게 됩니다. 증여물건이 무엇이냐에 따라 부담부증여의 유불리가 달라질 수 있다는 뜻입니다.

〈 증여세 절세전략 - 부담부증여 〉

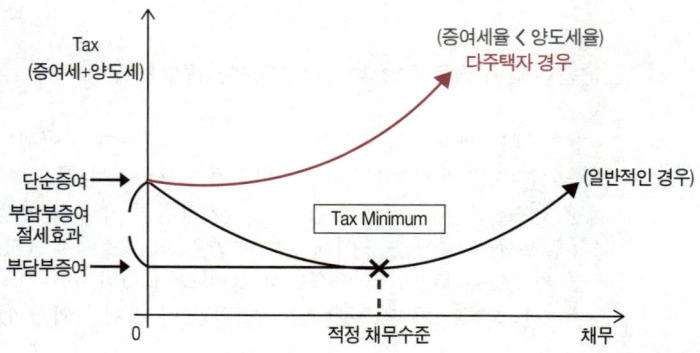

Q. 증여세, 양도세뿐만 아니라 상속세까지 따져봐야 하는 이유는 무엇인가요?

A 최적의 증여 방식을 선택하기 위함입니다. 설령 부담부증여 시 양도세 및 증여세의 세금효과가 유리하다 해도, 상속세 세금효과까지 고려하면 오히려 단순증여가 유리할 수 있어 신중한 판단이 필요합니다. 웹툰 사례에서 단순증여를 선택할 경우, 채무(임차보증금) 4억원이 수증인(아들)에게 이전되지 않고 증여자(아버지)에게 귀속됩니다. 이렇게 되면 채무 4억원으로 인해 상속세를 최대 2억원(최고세율 50% 적용 시)까지 절세할 수 있습니다. 세금 제도는 하나의 세금이 줄어들면 다른 세금이 늘어나는 등 상호 영향을 주게 되어 있습니다. 그래서 증여 방식을 결정할 때는 거래 단계별로 발생 가능한 모든 세금효과를 고려해야 합니다.

Q. 이번 회차의 핵심 내용을 정리해주신다면.

A 부채를 떠안고 증여하는 것을 부담부증여라 하는데, 이때 증여물건이 주택이냐 아니냐에 따라 유불리가 나뉠 수 있습니다. 증여세, 양도세, 상속세 등 세목별 세금효과를 따져봐야 적합한 증여방식을 선택할 수 있습니다.

제18화 : 비상장주식, 액면가액으로 양도하지 마라!

　비상장주식은 매일 시가가 형성되는 상장주식과 달리 거래량이 많지 않아 시가를 산정하기 쉽지 않습니다. 일반적으로 비상장 중소기업은 규모가 작다는 이유로 주식을 액면가액에 양수도 신고하는 사례가 많은데요. 이 경우 과세관청이 저가(低價) 양수도 거래에 대한 해명을 요구할 가능성이 크며, 양수인에게는 증여세가 부과될 수 있습니다.

　특히 매년 순이익이 발생해 이익잉여금이 높은 기업이라면 더욱 유념해야 합니다. 비상장기업은 객관적인 교환가치가 적정하게 반영된 매매사례가액이 있으면 그 거래가액을 당해 주식의 시가로 평가합니다. 그러나 매매사례가액이 없어 시가를 산정하기 어렵다면 보충적 평가 방법에 따라 평가한 가액을 그 주식의 가액으로 봅니다.

Q. 우리 세법에서는 시가를 어떻게 정의하나요?

A 시가란 정상적인 거래에 의해 형성된 객관적 교환가격을 말합니다.

Q. 상장주식은 매일 시가가 형성되니 객관적 교환가격을 알 수 있어요. 그럼 비상장주식의 객관적 교환가치는 어떻게 평가해야 하나요?

A 비상장기업의 주식은 객관적 교환가치가 적정하게 반영된 매매사례가액이 있을 경우 그 가액을 시가로 평가합니다.

Q. 비상장주식이 단 1주만 거래됐다 해도 그 가격을 매매사례가액으로 볼 수 있나요?

A 좋은 질문입니다. 지적하신 것처럼 겨우 1건의 거래로 객관적 교환가치를 판단하기는 무리가 있습니다. 그래서 매매사례가액을 시가로 보기 위한 2가지 요건이 있습니다. 첫째, 특수관계인이 아닌 제3자 간 거래여야 합니다. 둘째, 거래된 비상장주식의 액면가액 합계액이 3억원 또는 총 발행주식 수의 1% 이상이면 시가로 봅니다. 즉, 일정 요건을 충족한 거래만 매매사례가액으로 인정하는 것입니다.

Q. 요건을 충족한 매매사례가액이 없다면.

A 시가 산정이 곤란할 경우에는 보충적 평가 방법을 따릅니다. 보충적 평가 방법은 1주당 순손익가치*와 순자산가치**를 3대 2 비율로 가중평균(항목별 비중을 달리해 산출하는 평균) 계산한 가액으로 하되, 그 액수가 순자산가치의 80%보다 낮다면 순자산가치의 80%에 해당하는 가액을 적용합니다. 보충적 평가 방법은 순손익가치에 더 높은 가중치(3)를 부여하므로 부동산 임대법인 또는 과다보유법인처럼 순이익이 낮은 비상장기업의 주식은 과소평가될 수 있습니다. 이러한 점을 감안해 순자산가치의 80%를 시가의 하한선으로 정하도록 세법이 개정됐습니다. 다만 토지, 건물 등 부동산 보유 비율이 자산총액의 50%를 넘는 부동산 과다보유법인은 순손익가치와 순자산가치를 2대 3의 비율로 가중평균 계산해 가액을 산출하고, 최대 주주가 갖고 있는 주식에 대해서는 20%를 가산해 할증평가합니다. 중소기업 및 직전 3개년 평균매출액 5천억원 미만 중견기업의 최대 주주는 할증평가 대상에서 제외됩니다.

* 1주당 최근 3개년 순손익의 가중평균액 ÷ 순손익가치환원율(3년 만기 회사채의 유통수익률을 감안해 기획재정부령으로 정한 이자율. 현행 10%)

** 해당 법인의 순자산가액 ÷ 총 발행주식 수

상속·증여세법상 평가액보다 낮게, 즉 저가 또는 액면가액으로 양도하면 세무상 어떤 문제가 발생하나요?

A 　상기 웹툰 사례 속 주주 김씨처럼 상증법상 평가액이 7,000원인 주식을 1,000원에 거래했다면 저가 양수도에 해당됩니다. 주식의 시가와 대가(양도가) 간 차액이 현저하게 크다면 양수인에게 증여세가 발생할 수 있습니다. 거래 당사자가 비(非)특수관계자라면 시가에서 대가를 뺀 금액이 시가의 30% 이상일 경우, 해당 차액에서 3억원을 초과하는 액수를 증여재산가액으로 봅니다. 거래 당사자가 특수관계자라면 시가에서 대가를 뺀 금액이 기준금액(시가의 30%와 3억원 중 더 낮은 금액) 이상일 경우, 해당 차액에서 기준금액을 초과하는 액수를 증여재산가액으로 봅니다.

Q. **웹툰 사례대로라면 세금이 얼마나 발생하나요?**

A 　주당 시가가 7,000원이고 거래가가 1,000원인 주식을 8만주 거래했다고 가정하겠습니다. 이때 시가와 대가의 차액은 4억8,000만원(＝(7,000−1,000)원 × 8만주)이고, 증여재산가액은 4억8,000만원에서 3억원을 뺀 1억8,000만원이 됩니다. 1억8,000만원에 증여세율을 곱하면 최종 증여세액은 2,600만원입니다.

Q. **이번 회차의 핵심 내용을 정리해주신다면.**

A 　비상장주식의 시가 산정이 어렵다고 해서 액면가액으로 양수도 신고를 하면 안 됩니다. 먼저 시가가 존재하는지 알아보고, 없다면 보충적 평가 방법에 따라 가액을 산정하되, 상증법상 주식 가액과 거래가액의 차이가 3억원을 넘지 않아야 함에 유의하십시오. 주식 매매사례가액을 시가로 인정받기 위해서는 ① 특수관계인이 아닌 제3자 간 거래이고 ② 거래된 비상장주식의 액면가액 합계액이 3억원 또는 총 발행주식 수의 1% 이상이어야 합니다.

제19화 : 대표가 회사에 빌려준 돈, 함부로 포기하면 안 되는 이유?

　회사를 운영하다 보면 자금이 부족해 대표이사가 개인 돈을 끌어다 쓰는 경우가 발생합니다. 이렇게 법인에 입금된 주주 또는 임원의 자금을 가수금이라고 합니다.
　대표는 회사 재무상태를 개선하기 위해 자신이 돌려받아야 할 가수금을 종종 포기하기도 하는데요. 이때 주주에게 증여세가 과세될 수 있어 주의가 필요합니다. 일반적으로 영리법인이 증여를 받으면 법인세만 과세됩니다. 이 점을 이용해서 자녀 등 특수관계자가 주주로 있는 영리법인을 통해 법인세만 부담하고 우회적으로 증여하는 사례가 적발되곤 합니다.
　예를 들어 결손법인, 즉 이익은 없고 손실만 있는 회사를 자녀에게 무상 증여한 후 그 회사에 부동산 등을 증여하면 증여세와 법인세 없이 재산을 이전하는 것도 가능합니다. 결손법인의 주가가 음수이므로 증여세가 없고, 법인은 자산수증이익과 이월결손금을 상계 처리하면 법인세가 나오지 않기 때문입니다. 이를 방지하고자 우리 세법에서는 영리법인이 증여를 받을 때 사실상 경제적 이익을 보는 특정법인의 주주에게는 추가로 증여세를 과세하고 있습니다.

Q. 가수금은 무엇인가요?

A 대표이사 등 회사 주주나 임원이 일시적으로 회사에 빌려준 자금으로, 회사 입장에서는 차입금이라 할 수 있습니다. 이때 채권자는 대표, 채무자는 법인입니다.

Q. 대표가 가수금을 포기하면 법인은 이익을 보는 건가요?

A 가수금을 포기함은 곧 대표가 회사에게 받아야 할 채권을 포기한 것이고, 회사는 갚아야 할 채무를 상환하지 않아도 된다는 뜻입니다. 따라서 회사는 채무면제이익이 발생합니다.

A 채무면제이익에 대해 법인세가 과세되며, 추가로 회사 주주에게 증여세가 과세될 수 있습니다. 우리 세법에서는 영리법인이 증여를 받는 경우 직접적으로 법인세를 부과하고, 간접적으로는 일정 요건 충족 시 그 법인 주주에게도 사실상 경제적 이익이 발생한 것으로 보아 증여세를 부과합니다. 법인세와 증여세 둘 다 내야 하니 이중과세처럼 보일 수 있으나, 증여세 계산 시 이미 납부한 법인세는 차감하기 때문에 이중과세는 아닙니다.

Q. 증여의제가 발생할 수 있는 요건은 무엇인가요?

A 증여의제란 법률상 증여는 아니지만 경제적으로 증여와 동일한 효과가 있어 세법상 증여로 보는 것을 말합니다. 이 경우 당사자가 증여가 아님을 입증하는 반대 증거를 제시해도 증여세가 부과됩니다. 상속·증여세법 45조의 5에 따르면 특정법인이 지배주주의 자녀 등 특수관계자와 일정 거래를 통해 이익을 얻은 경우, 그 법인이 얻은 이익에 '지배주주와 그 친족(이하 지배주주 등)'의 주식보유비율을 곱한 금액만큼 특정법인의 지배주주 등이 증여받은 것으로 봅니다. 이때 특정법인은 흑자법인이든 적자법인이든 상관이 없고, 과세 대상이 되는 주주는 지배주주 등의 지분율이 30% 이상인 경우를 요건으로 합니다.

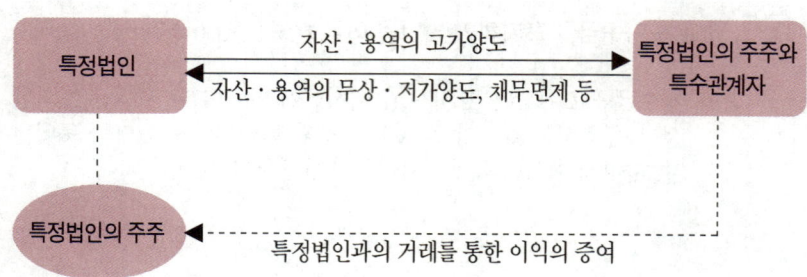

Q. 특정법인과 지배주주의 특수관계자 간 일정 거래란 어떤 경우를 말하나요?

A 왼쪽 도식처럼 특정법인이 지배주주의 특수관계자로부터 ① 재산 또는 용역을 무상으로 제공받거나 ② 현저히 낮은 대가로 양수 및 제공받거나(저가 양수) ③ 현저히 높은 대가로 양도 및 제공하거나(고가 양도) ④ 불균등 감자 등 자본거래를 통하여 이익을 분여받거나 ⑤ 해당 법인의 채무를 면제받거나(채무 면제) ⑥ 시가보다 낮은 가액으로 현물출자 받는 경우입니다.

Q. 상기 웹툰 사례처럼 대표인 아버지가 가수금 10억원을 포기한 경우 세금은 얼마나 되나요?

A 사례 속 특정법인의 주주별 지분율을 대표 20%, 아들 40%, 딸 40%으로 하고 법인세는 없다고 가정하겠습니다. 아들과 딸은 각각 특정법인의 이익 10억원에 지분율 40%를 곱한 4억원의 경제적 이익을 얻은 것으로 보아 증여세가 과세되며, 구체적인 액수는 4억원에 증여세율을 곱한 5,800만원입니다. 즉, 아들과 딸이 각각 5,800만원을 내야합니다.

Q. 이번 회차의 핵심 내용을 정리해주신다면.

A 특정법인이 지배주주의 특수관계자와 일정 거래를 통해 이익을 얻은 경우, 지분율이 30% 이상인 주주가 있으면 법인세뿐만 아니라 그 주주에게도 증여세가 과세될 수 있음을 유념하셔야 합니다. 특히 법인세와 증여세 모두 과세될 수 있으니 실무자는 업무 시 꼭 확인하시기 바랍니다.

제20화 : 주택 구입 시 취득세, 가볍게 생각하다간 큰코 다친다!

2020년 정부가 발표한 7.10 부동산 대책에 따라 다주택자에 대한 유상 취득세율과 증여에 따른 무상 취득세율이 대폭 인상됐습니다.

당국은 다주택자의 주택 투기 수요를 차단하기 위해 2020년 8월 12일부터 1가구가 2주택 이상을 취득하면 주택 수에 따라 취득세를 중과하고, 조합원 입주권과 주택 분양권뿐만 아니라 주거용 오피스텔도 취득세 대상 주택 수에 포함시켜 과세하고 있습니다.

또한 조정대상지역 내 공시 가격이 3억원 이상인 주택을 무상으로 증여한 경우, 기존 3.5%에서 12%로 인상된 증여 취득세율을 적용하고 있습니다. 단 1세대 1주택자가 배우자 또는 직계존비속에게 증여하는 경우에는 종전대로 3.5%를 적용합니다.

Q. 7.10 부동산 대책으로 어떤 점이 달라졌나요?

A 2020년 8월 12일부터 1가구가 2주택 이상을 취득하면 주택 수에 따라 취득세가 중과됩니다. 종전에는 1주택부터 3주택까지 1~3%, 4주택 이상부터 4% 세율이 적용됐는데, 7.10 대책을 기점으로 현재는 조정 대상지역은 1주택 1~3%, 2주택 8%, 3주택 이상 12%의 세율이 적용되고 있습니다. 단 1세대가 1주택을 보유한 상태에서 이사 등의 사유로 다른 주택을 취득한 후, 3년 이내 기존 주택을 처분하는 경우에는 일시적 2주택 특례가 적용돼 취득세가 중과되지 않습니다.

Q. 입주권이나 분양권도 주택 수에 포함되나요?

A 네, 그렇습니다. 2020년 8월 12일 이후 취득한 조합원 입주권, 주택 분양권뿐만 아니라 주거용 오피스텔도 소유 주택 수에 가산해 취득세를 부과합니다.

Q. 분양권 구입 후 등기 전까지는 취득세가 발생하지 않는데, 그럼 취득세는 언제 중과되는 건가요?

A 좋은 질문입니다. 주택에 대한 취득세는 분양권을 취득한 때가 아니라 잔금을 완납할 때(준공 시점)에 납부합니다. 분양권을 취득한 시점의 가구별 주택 수에 따라 취득세중과 여부와 그 세율이 결정되고, 이렇게 결정된 취득세 중과세액을 잔금 완납 시 납부하는 것입니다. 따라서 다주택자가 분양권 구입 후 준공 시점까지 보유 주택을 전부 처분한다 하더라도 취득세 중과를 피할 수는 없습니다. 조정대상지역 내 1가구 1주택자가 분양권을 취득한 경우에는 8% 세율로 취득세가 중과됩니다.

Q. 취득세가 중과되지 않거나 감면받을 수 있는 주택은 없나요?

A 공시가액이 1억원 이하인 주택, 주택신축판매업자가 새 주택 건설을 위해 멸실(철거)할 목적으로 취득한 주택은 취득세 중과 대상이 아닙니다. 생애최초주택 구입자라면 취득세 감면 혜택이 있는데요. 부부 합산소득 관계없이 12억원 이하 주택 취득 시, 200만원 한도로 취득세를 감면받을 수 있습니다.

Q. 주택을 무상으로 증여받는 경우 취득세율은 어떻게 되나요?

A 2020년 8월 12일 이후 조정대상지역 내 공시가액 3억원 이상의 주택을 무상 증여받는 경우, 종전 3.5%에서 12%로 대폭 인상된 취득세율이 적용되고 있습니다. 공시가액이 10억원인 주택을 무상 증여한다고 가정할 때 내야 할 취득세액이 3,500만원에서 1억2,000만원으로 늘어난 것입니다. 그러나 1세대 1주택자가 배우자나 직계존비속에게 증여하는 경우에는 전과 같이 3.5%의 세율이 적용됩니다.

Q. 무상 증여 시의 취득세 과세표준(세금을 부과하는 기준)이 개정됐다고 하던데요.

A 맞습니다. 이전에는 증여세 과세표준은 시가, 취득세 과세표준은 공시가액(시가표준액)을 적용했지만, 2023년 1월 1일 이후부터는 증여세와 취득세 모두 시가를 과세표준으로 적용하고 있습니다.

Q. 이번 회차의 핵심 내용을 정리해주신다면.

A 7.10 부동산 대책에 따라 조합원 입주권과 주택 분양권뿐만 아니라 주거용 오피스텔이 취득세 대상 주택 수에 포함됐습니다. 또한 2020년 8월 12일부터 1가구가 2주택 이상을 취득하면 주택 수에 따라 취득세가 중과됩니다. 조정대상지역 내 공시가액이 3억원 이상인 주택을 무상으로 증여받는 경우 12%의 취득세율이 적용됩니다.

제21화 : 보험료 불입자와 보험금 수익자를 일치시키면 상속·증여세가 발생하지 않는다.

  보험계약 당사자는 계약자, 불입자, 피보험자, 수익자로 구성됩니다. 계약자는 당초 보험을 계약한 사람, 불입자는 실제 보험료를 납입하는 사람, 피보험자는 보험의 대상이 되는 사람, 수익자는 보험 만기 또는 해지 시 보험금을 수령하는 사람입니다.
  보험료를 납입하는 사람(불입자)과 보험금을 수령하는 사람(수익자)의 관계에 따라 상속세나 증여세가 발생할 수도, 그렇지 않을 수도 있습니다. 불입자와 수익자가 일치하면 세금이 부과되지 않지만 불일치하면 불입자가 보험금을 수익자에게 상속 또는 증여한 것으로 간주돼 세금이 부과되니 주의하셔야 합니다.

Q. 종신보험이나 사망보험으로 받는 보험금에도 세금이 발생하나요?

A 피상속인이 계약자거나 불입자인 생명보험 또는 손해보험의 보험금을, 피상속인의 사망으로 인해 상속인이 지급받는 경우 해당 보험금은 상속재산으로 봅니다. 보험이 만기가 됐거나 보험사고 등 보험금 지급 사유가 발생해 피상속인 생전에 보험금을 수령하면 증여세가, 피상속인이 사망한 후 보험금을 수령하면 상속세가 부과될 수 있습니다.

Q. 보험금으로 인해 세금이 발생하는 경우는 언제인가요?

A 보험계약의 당사자는 계약자, 불입자, 피보험자, 수익자로 나뉩니다. 여기서 불입자와 수익자가 불일치하면 수익자에게 세금이 발생합니다. 보험계약을 통해 실제로 이익을 보는 사람이 수익자이기 때문입니다.

Q. 그럼 보험계약 시 불입자와 수익자를 일치시키면 세금이 발생하지 않나요?

A 네, 맞습니다. 보험료를 납입하는 주체인 불입자와 보험금을 수령하는 주체인 수익자가 일치하면 세금이 발생하지 않습니다.

Q. 상기 웹툰 사례처럼 불입자를 아내로 변경하면 세금이 없나요?

A 그렇습니다. 당초 종신보험 계약자와 불입자는 남편인데, 남편의 사후 보험금을 받는 수익자를 아내로 지정했기 때문에 사망보험금에 대한 상속세가 발생하는 것입니다. 계약자와 불입자를 아내로 바꾸고, 남편의 사후 사망보험금을 부인이 수령하면 상속세가 없습니다.

Q. 만약 보험료를 남편과 아내가 반반 불입하면 어떻게 되나요?

A 피상속인(남편)의 사망 시까지 납입된 보험료 총합계액 중 피상속인이 보험료를 부담한 비율만큼만 상속재산으로 간주돼 상속인(아내)에게 상속세가 부과됩니다. 예를 들어 사망보험금이 5억원이면 남편이 부담한 비율 50%, 즉 2억5,000만원에 대해서만 상속세를 내는 것입니다. 만약 아내가 보험료를 100% 불입하면 전체 보험금 중 상속재산에 해당되는 비율(남편의 보험료 부담 비율)이 0이므로 상속세는 없습니다.

Q. 채무자가 채권자에게 빌린 돈을 갚지 못하고 사망한 경우, 채권자가 채무자의 사망보험금을 압류(강제집행)할 수 있나요?

A 불가능합니다. 피상속인의 사망보험금은 상속인의 고유재산으로 보기 때문에 피상속인의 채권자가 압류할 수 없습니다. 설령 상속인이 상속을 포기한다 하더라도 채권자는 사망보험금을 받을 수 없고, 상속인은 받을 수 있습니다. 다만 보험금은 민법상 상속재산은 아니지만 상속·증여세법상 간주상속재산에 해당돼 상속세가 발생합니다.

Q. 만약 자녀가 피보험자고 부모가 보험료를 불입하다 사망하면 어떻게 되나요?

A 좋은 질문입니다. 예를 들어 10년 전 아버지가 아들을 피보험자로 지정하고, 만기가 20년 후인 연금보험에 가입해 3,000만원을 불입한 상태에서 아버지가 사망했다고 가정하겠습니다. 이 경우는 피보험자인 아들의 사망으로 보험금이 지급되는 상황이 아니라, 불입자인 아버지가 사망한 사례이므로 상속재산은 불입된 보험료(3,000만원)와 이자 상당액을 합산해 평가하게 됩니다.

Q. 이번 회차의 핵심 내용을 정리해주신다면.

A 피보험자의 사망으로 보험금이 지급된 경우, 보험금을 불입한 비율대로 분배해 상속재산을 계산합니다. 이때 보험료를 납입하는 불입자와 보험금을 수령하는 수익자를 일치시키면 세금이 발생하지 않습니다.

제22화 : 다주택자 양도소득세 중과 배제기간을 확인하라!

2022년 5월 10일 출범한 윤석열 정부가 부동산 시장 안정화를 위해 소득세법 시행령을 개정했습니다.

첫째, 다주택자에 대한 양도소득세 중과가 한시적으로 배제됩니다.

2년 이상 보유한 조정대상지역 내 주택을 2022년 5월 10일부터 2026년 5월 9일까지 양도하면 기본세율과 장기보유특별공제가 적용됩니다.

둘째, 1세대 1주택 양도세 비과세 보유 · 거주 기간 재기산 제도가 폐지됩니다.

셋째, 이사 등 사유로 인한 일시적 1세대 2주택 양도세 비과세 요건이 완화됩니다.

정부는 위 사항이 납세자에게 유리한 개정임을 감안해 개정일 이전인 2022년 5월 10일부터 발생하는 양도분에 개정시행령을 소급 적용한다고 발표했습니다.

Q. 2022년 소득세법 시행령이 개정되면서 다주택자에 대한 양도소득세 중과가 한시적으로 배제됐다고 하던데요.

A 네, 맞습니다. 과거에는 조정대상지역 내 다주택자가 주택 양도 시 기본세율(6~45%)에 20%(2주택) 또는 30%(3주택 이상)를 가산한 중과세율이 적용되고, 장기보유특별공제(이하 장특공제)는 받을 수 없었는데요. 이번 개정으로 보유 기간이 2년 이상인 조정대상지역 내 주택을 2022년 5월 10일부터 2026년 5월 9일까지 양도하면 기본세율 및 장특공제를 적용받을 수 있게 됐습니다. 단 장특공제는 보유 기간이 3년 이상인 주택을 대상으로 하며, 15년 이상 보유 시 최대 30%(연 2%)까지 공제 가능합니다.

Q. 그럼 얼마나 절세가 되나요?

A 취득가액이 10억원인 주택을 15년간 보유한 2주택자가 해당 주택을 20억원에 양도했다고 가정하겠습니다. 이 경우 양도차익(＝양도가액－취득가액) 10억원에 대한 양도세를 계산하면 시행령 개정 전은 5억8,305만원, 개정 후 중과가 배제된 현재는 2억5,755만원으로 3억2,550만원이 절세됩니다. 만약 취득가액이 10억원인 주택을 15년간 보유한 3주택 이상 다주택자가 해당 주택을 20억원에 양도하면 어떻게 될까요. 개정 전 6억8,280만원이었던 양도세가 개정 후 2억5,755만원으로 감소해 4억2,525만원이 절세됩니다.

A 그렇습니다. 2017년 발표된 8.2 부동산 대책에 따라, 2017년 8월 3일 이후 취득한 조정대상지역 내 주택에 대해 1세대 1주택 양도세 비과세를 적용받기 위해서는 2년 이상 보유 또는 거주해야 합니다. 시행령 개정 전에는 2021년 1월 1일부터 다주택자가 나머지 주택을 모두 양도하고 최종 1주택자가 된 날을 기점으로 주택 보유·거주 기간을 다시 계산해 비과세 여부를 결정했는데요. 개정 후에는 주택 수와 관계없이, 양도하려는 주택의 실제 보유·거주 기간을 기준으로 비과세가 적용됩니다. 예를 들어 A, B, C 3개 주택을 가진 사람이 A, B를 먼저 양도하고 C를 양도하려는 상황을 가정하겠습니다. 시행령 개정 전에는 C의 보유·거주 기간 2년을 이미 충족했다 하더라도 A, B 양도 후 최종 1주택(C)인 상태를 최소 2년은 더 유지해야 비과세가 적용됐습니다. 그러나 이제부터는 A, B를 양도한 시점에서 C의 보유·거주 기간 2년을 충족한 상태라면 추가로 보유 또는 거주할 필요 없이 C에 대해 양도세 비과세 혜택을 받을 수 있다는 뜻입니다.

Q. 이사 등으로 인한 일시적 1세대 2주택 양도세 비과세 요건은 어떻게 완화됐나요.

A 시행령 개정 전에는 기존·신규 주택 모두 조정대상지역에 있는 경우 신규 주택 취득일로부터 1년 이내 기존 주택을 양도하고, 세대원 전원이 1년 이내 신규 주택에 전입해야 양도세 비과세가 적용됐는데요. 개정 후 기존 주택의 양도 기한이 1년에서 2년으로 늘어났고, 세대원 전원이 신규 주택에 전입해야 한다는 요건은 삭제됐습니다.

Q. 3가지 개정사항 중 다주택자 양도세 중과 배제 규정만 한시적으로 적용되나요?

A 네, 맞습니다. 다주택자 양도세 중과 배제 규정만 2022년 5월 10일부터 2026년 5월 9일까지 발생하는 양도분에 대해 한시적으로 적용됩니다. 1세대 1주택 비과세 보유·거주 기간 재기산 및 일시적 1세대 2주택 비과세 요건 완화 규정은 2022년 5월 10일 이후 양도분부터 지속적으로 적용되는 사항입니다.

Q. 이번 회차의 핵심 내용을 정리해주신다면.

A 2022년 ① 다주택자 양도세 중과 한시 배제 ② 1세대 1주택 양도세 비과세 보유·거주기간 재기산 폐지 ③ 이사 등 사유로 인한 일시적 1세대 2주택 비과세 요건 완화를 골자로 하는 소득세법 시행령 개정이 이뤄졌습니다. 이 중 다주택자 양도세 중과 배제는 한시적 규정이므로 반드시 유의해야 합니다. 1세대 1주택 양도세 비과세는 양도하려는 주택의 실제 보유·거주 기간을 기준으로 적용 여부를 결정합니다. 또 일시적 1세대 2주택 양도세 비과세 규정에서 기존 주택 양도 기한이 2년으로 늘어났으며, 신규 주택 전입 요건은 삭제됐습니다.

제23화 : 상속인 중 한 명이 단독 등기한 아파트, 처분 후 양도대금 나누면 증여세 나온다.

공동상속인 간 협의에 따라 특정 상속인이 재산을 단독으로 상속등기한 다음 제 3자에게 상속재산을 양도하고 그 대금을 나머지 상속인들과 나눠 가지면 증여세가 발생할 수 있습니다. 실제로 회계법인을 찾아오는 고객 중 매매 절차 간소화를 위해 단독명의로 상속등기 후 분배하는 사례를 종종 볼 수 있는데요.

만약 상속재산 처분 후 양도대금을 나눌 예정이라면 당초 상속 시 특정 상속인의 단독명의가 아닌, 대금을 나눠 가질 상속인들끼리 공동명의로 등기해야 세무상 리스크를 차단할 수 있습니다.

Q. 웹툰 속 남매처럼 상속등기는 1인에게 하고 상속재산 양도 후 양도대금을 상속인끼리 나눠도 문제가 없나요?

A 상속인이 2인일 때 상속등기는 1인이 하고, 처분 후 양도대금은 2인이 분배할 경우 증여세가 발생할 수 있습니다. 상속등기를 통해 대상 재산은 특정 1인의 온전한 소유물이 됐기 때문에 양도대금 역시 그 1인에게 귀속되는데, 이를 다시 분배하면 특정 1인이 다른 상속인에게 증여한 꼴이 됩니다. 그래서 당국이 증여 행위로 보고 양도대금을 나눠 받은 나머지 상속인에게 증여세를 과세하는 것입니다.

Q. 그럼 증여세를 부담하지 않으려면 어떻게 해야 하나요?

A 당초 상속등기 시 특정 상속인의 단독명의가 아니라 양도대금을 분배하기로 한 상속인들끼리 공동명의로 등기해야 세무상 리스크를 피할 수 있습니다.

Q. 상속인들 간 협의로 특정 1인이 원래 본인의 상속분보다 많은 재산을 받은 경우 세금 문제는 어떻게 되고, 예외사항은 없나요?

A 상속·증여세법 4조 3항에서 관련 내용을 규정하고 있습니다. 상속 개시 후 상속재산에 대해 등기·등록·명의개서 등(이하 '등기 등')으로 각 상속인의 상속분이 확정된 후 공동상속인이 협의분할한 결과, 특정 상속인이 당초 상속분을 초과해 취득한 재산은 그 분할에 의해 상속분이 감소한 다른 상속인으로부터 증여받은 것으로 보아 증여세를 부과합니다. 다만 ① 상속세 과세표준 신고기한(상속개시일이 속한 달의 말일로부터 6개월) 내 분할에 따라 당초 상속분을 초과해 취득한 경우 ② 당초 상속재산의 분할에 대해 무효 또는 취소 등 대통령령으로 정하는 정당한 사유가 있는 경우에는 증여세를 부과하지 않습니다.

Q. "무효 또는 취소 등 대통령령으로 정하는 정당한 사유"는 무엇인가요?

A 3가지 사유가 있습니다. ① 상속회복청구의 소*에 의한 법원의 확정판결에 따라 상속인과 상속재산에 변동이 있는 경우 ② 민법상 채권자대위권**의 행사에 의해 공동상속인들의 법정상속분대로 등기 등이 된 상속재산을, 상속인 간 협의분할에 따라 재분할하는 경우 ③ 상속세 과세표준 신고기한 내 상속세를 물납하고자 민법 법정상속분으로 등기 등을 통해 물납을 신청했지만, 허가를 받지 못하거나 물납재산 변경 명령을 받아당초 물납재산을 상속인 간 협의분할에 따라 재분할한 경우입니다.

* 상속회복청구의 소 : 상속인이 아닌 사람이 상속인을 참칭하거나, 공동 상속인이 다른 공동상속인을 속여서 혹은 위임·협의 없이 상속재산을 정리하는 등의 사유로 권리를 침해당한 진정한 상속인이 상속재산 반환을 구하는 소송

** 채권자대위권 : 채권자가 채무자에게 빌려준 자신의 돈을 돌려받기 위해, 채무자가 다른 사람으로부터 받을 돈을 대신 받아낼 수 있는 권리

Q. 상속회복청구의 소에 의한 명의 이전 시 증여세가 부과되지 않은 사례가 궁금해요.

A 자녀가 효도의 대가로 부모에게 재산을 증여받는 조건부(부담부) 증여, 일명 '효도계약'이라고 하는데요. 부양의 의무를 다하겠다는 아들에게 어머니가 아파트 상속등기를 해줬으나, 아들이 등기 후 효도는커녕 말썽을 부려 상속인으로서 도리를 다하지 못한 경우를 예로 들어볼 수 있습니다. 어머니가 법원에 소유권이전등기말소 청구 소송을 제기해 아들 명의 등기를 말소하라는 승소 판결을 받고, 해당 아파트를 딸 명의로 협의분할 및 상속등기를 한 경우에는 아들이 딸에게 증여한 것으로 보지 않아 증여세가 발생하지 않습니다.

Q. 이번 회차의 핵심 내용을 정리해주신다면.

A 상속재산 등기 완료 후 당초 상속분을 초과하면 증여세가 발생할 수 있으니 각별히 주의해야 합니다. 상속을 먼저 받고 나중에 형제자매끼리 재산을 분배할 예정이라면 번거롭더라도 상속등기 시부터 공동명의로 등기해야 합니다. 다만 상속인이 상속세 과세표준 신고기한 내 분할에 따라 당초 상속분을 초과해 취득한 경우, 그리고 당초 상속재산의 분할에 대해 ① 상속회복청구의 소 ② 채권자대위권 행사 ③ 물납 변경의 경우는 정당한 사유로 보아 당국이 증여세를 부과하지 않습니다.

제24화 : 유증을 통해 두 마리 토끼를 잡아라!

　재산을 특정 상속인에게 귀속시키려면 피상속인 생전에 충분한 시간을 두고 계획 하에 사전증여하는 방식을 고려할 수 있습니다. 그러나 재산이 상속세 과세 금액 이하라면 상속으로 가야 세금 면에서 유리합니다. 사전증여를 택하면 오히려 증여세와 상속세가 과세되기 때문입니다. 그럼에도 사전증여를 선택했다면 이유는 두 가지입니다.

　첫째는 상속세의 최저 공제액수를 몰라 잘못된 의사결정을 한 경우입니다.

　둘째는 비록 세금을 내더라도 특정 상속인에게 사전증여를 통해 재산을 귀속시키기 위함입니다.

　특정 상속인에게 재산 귀속이 가능한 사전증여, 상속공제를 통해 세금을 아낄 수 있는 상속. 양쪽의 장점을 모두 취할 수 있는 방법이 바로 유증입니다.

Q. 웹툰 사례처럼 피상속인의 전 재산이 10억원이라면 상속과 사전증여 각각의 경우 세금이 어떻게 되나요?

A 상속을 택한 경우, 배우자가 있고 상속재산이 10억원 이하이므로 상속세가 발생하지 않습니다. 일괄공제 5억원과 배우자공제 최소 5억원을 합쳐 최소 10억원의 상속공제가 적용되기 때문입니다. 그렇다면 사전증여는 어떨까요. 먼저 증여재산 5억원에 대해 7,760만원씩, 수증자(딸)가 2명이니 1억5,520만원의 증여세가 발생합니다. 또한 피상속인이 상속 개시 전 10년 이내 상속인에게 증여한 재산은 상속재산에 합산되므로, 증여시점에 따라 4,850만원의 상속세가 추가로 발생할 수 있습니다. 따라서 사전증여를 택한 경우 총 세금(증여세+상속세)은 최대 2억370만원까지 나올 수 있습니다.

Q. 위 사례에서 남편의 동의 없이 상속등기를 할 수 없는 이유는 무엇인가요?

A 상속재산 분할을 놓고 상속인 간 협의가 이뤄지지 않으면, 재산은 특정 상속인이 아닌 각 상속인의 법정지분(배우자는 1.5, 자녀는 1)에 따라 귀속됩니다. 사례 속 상속인별 지분은 남편 : 장녀 : 차녀 = 1.5 : 1 : 1입니다. 즉, 남편에게도 3/7(1.5/3.5)의 지분이 발생하며, 상속인 전원의 인감도장과 인감증명서 등 관련 서류가 준비되지 않으면 상속등기는 불가능합니다. 그래서 상속으로 가려면 배우자인 남편의 동의가 필요하다는 것입니다.

Q. 그럼 증여로 가면 남편이 동의하지 않아도 아파트를 이전할 수 있나요?

A 네, 증여등기는 증여자(고객)와 수증자(두 딸)의 서류만 구비하면 됩니다. 하지만 문제는 증여세 부담이 만만치 않다는 것입니다. 앞서 말씀드렸듯이 수증자 2명에 대한 증여세만 1억5,520만원입니다. 만약 증여 후 10년 이내 상속이 이뤄지면 해당 증여분이 다시 상속재산에 합산되는데, 이 경우 과다한 사전증여로 인해 상속공제 한도가 10억원에서 1억원으로 감소합니다. 증여가 상속보다 준비 서류는 간단해도 세금 면에서 오히려 불리해지는 셈입니다.

Q. 상속은 세금이 없지만 별거 중인 남편의 동의 없이는 등기가 불가능하고, 증여는 세금이 2억원이지만 단독으로 등기가 가능하네요. 어떻게 해야 할까요?

A 유증(遺贈)을 선택하셔야 합니다. 용어를 풀어보면 '유언에 의한 증여'라는 뜻인데, 상속·증여세법에서 유증은 상속에 포함되는 개념입니다. 유증으로 이전한 재산은 상속재산에 포함돼 증여세 대신 상속세가 과세되며, 특정 상속인에게 귀속 가능하다는 장점이 있습니다. 그래서 유증을 잘 활용하면 일석이조의 효과를 볼 수 있습니다. 위 사례에서 유증을 택해야 하는 또 다른 이유는 상속공제 한도를 보전할 수 있기 때문입니다. 상속·증여세법 24조 1항은 [상속세 과세가액에서 '선순위 상속인이 아닌 자에게 유증 등을 한 재산가액'을 뺀 금액]을 상속공제 한도로 명시하고 있는데

요. 사례 속 두 딸은 1순위 상속인이니 '선순위 상속인이 아닌 자'에 해당하지 않고, 따라서 유증을 받아도 상속공제 한도가 감소하지 않습니다.

Q. 위 사례 외에 어떤 경우 유증을 활용하면 좋을까요?

A   상속인 중 이복형제가 있는 경우를 예로 들 수 있겠습니다. 이복형제와 교류가 없거나 연락이 전혀 안 되는 경우 상속등기를 하는 데 꽤 애를 먹습니다. 피상속인인 아버지를 기준으로 전처 및 후처의 자녀들은 직계비속, 즉 주상속인에 해당하므로 일찍 사전증여를 하거나 유증을 준비해야 합니다. 그렇지 않으면 주어진 기한 내 상속등기를 못할 수도 있습니다.

Q. 위 사례에서 남편은 유류분을 주장할 수 있나요?

A   좋은 질문입니다. 유류분은 일정 상속인(피상속인의 직계비속-배우자-직계존속-형제자매 순)을 위해 법률상 반드시 남겨둬야 하는 상속재산의 일부입니다. 사전증여와 유증 중 어느 쪽을 택하든 남편은 유류분을 주장할 수 있기에 대안을 선택하는데 영향을 주지는 못합니다. 피상속인의 배우자가 갖는 유류분은 본인 법정지분의 50%이므로, 사례에서는 1.5/7의 권리가 남편에게 존재합니다.

Q. 이번 회차의 핵심 내용을 정리해주신다면.

A   절세 전략을 세울 때 요긴하게 활용할 수 있는 것이 유증입니다. 상속재산을 특정 상속인에게 귀속시킬 수 있고, 세목도 증여세가 아닌 상속세로 과세되기 때문입니다. 증여는 간단한 서류로 특정인에게 재산 이전이 가능하며, 상속은 최소 상속공제액 10억원을 활용하면 상속세가 나오지 않습니다. 양쪽의 장점을 모두 취할 수 있는 유증을 통해 두 마리 토끼를 잡으시길 바랍니다.

제25화 : 할아버지가 손자에게 준 교육비, 증여세 내야 할까?

가족 간 자금 거래는 증여로 간주될 수 있어 주의가 필요합니다.

그렇다고 가족 사이에서 일어난 모든 거래가 문제가 되는 것은 아닙니다. 사회 통념상 인정되는 경조사비와 생활비, 교육비, 축하금 등은 증여로 보지 않습니다. 생활비는 매달 정해진 날에 일정 금액을 주는 경우 비과세가 인정됩니다. 하지만 1년치 금액을 한꺼번에 주거나, 받은 생활비를 쓰지 않고 저축했다면 이는 저축예금을 증여한 것으로 봅니다.

요즘은 조부모가 손자녀에게 교육비나 유학비를 주는 경우가 적지 않습니다. 이 경우는 어떨까요? 손자녀 교육비의 비과세 인정 여부는 그 부모의 소득능력에 따라 결정됩니다. 부모가 소득능력이 있음에도 조부모가 교육비를 줬다면 증여, 소득능력이 없다면 비과세입니다.

Q. 비과세 증여재산이란 무엇인가요?

A 타인에게 무상으로 증여했지만 증여세가 부과되지 않는 재산을 말합니다. 대표적인예로 이재구호금품, 치료비, 피부양자의 생활비, 교육비, 학자금(장학금), 축하금, 부의금 등이 있습니다.

Q. 상기 웹툰 사례처럼 할아버지가 손자에게 준 대학 입학 축하금은 비과세 증여재산으로 인정되나요?

A 손자녀 교육비를 비과세로 인정하는지는 부모의 소득능력에 따라 달라집니다. 부모가 소득능력이 있음에도 조부모가 손자녀 교육비를 주는 경우는 증여, 소득능력이 없는 경우는 비과세입니다. 일반적으로 취업 전 학생 신분의 자녀에게 부모가 주는 교육비 역시 비과세가 인정됩니다.

Q. 그렇다면 사회 통념상 인정되는 교육비는 어느 정도 수준인가요?

A 좋은 질문입니다. 금액의 절대적 기준은 없습니다. 예를 들어 손자녀가 간 대학이 국내냐 해외냐, 같은 대학이라도 어느 학과냐에 따라 등록금 액수는 다를 수 있습니다. 금액의 많고 적음이 아니라 사회 통념상 인정될 수 있는지가 중요한 관건입니다.

Q. 웹툰 사례에서 막내아들 결혼식 축의금은 누구의 것인가요?

A 통상 결혼식 축의금은 혼주인 부모의 하객이 낸 것으로 보아 부모 돈으로 봅니다. 그러나 축의금을 자녀(신랑·신부) 지인으로부터 받았음을 입증하면 자녀의 돈으로 봅니다.

Q. 생활비는 누가 누구에게 주든 상관없나요?

A 생활비는 일상생활에서 가장 기본적인 가족 간 거래입니다. 부부 중 직장 생활을 하는 사람이 집안 살림을 하는 사람에게, 또는 부모가 아직 사회에 진출하지 않은 자녀에게 돈을 주는 경우를 들 수 있습니다. 즉, 소득능력이 있는 사람이 피부양자(부양을 받아야 할 사람)에게 돈을 주는 것입니다.

Q. 생활비 명목이기만 하면 어떤 거래든 비과세 증여재산으로 인정되나요?

A 그렇지는 않습니다. 일반적으로 생활비는 매달 정해진 날에 일정 금액을 주는 경우 비과세로 봅니다. 그러나 1년치 생활비를, 심지어 10년치를 한꺼번에 주는 경우라면 인정되기 어렵습니다. 또한 생활비를 받은 사람이 그 돈을 전부 저축하고, 본인의 통장에서 생활비를 쓰는 경우도 마찬가지입니다. 사용하지 않고 저축한 생활비는 전액 증여로 간주되기 때문입니다.

Q. 연로한 부모를 대신해 자녀가 부모의 자금을 관리하는 경우는 어떤가요?

A 부모가 연로해 효과적인 자금 관리가 어렵다는 이유로 부모의 자금을 자녀에게 이체하고, 자녀가 그 돈으로 부모를 부양하는 경우 위험한 거래가 될 수 있습니다. 자녀가 효심에서 부모를 위해 자금을 쓴 것과는 별개로, 부모 돈을 자녀에게 주는 행위 자체가 증여에 해당하기 때문입니다. 따라서 부모는 자녀에게 위탁하지 말고 본인이 직접 자금을 관리하는 편이 좋습니다.

Q. 그 밖에 주의해야 할 거래가 있을까요?

A 한 예로 부동산의 명의자가 아버지인데, 실제 부동산에서 발생한 임대소득은 어머니 또는 자녀가 받아서 생활비로 쓰는 경우가 있습니다. 어차피 가족 생활비로 쓸 돈이니 괜찮다고 생각한다면 큰 오산입니다. 아버지가 받아야 할 보증금과 월세를 어머니나 자녀가 받으면 이는 증여로 간주될 수 있습니다. 부동산 임대로 발생한 보증금과 월세를 명의자가 먼저 받고, 명의자가 아닌 다른 가족에게 생활비로 이체하면 문제가 되지 않습니다.

Q. 이번 회차의 핵심 내용을 정리해주신다면.

A 사회 통념상 인정되는 이재구호금품, 치료비, 피부양자의 생활비, 교육비, 학자금(장학금), 축하금, 부의금 등은 비과세 증여재산입니다. 생활비는 거액을 한꺼번에 주기보다 정기적으로 일정 금액을 이체해야 비과세로 인정됩니다. 특히 부모와 자녀 간 자금거래는 증여로 볼 소지가 많으니 각별히 유념하셔야 합니다.

제26화 : 적정사전증여비율, 황금률(Golden Ratio)을 찾아라!

　　요즘 부동산·주식 시장 하락기를 이용해 증여하려는 고객들의 상담 문의가 많습니다. 사전증여에 대한 관심이 뜨겁습니다만, 실무에서 잘못된 증여 사례가 적지 않습니다.

　　증여 실행 전에는 취득세, 종합부동산세, 양도소득세, 상속세 등 관련 세금 효과를 반드시 살펴보고 이를 숫자로 비교할 수 있어야 합니다.

　　증여는 언제 얼마를 누구에게 주는지, 그 재산을 어느 정도의 가액으로 평가하는지가 중요합니다. 이를 정확히 판단하지 못하면 잘못된 증여가 발생하게 됩니다.

　　모 재산가가 사전증여를 계획하고 있다면 생전에 사전증여할 금액과 끝까지 갖고 있다가 상속으로 가야 할 금액을 구분해서 세금을 최소화하는 적정사전증여비율, 일명 황금률(Golden Ratio)을 도출할 수 있습니다.

Q. 적정사전증여비율이란 무엇인가요?

A   본인의 재산 중 사전증여할 금액과 마지막까지 갖고 있다가 상속으로 처리할 금액을 구분해서, 세금을 최소화하는 적정사전증여금액을 본인의 총재산으로 나눈 값을 말합니다. 저마다 사상체질이 다르듯이 개개인의 재산 상황에 따른 적정사전증여비율이 존재합니다. 즉, 각자의 황금률(Golden Ratio)이 따로 있는 셈입니다.

Q. 상속재산에 따라 상속세는 얼마나 나오나요?

A   상속공제액을 10억원(배우자공제 5억원, 일괄공제 5억원)으로 가정하고 계산하겠습니다. 상속재산가액이 20억원이면 약 10%(11.6%)에 해당하는 2억3,000만원, 30억원이면 20%(20.7%)인 6억2,000만원, 50억원이면 30%(29.9%)인 14억9,000만원, 100억원이면 약 40%(39.2%)인 39억2,000만원의 상속세가 발생합니다.

Q. 위 웹툰 사례에서 50억 재산가의 적정사전증여비율은 어떻게 되나요?

A |50억 재산가의 상황별 상속 · 증여세 비교|

(단위 : 억원)

구분	현재 50억원 상속 시(A)	1차 15억원 사전증여 후 10년 경과(B)	2차 15억원 사전증여 후 10년 경과(C)
상속세	14.9	8.1	2.3
증여세	-	2.9	5.8
합계	14.9	11.0	8.1
차이	-	3.9	6.8

상속재산가액이 50억원일 때 상속세는 약 15억원이 산출됩니다. 이 50억원을 전액 상속으로 돌리지 않고 생전에 1차로 15억원을 사전증여 후 10년이 지나면 3억9,000만원이 절세되며, 다시 2차로 15억원을 사전증여 후 10년이 지나면 2억9,000만원이 추가로 절세됩니다. 두 차례의 사전증여를 통해 총 6억8,000만원, 약 46%의 세금을 아낄 수 있는 것입니다. 따라서 사례 속 50억 재산가의 적정사전증여비율은 1차 사전증여(15억원) : 2차 사전증여(15억원) : 상속(20억원) = 3 : 3 : 4가 됩니다.

Q. 1회보다 2회에 걸쳐 사전증여를 해야 세금이 최소화된다는 뜻인가요?

A 맞습니다. 사전증여의 상속재산 합산 기간이 10년입니다. 상속 개시 전 10년 이내 사전증여를 하면 해당 증여분은 상속재산에 합산돼 과세 대상이 됩니다. 그러므로 10년 단위로 두 번 사전증여를 해야 절세 효과를 누릴 수 있습니다. 한번에 거액을 물려주기보다는 충분한 시간을 두고 상속 · 증여 계획을 수립하는 것이 유리합니다.

Q. 10년 단위로 두 번이면 20년인데 너무 오래 걸리네요. 기간을 줄일 순 없나요?

A 사전증여의 대상이 주상속인인 자녀일 경우 그 증여분은 10년 단위로 상속재산에 합산되지만, 손자녀 · 며느리 · 사위에게 증여 시에는 합산 기간이 5년으로 줄어듭니다.

Q. 사전증여로 인해 발생하는 또 다른 세금 효과가 있나요?

A 좋은 질문입니다. 웹툰 사례는 단순히 상속세와 증여세만 계산했지만 실제 사례에서는 취득세, 종합부동산세, 양도세까지 다각적으로 세금 효과를 분석합니다. 먼저 취득세는 2020년 7.10 부동산 대책으로 인해 다주택자의 유상취득 및 일정 요건을 충족하는 무상취득에 대한 세율이 대폭 강화됐습니다. 2023년부터 무상취득(증여)에 따른 취득세 과세표준(세금을 부과하는 기준)이 시가표준액에서 시가로 변경되었습니다. 양도소득세는 2022년 5월 10일부터 2026년 5월 9일까지 다주택자에 대해 한시적으로 중과가 배제되는데요. 이 기간이 지나면 다주택자 중과세율이 부활 할 수 있습니다. 상속 · 증여세는 종합세목이므로 다른 세목의 효과를 함께 고려해야 최적의 적정사전증여비율을 도출할 수 있다는 점을 유의해야 하겠습니다.

제27화 : 가업승계 지금 준비하라!

상속세는 가업승계를 고려하는 사장님들의 가장 큰 숙제라 해도 과언이 아닙니다.

실제로 유망한 중소기업이 상속세 부담을 이기지 못해 경영권을 매각하는 안타까운 사례를 볼 수 있습니다.

삼성그룹 오너 일가의 경우, 故이건희 회장이 남긴 유산에 무려 12조원이 넘는 상속세를 신고한 것으로 알려져 화제가 되기도 했습니다.

가업승계 관련 세제 지원에는 ① 가업상속공제 ② 가업승계주식에 대한 증여세 과세특례 ③ 가업상속재산에 대한 상속세 연부연납 제도가 있습니다.

최근, 세법 개정에 따라 당국은 가업상속공제 대상 중견기업의 범위를 5,000억원 미만으로 확대하고, 상속 개시 전 가업영위기간을 산정함에 있어 한국표준산업분류표상 동일한 대분류 내의 다른 업종으로 주된사업을 변경해도 가업 유지로 인정하는 등 완화된 가업상속공제 요건을 적용하고 있습니다.

Q.   삼성그룹 오너 일가 상속세가 무려 12조원이나 된다니 놀랍네요.

A   전체 상속재산은 약 20조원으로, 재산 대부분이 상장주식이라 할증
20%를 더해 60% 세율이 적용됩니다. 따라서 20조원의 60%, 약 12조
원이 상속세로 발생합니다.

Q.   가업상속공제란 무엇이며, 공제 요건은 어떻게 되나요?

A   가업상속공제는 중소기업과 연평균 매출액 5,000억원 미만 중견
기업의 가업승계를 지원하기 위한 제도입니다. 일정 요건 충족 시
최소 300억원에서 최대 600억원까지 상속공제가 적용됩니다. 가
업상속공제를 받기 위해서는 ① 중소기업 또는 중견기업이면서
피상속인이 최소 10년 이상 경영한 기업이어야 하고 ② 가업을 승
계하는 상속인은 18세 이상으로 상속개시일 전 2년 이상 가업에
종사해야 하며 ③ 피상속인이 특수관계자 지분을 합해 40% 이상(
상장기업은 20% 이상)을 10년 이상 지속적으로 보유하고 있어야
합니다.

Q.   가업상속공제로 인한 절세 효과는 얼마나 되나요?

A   예를 들어 가업재산 100억원에 일반재산 10억원, 총 110억원의 재산을 보유한 12년차 중소기업 대표가 가업승계를 한다고 가정하겠습니다. 앞서 말씀드린 3가지 요건을 충족하면 세금은 제로(0), 그렇지 않은 경우 43억원의 세금이 발생합니다.

Q.   어떤 업종이든 가업상속공제를 받을 수 있나요?

A   그렇지는 않습니다. 가업상속공제 대상 업종은 주로 농업, 어업, 서비스업 등으로 관련 법규에서 광범위하게 정하고 있으며 일반 숙박업, 주점업, 부동산임대업, 법무·회계서비스업 등은 해당되지 않습니다. 따라서 가업승계를 고려하고 있다면 본인이 영위하는 사업이 가업상속공제 대상 업종인지 사전에 점검해야 합니다.

Q.   가업상속 후에도 사후관리를 해야 한다는데 무슨 뜻인가요?

A   가업상속공제를 받은 상속인이 상속 개시 후 5년간 법에서 정한 사후관리 요건을 이행하지 않으면 추징세액이 부과됩니다. ① 가업용 자산을 40% 이상 처분하는 경우 ② 가업에 종사하지 않는 경우 ③ 상속인의 지분이 감소하는 경우 ④ 5년간 정규직 인원 및 총 급여액의 전체 평균이 법정 기준의 90%에 미달하는 경우에는 사후관리 요건을 이행하지 않은 것으로 봅니다.

Q.   사후관리가 만만치 않네요. 그 밖에 가업상속공제에서 유의할 사항이 있나요?

A   가업상속공제액 = 주식평가액 × (1−사업무관비율)
가업상속공제액은 주식평가액에서 사업무관비율에 해당하는 자산을 제외한 금액인데, 이 사업무관자산에 유념해야 합니다. ① 비사업용 토지 ② 업무 무관 자산 및 타인에게 임대 중인 부동산 ③ 대여금 ④ 과다보유현금 ⑤ 법인의 영업 활동과 직접적인 관련없이 보유하고 있는 주식·채권·금융상품이 사업무관자산에 해당합니다. 추가로 우선주는 가업주식가액에 해당하지 않으며, 자회사 주식은 영업 활동과의 관련도에 따라 사업무관자산 여부를 판단하므로 면밀한 분석이 필요합니다. 따라서 가업상속공제를 받기전 회사 재무 상태에 대한 전반적인 검토와 준비가 요구됩니다.

Q.   가업승계 시 상속공제 외에 추가 혜택은 없나요?

A   일반적인 상속세 연부연납(세금을 장기간에 걸쳐 나눠 내는 것) 기간은 10년'인데요. 가업승계 지원책의 일환으로 가업상속재산에 대한 상속세는 거치 기간 포함 최장 20년간 연부연납이 가능합니다. 가업상속재산이 차지하는 비율이 50% 이상인 경우, 연부연납 허가일로부터 20년 또는 허가 후 10년이 되는 날부터 10년간 상속세를 분할 납부할 수 있습니다.

Q.   이번 회차 핵심 내용을 정리해주신다면.

A   가업승계 시 가업상속공제를 활용해 절세 효과를 누리기 위해서는 상속 예상 시점보다 상당한 시간적 여유를 두시기 바랍니다. 그래야 사업 구조와 재무 상태 등을 분석해 공제 요건을 충족하는 사업 모델을 구축할 수 있기 때문입니다. 아울러 가업상속 후 사후관리에 들어가는 5년간의 사업 환경을 예상하고 인력과 자금 등 관련 계획을 세워야 하겠습니다.

제28화 : 자녀가 부모 빚 상속포기하면 손주도 상속에서 제외된다.

　상속이 개시되면 피상속인의 모든 재산상 권리와 의무는 상속인에게 포괄적으로 승계됩니다. 그러나 상속인이 받게 될 재산보다 부채가 많다면, 상속인 본인의 고유 재산을 침해해 자칫 엄청난 부담을 초래할 수 있습니다.

　이러한 경우를 대비해 우리 법은 '상속포기'와 '한정승인' 제도를 두어 상속인의 재산을 보호하도록 하고 있습니다.

　1순위 상속인이 상속포기를 선택하면 후순위 상속인에게 채무가 승계될 수 있어 주의가 필요합니다. 이를 사전에 방지하고자 1순위 상속인 중 한 명이 상속재산 내에서 피상속인의 채무를 변제하는 한정승인을 주로 선택하는데요. 예를 들어 주상속인이 피상속인의 배우자·장남·차남일 때 배우자가 한정승인, 두 아들이 상속포기를 하면 문제가 발생할 수 있습니다. 상속포기를 한 장남 또는 차남이 자녀가 있는 경우, 그 자녀(손주)에게 채무가 승계되기 때문입니다.

　그런데 "자녀가 부모의 빚을 상속포기한 때에는 손주도 상속에서 제외된다"는 취지의 대법원 판결이 2023년 3월에 나왔습니다. 손주도 공동상속인으로 봤던 기존 대법원 판례가 8년 만에 뒤집힌 것입니다.

Q. 부모님이 돌아가셨을 때 상속재산과 부채 중 어느 쪽이 많은지 어떻게 알 수 있나요?

A   포털사이트 검색창에 '안심상속 원스톱서비스'를 입력해 접속하면 확인 가능합니다. 사망신고를 한 후 시군구 행정복지센터나 통합민원서비스 '정부24' 등에 신고하면 1~2주안에 금융거래, 국세, 지방세, 부동산, 자동차, 연금 등의 현황을 볼 수 있습니다.

Q. 상속재산이 부채보다 많으면 괜찮지만, 부채가 상속재산보다 많으면 어떻게 해야하나요?

A   상속포기를 고려할 수 있습니다. 상속포기란 상속인으로서 피상속인의 재산에 대한 모든 권리와 의무의 승계를 부인하고, 처음부터 상속인이 아니었던 것과 동일한 효력의 의사 표시입니다. 상속개시를 안 날로부터 3개월 내에 상속개시지(피상속인의 최후 주소지)의 가정법원에 상속포기 신고를 하면 됩니다. 단 포기한 상속분은 다른 후순위 상속인의 상속분 비율만큼 그 상속인에게 귀속됨에 각별히 주의하셔야 합니다.

Q. 후순위 상속인에게 부채가 승계되는 상황을 원치 않는다면.

A 한정승인 제도를 이용하셔야 합니다. 한정승인이란 상속인이 상속으로 인해 취득하게 될 재산의 한도 내에서 피상속인의 채무를 변제할 조건으로 상속을 승인하는 것입니다. 상속개시를 안 날로부터 3개월 내에 상속개시지의 가정법원에 한정승인 신고를 하면 됩니다.

Q. 위 웹툰 사례처럼 어머니는 한정승인, 형제는 상속포기를 한 경우 어떤 문제가 있나요?

A 종전에는 형제에게 자녀, 즉 피상속인의 손주가 있는 경우 비록 형제가 둘 다 상속포기를 했다 하더라도 채무가 손주에게 승계된다는 문제가 있었습니다. 피상속인의 자녀와 마찬가지로 손주도 직계비속으로서 1순위 공동상속인으로 봤기 때문입니다. 그러나 최근 대법원이 새로운 판결을 내놓으면서 상황이 달라졌습니다.

Q. 기존 판례와 비교해 이번 판결에서는 구체적으로 무엇이 달라졌나요?

A 대법원은 피상속인의 자녀가 모두 상속포기한 경우 손주도 그 상속에서 제외되며, 오직 피상속인의 배우자만 단독 상속인이 된다고 판결했습니다. 자녀가 부모의 재산을 상속포기한다는 것은, 상속으로 인해 채무가 자기 자녀에게도 승계되는 효과를 원천적으로 막을 목적으로 보는 게 자연스럽다는 설명입니다. 또한 대법원은 손주를 공동상속인으로 보는 것은 당사자 의사뿐만 아니라 법감정에도 반한다고 지적했습니다.

Q. 새로운 판결이 나왔으니 상속 전략에도 변화가 생기겠네요.

A 맞습니다. 기존 판례대로라면 피상속인에게 손주가 있고 부채가 상속재산보다 많은 경우, 손주의 부모인 자녀는 상속포기가 아닌 한정승인을 했어야 합니다. 그러나 이제는 자녀가 상속포기를 택하면 손주도 당연히 상속을 포기한 것으로 보아 상속에서 제외됩니다.

Q. 이번 회차의 핵심을 정리해주신다면.

A 부모님이 돌아가셨을 때 안심상속 원스톱서비스를 이용하면 상속재산과 부채를 한눈에 확인할 수 있습니다. 만약 부채가 상속재산보다 많다면 상속포기와 한정승인 중 하나를 선택할 수 있는데요. 상속포기를 선택할 경우 1순위부터 4순위까지 모든 상속인이 상속포기 신고를 해야 하는 번거로움이 생길 수 있습니다. 따라서 한정승인 제도를 선택해 1순위 상속인 중 배우자가 한정승인, 나머지 자녀는 상속포기를 하면 됩니다. 최근 대법원 판결에 따라 앞으로는 피상속인에게 손주가 있어도, 자녀가 상속포기 시 손주는 상속에서 제외되기 때문입니다.

제29화 : 부모님 돌아가시기 전 이것만은 지켜라!

　부모님이 위독하신 경우, 사망에 대비해 재산을 미리 처분해도 되는지 문의하는 분들이 많은데요. 부모가 사망하기 전 자녀가 예금을 인출하는 것은 결코 바람직하지 않습니다. 상속개시일로부터 소급해서 2년 내에 일정액 이상의 재산을 처분하거나 금전 인출 등을 하면 그 돈을 어디에 사용했는지에 대한 입증 책임을 상속인이 부담하게 되기 때문입니다.

　특히 상속개시 전 예금을 인출하고, 과세 포착이 어려운 현금으로 증여해 부당하게 세금을 낮추는 것을 방지하고자 우리 상속·증여세법에서는 '추정상속제도'를 두고 있습니다.

　추정상속제도는 상속개시 전 일정 기간 이내 일정 금액 이상을 처분 시 처분한 금액의 용도가 불분명하거나 이를 상속인이 입증하지 못하면 상속세를 과세하는 제도입니다. 실제로도 많은 상속인들이 추정상속 규정 때문에 세무조사를 받느라 힘들어 합니다.

Q. 부모님이 돌아가시기 전 자녀가 부모님의 예금을 인출하면 상속세를 줄일 수 있나요?

A 이런 질문을 자주 받곤 합니다. 피상속인이 사망하기 전 상속인이 피상속인의 예금을 인출함으로써 상속세를 줄이는 것이 가능하다면 누구라도 그렇게 하겠지요. 하지만 결론은 불가능합니다. 상속인이 인출한 현금을 어디에 사용했는지 소명하지 못하면, 피상속인이 생전에 현금으로 상속인에게 증여한 것으로 보아 상속재산으로 추정됩니다. 이뿐만 아니라 인출한 금액을 상속인 통장으로 이체하는 것도 사전증여로 간주돼 증여세와 가산세가 발생하며, 해당 금액은 다시 상속재산에 합산됩니다. 결국 현금 인출하든 상속인 통장에 이체하든 상속재산에는 변동이 없습니다.

A 그렇습니다. 피상속인을 기준으로 10년 이내 재산을 타인에게 양도한 사실이 있으면 그 양도대금을 누가 받았는지 당국이 자금 흐름을 조사합니다. 양도대금이 상속인에게 이체됐다면 사전증여로 간주돼 증여세가 과세될 것입니다. 건물을 처분하면 부동산에서 예금자산으로 변경될 뿐 상속재산이 감소하지는 않습니다. 그래서 일반적으로 피상속인이 사망하기 직전 재산을 처분하기보다 사후에 양도하는 편이 절세에 도움이 됩니다. 참고로, 상속세 신고기한(상속개시일이 속한 달의 말일로부터 6개월) 내에 매매 계약을 체결하면 양도소득세가 발생하지 않습니다. 이는 계약금액을 상속재산으로 신고하므로 양도가액과 취득가액이 일치해 양도차익이 발생하지 않기 때문입니다.

A 추천하지 않습니다. 대출금액 산정을 위한 감정평가로 담보 물건의 시가(감정가액)가 공개되면 상속재산가액이 상승할 가능성이 높습니다.

A 맞습니다. 인출, 처분, 대출 등 재산상 어떤 행위도 하지 않는 것이 유리합니다. 경건한 마음으로 부모님의 곁을 지키는 게 우선입니다.

A 자녀가 부모님의 병원비와 간병비를 부담했다고 해서 상속세가 차감되지는 않습니다. 병원비와 간병비를 부모님 명의의 카드로 결제해 예금자산을 줄이거나, 사후에 결제해 상속채무로 돌려서 상속재산을 줄이는 방법이 있겠습니다.

Q. 부모님이 돌아가신 후 지출한 장례비를 상속세에서 공제받을 수 있나요?

A 가능합니다. 장례비는 '일반장례비용'과 '봉안시설 또는 자연장지의 사용에 소요된 금액'으로 나뉩니다. 일반장례비용은 피상속인의 사망일로부터 장례일까지 장례에 직접 소요된 금액*입니다. 그 금액이 500만원 미만이면 500만원이, 1,000만원 초과라면 1,000만원까지만 상속세에서 공제됩니다. 봉안시설 또는 자연장지의 사용에 소요된 금액은 500만원 한도로 공제됩니다. 장례비는 조의금과 상속인 본인 자금 어느 쪽에서 지출해도 무방하며, 상속세 공제 증빙을 위해 관련 영수증을 잘 챙기시기 바랍니다. 조의금은 사회통념상 인정되는 비과세 증여재산으로서 증여세가 부과되지 않습니다.

* 시신의 발굴 및 안치에 직접 소요된 비용과 묘지구입비(공원묘지 사용료 포함), 비석, 상속 등 장례에 직접 소요된 비용

Q. 이번 회차의 핵심을 정리해주신다면.

A 부모님이 돌아가시기 전에는 예금을 인출 또는 재산을 처분하거나 대출을 받는 등 재산상 어떤 행위도 하지 않는 것이 유리합니다. 부모님 사후에는 장례비 관련 영수증을 잘 챙겨 상속세 공제를 받으시기 바랍니다. 장례비의 지출 원천은 중요하지 않습니다. 또한 조의금은 비과세 증여재산으로 증여세가 부과되지 않습니다.

제30화 : 상속세는 이렇게 계산한다!

　상속세를 부과하는 방식에는 두 가지가 있습니다. 피상속인의 유산 총액을 기준으로 세율을 적용하는 '유산세', 상속인의 상속분을 기준으로 과세하는 '유산취득세'가 그것입니다. 우리나라는 현재 유산세를 적용하고 있는데, 최근 정부에서 유산취득세로 상속세 부과 방식의 전환을 준비 중에 있습니다.

　OECD(경제협력개발기구) 회원국 가운데 상속세가 존재하는 나라는 24개국으로 이 중 유산세 방식을 채택한 나라는 한국, 미국, 영국, 덴마크 4개국입니다. 각 방식에 장단점이 존재하는 만큼 충분한 고려와 의견 수렴을 거쳐 조세 방식을 전환해야 할 것입니다.

Q. 우리나라는 상속인이 아니라 피상속인을 기준으로 상속세를 계산한다는데.

A 맞습니다. 우리나라 상속세의 가장 큰 특징입니다. 상속세 부과 시 상속인이 각자 받게 되는 상속재산이 아니라, 피상속인의 유산을 기준으로 계산하는 유산세 방식을 적용합니다. 이 방식의 장점은 상속세를 통해 재산 일부를 사회에 환원함으로써 부의 대물림을 완화하고, 과세 및 조사·결정이 용이하다는 것입니다. 다만 과세 방식(기준)과 납세 의무자가 일치하지 않는다는 점, 이중과세 소지가 있다는 점은 단점으로 꼽힙니다.

Q. 상속세 과세표준은 무엇인가요?

A 과세표준이란 세율이 곱해지는 대상을 말합니다. 예를 들어 소득세는 소득금액, 재산세는 재산가액이 과세표준이 됩니다. 세목 관련 수입에서 관련 비용을 차감한 소득과 비슷한 개념이라 보시면 됩니다. 즉, 상속세의 관련 수입은 상속재산이고, 관련 비용은 상속 부채, 과세가액공제액, 상속공제 등으로 구성됩니다.

특히 상속공제는 상속세를 절세하고 싶다면 꼭 눈여겨봐야 할 요소인데요. 상속공제는 인적공제와 물적공제로 나뉩니다. 인적공제는 '기초공제(2억원) 및 그 외 인적공제(자녀·미성년·경로자·장애인 등)의 합계'와 일괄공제(5억원) 중 큰 금액을 선택할 수 있으며, 배우자가 있는 경우 배우자상속공제가 적용됩니다. 물적공제에는 가업·영농상속공제, 금융재 산상속공제, 동거주택상속공제 등이 있습니다.

상속세 산출세액은 어떻게 계산하나요?

A   과세표준에 세율을 곱하면 산출세액이 나옵니다. 세율은 5단계 초과누진세율이 적용되며, 과세표준에 비례해 세율이 커지는 구조입니다. 1억, 5억, 10억, 30억원을 기준으로 10%에서 최대 50%의 세율이 적용됩니다. 만약 과세표준이 20억원이면 산출세액은 2억4,000만원 + (20억원-10억원) × 40% = 6억4,000만원이 됩니다.

과세표준	세율
1억원 이하	10%
1억원 초과 ~ 5억원 이하	1,000만원 + 1억원 초과금액의 20%
5억원 초과 ~ 10억원 이하	9,000만원 + 5억원 초과금액의 30%
10억원 초과 ~ 30억원 이하	2억4,000만원 + 10억원 초과금액의 40%
30억원 초과	10억4,000만원 + 30억원 초과금액의 50%

Q.   **상속에 총납부세액은 어떻게 계산하나요?**

A   총납부세액은 산출세액에서 세액공제를 뺀 금액입니다. 세액공제는 증여세액공제, 단기상속세액공제, 신고세액공제(3%) 등으로 구성됩니다. 아래 표를 보시면 상속세 계산 구조를 한눈에 알 수 있습니다.

구 분	내 역
총 상 속 재 산 가 액	- 본래의 상속재산(사망 또는 유증·사인증여·신탁으로 취득한 재산) - 간주상속재산(보험금, 신탁재산, 퇴직금 등) - 추정상속재산[상속개시일 전 1년 이내에 2억원 또는 2년 이내에 5억원 이상 재산처분·금전인출·채무부담으로 용도 불분명한 금액]
(−) 비 과 세 상 속 재 산	국가·지자체에 유증, 금양임야, 묘토 등
(−) 과 세 가 액 공 제 액	공과금, 장례비, 채무액
(+) 사 전 증 여 재 산 가 액	상속인(10년), 상속인 이외의 자(5년) (창업자금, 가업승계 증여세 과세 특례의 경우에는 기간에 관계없이 합산함)
(−) 과 세 가 액 불 산 입 액	공익법인 출연한 재산, 공익신탁재산
= 상 속 세 과 세 가 액	
(−) 상 속 공 제 금 액	기초공제와 그 밖의 인적공제 합계와 일괄공제(5억원) 중 큰 금액 배우자상속공제, 가업·영농상속공제, 금융재산상속공제, 재해손실공제, 동거주택상속공제(단, 상속공제 한도 주의)
(−) 감 정 평 가 수 수 료	- 부동산, 서화, 골동품 등 : 500만원 한도 - 비상장주식 : 평가대상법인(신평사) 수 별로 각각 1,000만원 한도
= 과 세 표 준	
(×) 세 율	10% ~ 50% 5단계 초과누진세율 최대주주 할증과세 적용
= 산 출 세 액	세대생략 상속 30%(40%)할증 (대습상속은 제외)
(−) 세 액 공 제	증여세액공제, 외국납부세액공제, 단기상속세액공제, 신고세액공제(3%)
= 신 고 납 부 세 액	
(+) 가 산 세	신고불성실, 납부지연가산세
= 총 납 부 세 액	분납, 연부연납, 물납

제31화 : 부동산 취득 시 자금조달계획서·자금출처조사 미리 준비하라

부동산 거래 시 '부동산거래신고'와 '자금조달계획서' 제출 및 '자금출처조사'에 유념하셔야 합니다.

부동산거래신고는 거래 당사자인 매수인과 매도인이 계약일로부터 30일 안에 그 부동산 소재지의 관할 지자체장에게 '부동산거래계약신고서'를 작성해 공동 신고해야 하며, 중개 거래의 경우 공인중개사가 신고해야 합니다.

자금조달계획서는 규제지역 내 주택을 매수한 경우 거래 가격과 관계없이 모든 주택 거래에 대해, 비(非)규제지역 내 주택을 매수한 경우 거래 가격이 6억원 이상인 주택 거래에 대해 제출해야 합니다.

만약 자금 출처가 불투명하거나 증여가 의심되는 경우 국세청으로부터 자금출처조사를 받을 수 있으니 주의하시기 바랍니다.

Q. **부동산 구입 시 무엇을 준비해야 하나요?**

A   3가지를 준비하셔야 합니다. 부동산거래신고 이행, 자금조달계획서 제출, 마지막으로 자금출처조사에 대한 대비입니다.

Q. **부동산거래신고는 누가 하나요?**

A   부동산(분양권·입주권 포함)을 거래하는 매수인과 매도인이 매매 계약을 체결하고, 계 약일로부터 30일 이내 부동산 소재지를 관할하는 지자체장에게 부동산 실제 가격 등을 부 동산거래계약신고서에 기입해 공동으로 신고합니다. 공인중개사를 낀 중개 거래라면 담당 공인중개사가 신고해야 합니다.

Q. 웹툰 사례에서 아들이 구입한 주택에 대해 자금조달계획서를 제출해야 하나요?

A 네, 사례 속 주택이 있는 서울 서초구는 규제지역에 해당합니다. 투기과열지구·조정대상지역 등 규제지역 내 주택을 매수한 경우, 거래 가격과 관계없이 모든 주택 거래에 대해 자금조달계획서를 제출해야 합니다. 투기과열지구나 조정대상지역이 아닌 비규제지역 내 주택을 매수한 경우에는 거래가 6억원 이상 주택 거래에 대해 제출해야 합니다.

Q. 자금조달계획서 외에 준비해야 할 서류가 있나요?

A 투기과열지구 내 주택을 매수한 경우에는 자금조달계획서에 실제 기재한 자금을 증빙하는 서류를 첨부해야 합니다. 구체적인 서류는 다음과 같습니다.

항목		제출서류
본인 자금	금융기관 예금액	예금잔액증명서
	주식·채권 매각대금	주식거래내역서, 잔고증명서
	증여·상속	증여·상속세 신고서
	현금 등 기타	소득금액증명원, 원천징수영수증 등 소득 증빙 서류
	부동산처분대금	부동산매매계약서
차입금 등	금융기관 대출액	금융거래확인서, 부채증명서, 대출신청서
	임대보증금	임대차계약서
	회사지원금·사채 등 차입금	금전 차용 증빙 서류

Q.   자금출처조사는 언제, 어떤 경우에 받게 되나요?

A   앞서 제출된 자금조달계획서 및 첨부 서류를 한국부동산원이 검토 후 자금 출처가 불투명하거나 증여가 의심된다고 판단하면, 해당 거래 내역과 확인 내역을 탈세의심자료로 국세청에 통보합니다. 그럼 국세청은 통보된 자료를 바탕으로 증여 여부 등을 검증하는 자금출처조사를 실시합니다.

Q.   자금출처조사에서는 주로 무엇을 확인하나요?

A   매수인의 직업·연령·소득 및 재산 상황을 고려했을 때 매수인이 취득한 재산(해외 유 출 건 포함), 채무 상환에 쓴 자금 또는 이와 유사한 자금을 본인 능력으로 마련했다고 보기 어려운 경우, 당국은 그 자금의 원천을 밝혀 증여세 등 세금 탈루 여부를 확인합니다.

Q.   자금출처조사에서 문제가 되면 세금이 부과되나요?

A   조사 과정에서 당국이 문제삼은 자금의 출처를 매수인이 명확하게 소명하지 못하면, 그 자금은 타인으로부터 증여받은 것으로 보고 증여세를 부과합니다. 이때 증여세는 증여재산가액에서 증여재산공제액을 뺀 금액에 대해 과세합니다. 증여한 사람이 배우자면 6억원, 직계존·비속이면 5,000만원(피증여자가 미성년자인 경우 2,000만원), 기타 친족이면 1,000만원이 공제됩니다.

Q.   이번 회차 핵심을 정리해주신다면.

A   부동산 취득 시 부동산거래신고, 자금조달계획서, 자금출처조사를 기억하시기 바랍니다. 규제지역 내 주택을 매수했다면 금액에 상관없이 증빙 서류를 첨부해 자금조달계획서를 제출해야 합니다. 서류가 미흡하면 자금출처조사를 받을 수 있으므로, 취득 시부터 어떤 자금으로 부동산을 구입했는지 입증 가능한 자료를 철저히 준비하셔야 합니다.

제32화 : 증여공제와 비과세 증여재산

2024년부터 시행되는 혼인에 따른 증여재산공제가 현재까지 많은 주목을 받고 있습니다.

증여재산공제란 국내 거주자가 가족이나 친척으로부터 증여를 받는 경우 증여세 과세가액에서 일정액을 공제해주는 것입니다. 증여하는 사람이 배우자면 6억원, 직계존속이면 5,000만원(단 수증자가 미성년자인 경우 2,000만원), 직계비속이면 5,000만원, 기타 친족(4촌 이내 혈족 및 3촌 이내 인척)이면 1,000만원이 공제됩니다.

증여재산공제는 10년마다 한 번, 수증자를 기준으로 적용합니다.

예를 들어 성인 아들 3명이 5,000만원씩 부친에게서 증여를 받으면 각 5,000만원 공제가 적용돼 증여세가 발생하지 않지만 부친이 아들 3명에게서 5,000만원씩 증여를 받으면 1회에 한해 5,000만원만 공제돼 970만원의 증여세가 발생합니다.

Q. 최근 혼인에 따른 증여재산공제가 신설됐다고 하던데요.

A 맞습니다. 관련 법안이 국회를 통과하여 2024년 1월 1일 이후 증여분부터 적용됩니다. 개정안은 부모[조부모]가 자녀[손자녀]에게 기존 증여공제한도 5,000만원과 별도로, 결혼 자금 1억원을 추가 증여할 수 있다는 내용입니다. 증여는 혼인신고일 전후 각 2년 이내, 즉 최대 4년간 가능합니다.

Q. 그렇군요. 현행 증여재산공제액은 어떻게 되나요?

A 증여 시 재산을 받는 사람을 수증자, 주는 사람(증여하는 사람)을 증여자라고 합니다. 증여자가 배우자면 6억원, 직계존속이면 5,000만원(단 수증자가 미성년자인 경우 2,000만원), 직계비속이면 5,000만원, 기타 친족(4촌 이내 혈족 및 3촌 이내 인척)이면 1,000만원이 공제됩니다.

Q. 해외에 살고 있는 수증자도 증여재산공제를 받을 수 있나요?

A 증여재산공제는 국내 거주자가 증여를 받는 경우에 적용되므로, 수증자가 비거주자라면 증여재산공제를 받을 수 없습니다.

Q. 모든 증여재산에 대해 증여세를 내야 하나요?

A 타인에게 무상으로 증여한 재산이라도 증여세가 부과되지 않는 항목이 있습니다. 이를 비과세 증여재산이라고 하는데요. 이재구호물품, 치료비, 피부양자의 생활비, 교육비, 학자금(장학금), 기념품·축하금·부의금, 혼수용품 등 사회 통념상 필요하다고 인정되는 금품을 말합니다.

Q. 생활비는 직장인 남편이 가정주부 아내에게 생활비를 주는 경우, 부모가 소득능력이 없는 자녀에게 주는 경우 모두 비과세 증여재산에 포함되나요?

A 맞습니다. 다만 주의할 점이 있습니다. 사회 통념상 인정되는 생활비는 매월 일정한 주기, 일정한 금액으로 주는 것이라야 합니다. 만약 1년치 생활비로 1억원을 한꺼번에 주는 경우라면 생활비가 아닌 증여로 볼 가능성이 높겠지요. 주기는 일정한데 매번 금액이 현저하게 달라지는 경우도 마찬가지입니다. 이번 달은 1000만원, 다음 달은 100만원을 주는 것보다 매월 정해진 날에 일정액을 줘야 생활비로 인정됩니다.

Q. 조부모가 손자녀에게 대학 입학 축하금으로 1000만원을 준다면 비과세 증여재산일까요?

A 조부모가 손자녀에게 준 대학 입학 축하금이 증여세 과세 대상인지는 자녀(부모)의 소득능력(재산 상태)에 달려 있습니다. 자녀가 소득능력이 없으면 비과세, 소득능력이 있으면 조부모가 손자녀에게 증여한 것으로 봅니다.

Q. 결혼식으로 받은 축의금은 보통 누구 것으로 보나요?

A 일반적으로 결혼식 축의금은 혼주, 즉 부모의 돈으로 봅니다. 그러나 결혼 당사자인 신랑·신부(자녀)가 지인에게 축의금을 받았음을 입증하면 자녀 것으로 봅니다. 요즘 모바일 청첩장을 보면 신랑·신부와 혼주 계좌번호가 따로 나와 있고, 하객은 각자 원하는 쪽으로 입금하면 되니 큰 문제는 없어 보입니다.

Q. 그럼 혼수용품은 통상 어느 선까지 비과세로 인정되나요?

A 절대적인 금액이 규정된 것은 아닙니다. '사회 통념상 인정되는 혼수용품'이란 각 가정의 생활 수준에 따라 달라질 수 있습니다. 중요한 것은 결혼 시즌에 혼수용품으로 구입했다는 증빙입니다. 예를 들어 현금 1,000만원을 혼수용품 구입에 썼다고 주장하기보다는, 1,000만원에 대한 증빙 자료를 철저히 준비하는 것이 중요합니다.

Q. 이번 회차의 핵심을 정리해주신다면.

A 증여재산공제는 국내 거주자가 가족이나 친척으로부터 증여를 받는 경우, 증여세 과세가액에서 일정액을 공제해주는 것입니다. 2024년부터 혼인에 따른 증여재산공제 1억원이 신설되었습니다. 비과세 증여재산은 이재구호물품, 치료비, 피부양자의 생활비, 교육비, 학자금(장학금), 기념품·축하금·부의금, 혼수용품 등 사회 통념상 인정되는 금품을 말합니다.

제33화 : 증여, 일시금보다는 월정액으로 나눠서 줘야 유리

부모는 성인 자녀에게 10년 단위로 증여재산공제 한도 5,000만원(미성년 자녀는 2,000만원) 안에서 세금 없이 증여가 가능합니다. 대부분은 5,000만원을 한꺼번에 증여하는 분들이 많은데요.

일시금보다는 매월 일정한 금액을 10년간 나눠서 주면 목돈을 증여하는 부담을 덜 수 있을 뿐만 아니라, 증여세도 절감할 수 있습니다.

예를 들어 6,000만원을 일시에 주는 경우와, 월 50만원씩 10년에 걸쳐 주는 경우를 비교하면 전체 증여금액은 같아도 증여세는 전자 97만원, 후자 26만원으로 차이가 납니다. 왜 그럴까요? 월정액 증여 방식은 수증자가 미래에 받을 금액을 현재 가치로 환산하기 때문에 6,000만원보다 낮은 액수로 증여재산가액이 평가돼 증여세가 줄어든 것입니다. 이를 유기정기금 방식 증여라고 합니다.

Q. 웹툰 사례에서 부부가 큰아들에게 6,000만원을 증여하면 증여세는 얼마나 나오나요?

A 부모가 성인 자녀에게 증여 시 증여재산공제 한도는 5,000만원(미성년 자녀는 2,000만원)이고, 증여세는 과세표준 1억원까지 10% 세율을 적용해 계산합니다. 따라서 6,000만원 증여 시에는 5,000만원을 공제하고 남은 과세표준 1,000만원에 10%를 곱한 값인 100만원이 산출세액이 됩니다. 여기에서 신고세액공제 3%를 차감하면 최종 증여세액은 97만원입니다.

Q. 증여공제는 부모 각각 5,000만원씩 적용되나요?

A 증여공제 한도는 부모 양측을 합산해 5,000만원입니다. 증여공제액 계산 시 부모는 동일인으로 보기 때문입니다. 아버지와 할아버지가 각각 큰아들[손자]에게 증여하는 경우에도 증여공제 한도는 2대를 합산해 5,000만원입니다. 수증자가 직계존속으로부터 증여를 받는 경우 당국이 증여자 각각 5,000만원 공제를 적용하지 않고 합쳐서 계산하기 때문입니다.

Q.   재산을 일시에 주지 않고 다달이 나눠서 증여하는 것도 가능한가요?

A   가능합니다. 그걸 유기정기금 방식 증여라고 합니다. '유기정기금' 이라는 단어를 풀어 보면 유기(有期)는 정해진 기간, 정기금(定期 金)은 정해진 때에 치르거나 받는 금액을 뜻합니다. 즉, 당사자의 일방이 상대방에게 일정 기간 반복해서 때맞춰 금전 또는 기타 물 건을 납입시키는 것을 목적으로 하는 금액이며, 연금이나 적금 등 이 이에 해당합니다.

Q.   유기정기금 방식을 적용하면 재산은 어떻게 주는 건가요?

A   6,000만원을 한꺼번에 주는 대신 월 50만원씩 수증자에게 줘서 1 년에 600만원, 10년 간 6,000만원을 증여하는 것입니다. 총액은 일 시금과 유기정기금 방식 모두 동일합니다.

Q.   유기정기금 방식 증여 시 증여세가 줄어드는 이유는 무엇인가요?

A   현재의 50만원과 10년 뒤 50만원의 가치가 다르듯이 돈의 가치는 시간이 지날수록 하락합니다. 그래서 유기정기금 방식에 따라 증 여재산가액을 평가할 때는 미래에 발생할 금액을 현재 가치로 환 산하기 위한 할인을 적용합니다. 매년 수증자가 받을 금액을 기획 재정부령으로 정한 이자율 3%만큼 할인한 가액의 10년치 합계액 이 증여재산가액이 되는 것입니다. 위 사례에서 유기정기금 방식 으로 6,000만원 증여 시 증여재산가액은 3% 할인율을 적용한 5,271만6,654원이고, 증여세는 26만원이 발생합니다. 일시금 증여 와 비교해 약 70만원이 절세되는 셈입니다.

유기정기금 평가 산식(상속세 및 증여세법 시행령 62조)

$$\frac{\text{각 연도에 받을 정기금액}}{(1+\text{보험회사의 평균공시이율 등을 고려하여 기획재정부령으로 정하는 이자율})^{n}}$$

n : 평가기준일부터의 경과연수

* 보험회사의 평균공시이율 등을 고려하여 기획재정부령으로 정하는 이자율=3%

Q. 월 100만원씩 10년간 1억2,000만원을 증여하면 일시금 증여와 비교해 세금을 얼마나 아낄 수 있을까요?

A 1억2,000만원을 한꺼번에 증여한다고 가정하면 5,000만원 공제 후 과세표준 7,000만원에 10% 세율을 곱한 값인 700만원이 산출세액이 됩니다. 여기에 신고세액공제 3%를 적용하면 최종 증여세는 679만원입니다. 1억2,000만원을 월 100만원씩 10년간 분할 증여 하는 경우는 어떨까요. 증여재산가액은 1억2,000만원에 3% 할인율을 적용한 1억543만 3,307원이 되고, 증여세는 538만원이 발생합니다. 따라서 유기정기금 방식이 일시금 방식보다 약 140만원 절세 효과가 있습니다.

Q. 이번 회차의 핵심을 정리해주신다면.

A 자녀에게 증여를 고려하고 있다면 일시금보다는 월정액을 분할해 증여하는 유기정기금 방식이 유리합니다. 지금부터라도 가족의 중장기 자금 계획을 잘 세워 매월 조금씩 증여하는 방법으로 절세 효과를 누리시기 바랍니다.

제34화 : '안심상속 원스톱서비스'로 상속재산 한눈에

부모님이 돌아가신 후 상속 절차를 밟다 보면 자녀도 몰랐던 재산이 발견되기도 합니다. 이때 '안심상속 원스톱서비스'를 이용하면 피상속인(사망자)이 남긴 모든 재산을 쉽고 빠르게 조회할 수 있습니다. 안심상속 원스톱서비스는 전국 어디서든 시군구청 또는 읍면동 행정복지센터를 방문하거나 온라인 통합민원서비스 '정부24'에 접속해서 신청할 수 있습니다.

피상속인의 생전 금융거래, 토지, 자동차, 세금 등 재산을 담당 기관별로 일일이 방문하지 않고도 단 한 번의 통합 신청으로 문자·온라인·우편 등을 통해 확인이 가능합니다.

상속세 신고 및 상속등기는 상속개시일(사망일)이 속한 달의 말일로부터 6개월 이내에 마쳐야 합니다. 상속세 신고는 피상속인 주소지 관할 세무서에, 상속등기는 해당 부동산 소재지의 관할 등기소에서 진행해야 합니다.

Q. 부모님(피상속인)이 돌아가신 후 사망신고는 언제까지 해야 하나요?

A 사망신고는 사람이 사망한 후 그 사람을 주민등록에서 삭제하기 위해 시(구)·읍·면의 장에게 신고하는 것으로, 사망신고에 의해 가족관계등록부가 폐쇄됩니다. 사망일로부터 한 달 이내에 사망자의 친족이나 동거자가 사망신고를 해야 하는데, 정당한 사유 없이 기간 내에 신고하지 않으면 5만원 이하의 과태료가 부과됩니다.

Q. 상속인이 모르는 피상속인의 재산을 파악하려면 어떻게 해야 하나요?

A 피상속인의 모든 재산을 간편하게 조회할 수 있는 '안심상속 원스톱서비스'를 이용하면 됩니다. 전국 어디서든 시군구청, 읍면동 행정복지센터를 방문하거나 '정부24' 홈페이지에서 온라인으로 신청할 수 있습니다. 상속인이 직접 신청하는 경우 상속인 본인의 신분증만 지참하면 됩니다. 대리인이 신청하는 경우에는 대리인의 신분증, 상속인의 인감 증명서와 위임장을 준비해야 합니다.

Q.   서비스로 조회 가능한 재산의 범위는 어디까지인가요?

A   △금융거래(예금, 대출, 보험 내역과 상조) △국세(체납, 고지세액, 환급세액) △지방세 (체납, 결손, 고지세액, 환급세액) △토지(소유 내역) △자동차(소유 내역) △국민/공무원/사립학교교직원 연금 가입 유무 등을 조회할 수 있습니다.

Q.   서비스 신청 결과는 언제 받아볼 수 있나요?

A   자동차 · 건축물 · 어선은 즉시, 토지 · 지방세는 총 7일 이내, 금융 · 국세 · 연금 · 공제회 · 4대 보험료는 총 20일 이내에 결과를 받아볼 수 있다. 토지, 지방세 내역은 문자 · 우편 · 방문 중 원하는 방식으로 조회 가능합니다. 금융거래(금융감독원)와 국민연금(국민연금공단) 내역은 각 기관 홈페이지에서, 국세(국세청)은 홈택스에서 확인할 수 있습니다.

Q.   상속세 신고 시 필요한 서류는 무엇인가요?

A   상속세 신고는 피상속인이 사망한 달의 말일로부터 6개월 이내에 피상속인 주소지의 관할 세무서에 해야 합니다. 신고 시 기본적으로 갖춰야 할 서류는 ① 피상속인 가족관계 증명서 ② 기본증명서 ③ 주민등록초본 ④ 사망신고서 ⑤ 상속재산분할협의서 ⑥ 안심상속 원스톱서비스 결과물입니다. 상속세 계산 시 차감되는 과세가액공제액을 증빙하기 위해서는 ① 국세 · 지방세 고지서 ② 부채잔액증명서 ③ 카드고지서 ④ 임대차계약서 ⑤ 장례비 및 납골당 관련 영수증이 필요합니다.

A   등기·등록된 상속재산이 있는 경우, 앞선 상속세 신고와 동일 기한 내에 소유자 명의 를 상속인으로 변경하는 상속등기를 하셔야 합니다. 등기 시 필요한 서류는 피상속인 기준으로 ① 제적등본 ② 기본증명서 ③ 가족관계증명서 ④ 혼인관계증명서 ⑤ 입양관계증명 서 ⑥ 친양자관계증명서 ⑦ 주민등록 말소자 초본이 있습니다. 피상속인의 선친(사망자의 아버지) 기준으로는 제적등본이, 상속인 기준으로 ① 기본증명서 ② 가족관계증명서 ③ 인감도장 및 인감증명서 ④ 주민등록등본 ⑤ 신분증 앞뒷면 사본이 필요합니다.

Q. 생전에 본인의 모든 금융거래 내역을 확인할 수 있나요?

A   금융결제원이 운영하는 '어카운트인포(계좌정보통합관리서비스)'에서 '내계좌 한눈에' 서비스를 이용하면 됩니다. 본인이 거래하는 은행, 제2금융권, 증권사 등 계좌를 한 눈에 조회할 수 있습니다. 1년 이상 입출금 거래가 없거나, 만기 후 1년이 경과한 비활동 성계좌 중 잔고가 100만원 이하인 경우에 한해 계좌 해지 및 잔고 이전이 가능합니다.

Q. 이번 회차 핵심을 정리해주신다면.

A   안심상속 원스톱서비스를 이용하면 피상속인의 모든 재산을 간편하게 일괄 조회할 수 있습니다. 상속세 신고와 상속등기는 피상속인이 사망한 달의 말일로부터 6개월 이내 해야 합니다. 상속세 신고는 피상속인 주소지의 관할 세무서에, 상속등기는 해당 부동산 소재지의 관할 등기소에 해야 합니다. 생전 본인의 모든 금융거래 내역을 확인하고 싶다면 금융결제원 어카운트인포 서비스를 이용하시기 바랍니다.

제35화 : 비주거용 부동산의 감정가액 적용 기준

상속·증여 재산가액은 시가로 평가하는 것이 원칙이지만 시가를 객관적으로 확인할 수 없는 상가, 토지, 단독주택, 공장 등은 보충적 평가 방법인 기준시가를 따릅니다. 예를 들어 증여하려는 아파트와 상가의 시가가 둘 다 10억원이라면 아파트는 시가와 동일하게 10억원, 상가는 기준시가인 6억원으로 재산가액이 평가됩니다.

2020년 1월 국세청은 "상속·증여세 과세형평성 제고를 위해, 꼬마빌딩 등 거래시가가 존재하지 않는 고가의 비주거용 부동산에 대해서는 감정평가사업을 시행한다"고 발표했습니다. 그러나 감정평가 대상이 되는 고가 부동산의 기준은 조세 회피 목적에 악용될 소지가 있다는 이유로 제시하지 않아 이에 불만을 가진 납세자가 행정소송을 제기하는 등 조세저항이 발생하고 있습니다.

궁색해진 국세청에서는 23년 7월 '상속세 및 증여세 사무처리규정'을 시행, 비주거용 부동산의 감정가액 적용 기준을 규정화했습니다.

Q. 시가가 같아도 증여하는 물건이 아파트냐 상가냐에 따라 세금이 달라진다는데.

A 맞습니다. 바로 재산가액 평가 때문입니다. 상속·증여 시 재산가액은 시가로 평가하는 것이 원칙이지만, 상가처럼 시가를 객관적으로 확인할 수 없는 경우는 기준시가를 따릅니다. 그래서 시가가 10억원인 아파트와 상가를 증여할 때 아파트는 10억원, 상가는 기준 시가 6억원이 재산가액이 됩니다. 증여세를 계산해보면 아파트는 2억 2,000만원, 상가는 1억원으로 약 1억2,000만원의 세금 차이가 발생합니다.

Q. 10억원 상당의 상가를 팔아서 자녀에게 현금으로 주는 방법은 어떤가요?

A 상가를 팔아서 자녀에게 현금으로 주는 경우는 상가 양도에 따른 양도세 2억1,800만 원, 남은 자금의 현금 증여에 따른 증여세 1억 5,480만원을 합쳐 총 3억7,280만원의 세금이 발생합니다. 반면 상가 자체를 증여하는 경우는 증여세 1억180만원, 향후 자녀가 상가를 양도할 때 양도세 8,550만원을 합쳐 총 1억8,730만원의 세금

이 발생합니다. 따라서 상가를 팔아 현금으로 주기보다 상가를 그대로 증여하는 편이 무려 1억8,550만원을 아낄 수 있습니다. 상가는 시가가 아닌 기준시가 6억원으로 평가할 수 있기 때문입니다.

|시가 10억원 상가를 양도 후 현금 증여 VS 증여 후 양도 |

(단위 : 원)

상가 양도 후 현금 증여		상가 증여 후 양도	
총세금	3억 7,280만	총세금	1억 8,730만
양도세	2억 1,800만	증여세	1억 180만
증여세	1억 5,480만	양도세	8,550만

Q. **몇 년 전 국세청에서 고가의 비주거용 부동산에 대해 감정평가를 의무화하는 규정을 발표했다면서요.**

A 그렇습니다. 2020년 1월 31일자 국세청 보도자료에 의하면, 상속·증여 부동산 중 고가의 비주거용 부동산 중 보충적 평가 방법에 따라 신고한 가액과 시가와의 차이가 큰 부동산을 중심으로 배정된 예산 내에서 감정평가를 실시합니다.

Q. **보충적 평가 방법에 따른 신고가액과 시가 간 차이가 큰 부동산은 어떤 경우를 말하나요?**

A 기준시가와 시가 간 차이가 큰 고가의 부동산을 뜻합니다. 그동안 국세청은 감정평가 대상이 되는 고가 부동산의 기준은 조세 회피 목적에 악용될 소지가 있다는 이유로 제시하지 않았는데요. 이로 인해 납세자의 예측 가능성이 떨어져 조세저항이 발생하고 있습니다. '꼬마빌딩 세금은 복불복'이라며 불만을 품은 건물주들이 잇따라 행정소송을 제기하고 있으며, 실제로 건물주가 승소하는 사례가 나오고 있습니다.

Q. 그래서 국세청이 비주거용 부동산의 감정가액 평가 기준을 공시했 군요.

A 맞습니다. 명분이 궁색해진 국세청에서는 23년 7월 사무처리규정 72조에 다음과 같이 비주거용 부동산 중 감정평가 대상을 명시했습니다. ① 추정시가와 법 제61조부터 제66조까지 방법에 의해 평가한 가액(보충적평가액)의 차이가 5억원 이상인 경우 ② 추정시가와 보충적평가액 차이의 비율이 10% 이상[(추정시가-보충적평가액)÷추정시가] 인 경우입니다.

Q. 만일 위 기준에 해당돼 감정평가를 받게 된다면 주의할 점이 있을까요?

A 감정평가보고서의 감정기준일과 보고서 작성일, 이 두 가지가 평가기간 내에 들어와야 합니다. 증여의 경우는 평가기준일 전 6개월과 후 3개월 이내, 상속의 경우는 평가기준일 전 6개월과 후 6개월 이내에 들어와야 합니다.

Q. 이번 회차 핵심을 정리해주신다면.

A 비주거용 부동산 중 시가와 기준시가 간 차이가 5억원 이상 발생하는 물건에 대해서는 감정가액이 적용될 수 있습니다. 감정평가를 받는 경우라면 감정기준일과 보고서 작성일이 반드시 평가기간 내에 들어와야 한다는 점을 유의하시기 바랍니다.

제36화 : 상속세 부담된다면 현금 대신 '물납'도 가능

상속세 등 세금은 현금으로 납부하는 것이 원칙입니다.

그러나 상속재산 중 부동산과 유가증권가액이 해당 상속재산가액의 1/2을 초과하고, 납부세액이 2,000만원을 초과하며, 상속세 납부세액이 상속재산가액 중 금융재산가액을 초과하는 경우에는 현금 대신 상속받은 부동산이나 유가증권으로 세금을 납부할 수 있는 물납제도가 있습니다.

물납에 충당할 수 있는 재산은 크게 부동산과 유가증권이며 ① 국채 및 공채 ② 상장된 유가증권(최초로 상장돼 처분이 제한된 경우) ③ 국내 소재 부동산 ④ 유가증권 ⑤ 비상장주식 ⑥ 상속개시일 현재 상속인이 거주하는 주택 순으로 충당됩니다.

Q. 상속세를 현금 대신 현물로 납부할 수 있나요?

A   네, 이를 물납(物納)이라고 합니다. 상속세는 현금이 아닌 부동산이
나 유가증권으로 납부할 수 있는데요. 최근 세법이 개정됨에 따라
상속받은 문화재 및 미술품으로도 상속세를 낼 수 있게 됐습니다.

Q. 상속세만 물납이 허용되나요?

A   그렇습니다. 과거에는 증여세도 물납이 허용됐으나, 2015년 12월
15일 세법 개정 시 물납으로 인한 세수의 일실을 방지하기 위해
물납 대상 세목에서 증여세가 제외됐습니다. 그래서 현재는 상속
세만 물납을 허용하고 있습니다.

Q. 물납에 충당할 수 있는 재산은 어떤 것인가요?

A   크게 부동산과 유가증권이 있습니다. 부동산은 국내 소재 부동산
에 한해 물납이 가능합니다. 유가증권은 ① 국채・공채・주식 및
내국법인이 발행한 채권 또는 증권 ② 「자본시장과 금융투자업에
관한 법률」에 따라 신탁업자가 발행하는 수익증권, 집합투자증권,
종합금융회사가 발행하는 수익증권을 뜻합니다. 단 상장주식은
제외하되, 최초로 상장돼 물납허가통지서 발송일 전일 현재 「자
본시장과 금융투자업에 관한 법률」에 따라 처분이 제한된 경우라
면 물납이 가능합니다. 추가로 비상장주식은 다른 상속재산이 없
거나, 앞서 말한 선순위 재산으로 충당한 뒤에도 부족한 경우에만
물납이 가능합니다.

Q. 물납에 충당할 수 있는 재산에 순서가 있는지요?

A 물납 시 재산은 반드시 아래 순서에 따라 납부해야 합니다. 이 중 상속개시일 현재 상속인이 살고 있는 주택은 가장 마지막 순위입니다.

1순위	국채 및 공채
2순위	상장된 유가증권(최초로 상장돼 처분이 제한된 경우)
3순위	국내 소재 부동산
4순위	유가증권
5순위	비상장주식
6순위	상속개시일 현재 상속인이 거주하는 주택 및 그 부수토지

Q. 물납할 수 있는 금액에 한도가 있나요?

A 네, 물납은 한도 금액 내에서만 가능합니다. 아래 ①, ② 중 더 적은 금액이 한도가 됩니다. 한도를 초과하는 경우에는 현금으로 상속세를 납부해야 합니다.

· 물납한도 = MIN[①, ②]

$$① \; 상속세\ 납부세액 \times \frac{부동산 + 유가증권가액}{총상속재산가액}$$

② 상속세 납부세액 중 현금화가 용이한 금융재산(금융부채 차감) 과 상장주식 등 상장유가증권 가액을 초과하는 금액

물납은 언제까지 신청해야 하나요?

A 물납 신청기한은 상속세 납부분의 성격에 따라 다릅니다. ① 자진납부분은 상속개시일이 속하는 달의 말일로부터 6개월 이내 ② 고지분은 납부고지서에 적힌 납부기한 내 ③ 연부연납분은 분납세액 납부기한 30일 전까지 납세지 관할 세무서에 상속세 물납 신청서를 제출해야 합니다.

Q. **물납을 신청하면 당국이 언제 허가(승인)해주나요?**

A ① 자진납부분은 상속세 과세표준신고기한이 경과한 날부터 9개월 이내 ② 고지분은 납부고지서에 적힌 납부기한이 경과한 날부터 14일 이내 ③ 연부연납분은 신청을 받은 날부터 14일 이내 허가하도록 되어 있습니다. 다만 물납 재산의 평가 등에 소요되는 시일을 감안해 1회 30일의 범위 내에서 연장 가능합니다.

Q. **이번 회차 핵심을 정리해주신다면.**

A 상속세는 현금 대신 현물로 세금을 내는 물납제도를 활용할 수 있으나, 증여세는 그렇지 않습니다. 상속세 물납에 충당할 수 있는 재산은 부동산과 유가증권이며 ① 국채 및 공채 ② 상장된 유가증권(최초로 상장돼 처분이 제한된 경우) ③ 국내 소재 부동산 ④ 유가증권 ⑤ 비상장주식 ⑥ 상속개시일 현재 상속인이 거주하는 주택 순으로 적용됩니다. 물납을 고려하고 있다면 한도 금액을 확인해 반드시 상속세 신고기한 내 신청하시기 바랍니다. 고지분은 납부고지서에 적힌 납부기한까지, 연부연납분은 분납세액 납부기한 30일 전까지 물납을 신청하셔야 합니다.

제37화 : 상속 · 증여세 3가지 핵심 절세전략

누구나 반드시 알아야 할 '상속 · 증여세의 3가지 핵심 절세 전략'을 말씀드립니다.

첫째, 과세 기준에 유의해야 합니다. 부모가 생전에 재산을 물려주는 경우 발생하는 증여세는 증여를 받는 수증자를 기준으로 계산하지만, 부모 유고 시 발생하는 상속세는 상속을 받는 상속인이 아닌 피상속인(사망한 자)을 기준으로 계산합니다.

둘째, 사전증여 후 건강하게 10년을 사시는 것입니다. 사전증여 후 10년이 지나면 그 증여분은 상속재산에 합산되지 않기 때문입니다.

셋째, 초과누진세율구조에 답이 있습니다.

Q. 증여세는 수증자를 기준으로 계산하잖아요. 그럼 수증자를 늘릴수록 증여세가 줄어드나요?

A 맞습니다. 예를 들어 10억원을 가진 부모에게 아들, 며느리, 2명의 손자녀가 있다고 가정합시다. 부모가 10억원을 아들에게만 주는 경우 증여세는 2억2,000만원인데요. 만약 아들과 며느리에게 각 5억원을 주면 증여세가 1억6,000만원으로 6,000만원이 줄어듭니다. 나아가 손자녀까지 포함해 총 4명에게 각 2억5,000만원을 주면 증여세는 1억4,000만원으로 최종 8,000만원이 줄어듭니다. 이렇게 증여는 수증자가 늘어날수록 절세에 유리합니다.

Q. 같은 원리로 상속인이 늘어날수록 상속세도 줄어드나요?

A 그렇지 않습니다. 상속세는 상속을 받는 상속인이 아니라, 돌아가신 피상속인을 기준으로 계산하기 때문입니다. 증여는 수증자가, 상속은 피상속인이 과세 기준이 됩니다. 이것이 우리나라 상속 · 증여의 가장 큰 특징입니다.

Q. 상속세를 줄이려면 피상속인의 재산을 많이 써서 최대한 소진해야 겠어요.

A 이론적으로 가능한 방법이지만, 피상속인이 억대 자산가라면 분명 한계가 있습니다. 대안은 가족 간 협의를 통해 사전증여를 하는 것 입니다. 부모가 생전에 재산을 사전증여 후 10년이 지나면, 그 재산 은 상속재산에서 제외되므로 상속세 절세에 도움이 됩니다.

Q. 사전증여 후 10년을 버티면 절세도 되고, 부모님도 오래 사시니 일 석이조네요.

A 그렇습니다. 실제로 사례자 중에는 건강이 무척 안 좋았지만 사전 증여 후 목표의식을 갖고 10년을 사신 분도 있습니다. 미국의 정 치가 벤저민 프랭클린이 이런 말을 남겼죠. '인생에서 피할 수 없 는 것 두 가지는 죽음(Death)과 세금(Tax)이다.' 말하자면 Tax 앞 에서 Death도 연기된 셈입니다.

Q. 만약 자녀를 건너뛰고 손자녀에게 증여하면요?

A 자녀를 건너뛰고 손자녀에게 증여하는 것을 '세대생략증여'라고 합니다. 이때는 상속재산 합산 기간이 10년이 아니라 그 절반인 5 년으로 줄어듭니다. 세대생략증여는 일반적인 증여보다 높은 수 준의 할증세율이 적용되지만, 증여세가 줄고 상속재산에서 비교 적 일찍 제외되는 이점이 있어 고령이거나 고액 자산가일수록 이 를 선호합니다.

Q. 며느리나 사위에게 증여하는 경우 상속재산 합산 기간은 몇 년인 가요?

A 이 경우도 손자녀와 동일하게 5년입니다. 보통 증여할 때 며느리와 사위는 수증자에서 제외하는 집이 많은데요. 시부모가 며느리에게 증여한다면 사돈댁에서도 우리 아들에게 흔쾌히 증여해주지 않겠 습니까. 내 자식의 배우자까지 공평하게 증여하는 것이 화목한 가정 을 지키는 한 방법이 될 수 있습니다.

Q. 세 번째 절세 전략이 궁금해요. 세율구조에 답이 있다고 하셨는데.

A 상속·증여세율은 10%부터 50%까지 5단계 초과누진세율구조입니다. 과세표준(세율이 곱해지는 대상)이 30억원을 넘어가면 최고세율 50%가 적용됩니다. 예를 들어 50억원을 보유한 재산가가 생전에 10억원을 떼서 증여하면 증여세는 2억원, 상속으로 가면 상속세 5억원이 발생합니다. 세금이 무려 3억원이나 차이가 나죠.

Q. 재산의 액수는 동일해도 상속이냐 증여냐에 따라 세금 차이가 많이 나네요.

A 맞습니다. 만약 상속·증여세율이 단일 세율 50%로 정해져 있다면 10억원을 사전증여해도 50%, 증여 없이 상속으로 가도 50% 세율이니 어느 쪽을 택하든 의미가 없습니다. 상속·증여세가 초과누진세율구조이기에 절세 전략을 모색할 수 있고, 사전증여를 통해 낮은 세율을 적용받는다는 선택이 가능한 것입니다.

Q. 마지막 회차의 핵심을 정리해주신다면.

A 첫째. 증여세는 수증자, 상속세는 피상속인을 기준으로 계산한다. 따라서 증여세는 수증자를 늘리고, 상속세는 피상속인의 재산을 줄여라. 둘째, 피상속인의 재산을 줄이려면 가족 간 협의를 통해 사전증여를 선택하고, 사전증여 후 피상속인이 10년(세대생략증여는 5년) 이상 건강히 사셔라. 셋째, 세율구조를 활용해 사전증여를 통한 낮은 세율을 적용받아라. 상속·증여세를 절세하는 3가지 핵심 전략입니다.

부록 3

미국의 상속 · 증여

상속 증여세를 상담하다 보면 다른 나라의 상속증여세제에 대한 관심이 많다. 우리와 밀접한 관계가 있는 미국의 상속 증여세에 관하여 소개하고자 한다. 다만, 이 내용은 기본적인 핵심 사항만을 정리한 것이므로 실제 적용을 위해서는 추가 자문을 받기를 권한다. 미국에서 상속은 어떻게 이루어지는가? 개인은 유언에서 상속을 받을 수취자(Beneficiary)를 지명할 수 있다. 다른 경우로는 유언이 없이 상속재산이 상속인(Heir)으로서 배우자와 자녀들에게 자동적으로 승계될 수도 있다.

검인과정(The Probate Process)

검인은 유언과 주법에 따라 상속인과 수취자간에 사망자의 재산을 분배하는 법적인 절차이다. 사망자가 유언을 남기고 사망한 경우 검인법원은 유언장을 검토하고 사망자 재산분배를 위해 유언집행자(Executor)를 지정한다. 유언집행자는 유언장 상의 수취인과 채권자 간에 사망자의 재산을 분배하는 책임을 진다. 분쟁이 생길 경우 검인법원이 결정한다. 유언장 없이 사망한 경우 또는 효력이 없는 유언장인 경우 유언 없는(Intestate) 사망으로 분류된다. 이 경우 검인법원은 주법에 따라 사망자의 재산을 나누기 위해 관리자(Administrator)를 선정한다.

수취자(Beneficiary)와 상속인(Heir)

수취자는 유언장에 기재된 사람을 의미한다. 상속인은 유언 없는 승계에 따라 사망자의 재산을 물려받을 자격이 있는 자녀 배우자 등을 말한다. 상속인은 상속 또는 유산포기(Inheritance or estate waiver)를 통하여 상속을 거절할 수 있다. 상속포기는 상속권을 거절한다고 서명한 법적인 문서로 이루어진다. 이 경우 유언집행자는 유산의 수취자로 다른 사람을 지명할 수 있다. 상속인은 세금납부나 주택, 기타 건축물 등의 관리 의무를 피하기 위해 상속포기를 선택할 수 있다. 은행 부도처리 중에 있는 사람의 경우 재산이 채권자로부터 압류되는 것을 피하기 위해 상속포기를 선택할 수도 있다.

미국의 상속증여 관련 세목 3가지

증여세(Gift Tax) : 우리나라의 증여세와 마찬가지로 증여자가 생전에 자신의 재산을 수증자에게 이전할 때 발생하는 세목이다. 납세의무자는 증여자이며, 증여세는 연방세이다.

유산세(Estate Tax) : 사망자의 재산에 대하여 부과하는 세목이다. 사망자의 재산에서 유산세를 납부하며 유산세는 연방세이나, 일부 주에서는 연방과 별도로 유산세를 부과한다.

상속세(Inheritance Tax) : 유산을 받은 상속인에게 부과하는 세목이며 연방에서는 부과하지 않고 일부 주에서 상속세를 부과한다. 납세의무자는 상속인이다.

증여세(Gift Tax) - 연방세

증여세는 대가를 받지 않고 재산을 타인에게 이전하는 개인(증여자)에게 부과하는 연방세이다. 미국 증여세는 증여자가 납세의무자이며, 사망 시 상속세의 부담을 덜기 위하여 생존 중에 부를 이전하는데 부과하는 세금이다.

증여한도

증여세를 부과하기 전에 매년 적용하는 연간증여한도와 평생 적용하는 증여 한도 등 두 가지 증여한도를 운용하고 있다. 증여한도 내 증여 시에는 증여세가 면제된다.

연간증여한도(Annual Gift Tax Limits)

연간증여한도는 매년 물가 상승률을 고려하여 결정되는데 연도별 증여한도는 다음과 같다.

연도	증여한도액
2025	$19,000
2024	$18,000
2023	$17,000
2022	$16,000

이 금액은 수증자 1인당 금액으로 적용한다. 예를 들어 조부가 두 손자에게 2025년 각각 $15,000씩을 증여할 경우 증여세는 없다. 만약 두 손자에게 $35,000 상당의 승용차를 각각 사 주었을 경우 연간 증여 한도를 초과하는 $32,000{($35,000—$19,000)×2}을 평생증여 한도 계산을 위해 증여자는 국세청에 신고해야 한다.

평생증여, 유산면제 한도(Lifetime Gift, Estate Tax Limit)

매년 연간증여 한도를 초과하는 금액은 평생증여, 유산면제 한도 초과여부를 파악하기 위하여 국세청에 신고해야 하고 이 초과금액을 매년 누적해 나간다. 즉, 연간증여 한도를 초과하는 증여분은 유산과 통합하여 과세한다.

연도별 1인당 평생증여, 유산면제 한도는 다음과 같다.

연도	평생증여, 유산면제 한도
2025	$13,990,000
2024	$13,600,000
2023	$12,920,000
2022	$12,060,000

평생증여, 유산면제 한도도 연간증여 한도와 마찬가지로 매년 인플레이션을 고려하여 이 금액을 조정하고 있다.

앞의 예에서 조부가 두 손자에게 증여하고 신고한 연간증여한도 초과액에 대하여 바로 증여세를 과세하는 것이 아니다. 2025년 평생증여, 유산면제 한도 $13,990,000에서 연간증여한도 초과액 $32,000을 차감하면 여전히 잔여 평생면제 한도 $13,958,000이 있기 때문이다.

2025년 증여, 유산세율(Federal Gift, Estate Tax Rates)

과세표준	세율
~ $10,000	18%
$10,001 ~ $20,000	20%
$20,001 ~ $40,000	22%
$40,001 ~ $60,000	24%
$60,001 ~ $80,000	26%
$80,001 ~ $100,000	28%
$100,001 ~ $150,000	30%
$150,001 ~ $250,000	32%
$250,001 ~ $500,000	34%
$500,001 ~ $750,000	37%
$750,001 ~ $1,000,000	39%
$1,000,001 ~	40%

유산세(Estate Taxes) – 연방세 (일부 주세)

사람이 사망하면 어디에 사는가, 재산이 얼마인가에 따라 유산세(Estate Taxes)와 상속세(Inheritance Taxes)의 부과 대상이 된다. 대부분의 경우 연방 유산세 부과금액은 얼마 되지 않는다. 앞서 설명한 평생 증여 유산면제 한도를 초과하는 경우만 유산세를 납부하게 된다. 즉, 2025년 기준 $13,990,000을 초과하는 유산이 있을 경우 유산세 납부 대상이 된다.

위 한도를 초과하는 재산에 대하여 최고 40%의 연방 유산세를 부과하도록 되어 있다. 세율은 증여세율과 동일하다. 세무목적으로 연방 및 주에서는 사망자가 취득한 가액이 아니라, 유산재산의 공정시장가액에 유산세를 부과한다. 이것은 자산 보유기간 중의 가치 상승분에 대하여도 과세를 한다는 의미이다. 다른 한편으로는 가격이 최고치에서 하락한 경우 하락분도 반영하여 과세한다.

배우자에게 유증하는 자산은 유산세 대상에서 제외된다. 배우자가 생존 배우자에게 유산을 남기는 것은 Unlimited marital deduction(한도없는 배우자 공제)를 적용한다. 생존 배우자가 사망하고 재산을 수취자에게 상속할 때 유산세 한도를 초과하면 유산세 납부 대상이 된다.

주 유산세(State Estate Taxes)

유산세를 부과하는 주에 거주하면 주 유산세 부담을 많이 느낀다. 유산세의 공제한도는 연방 유산세보다 훨씬 낮다. 예를 들어 어떤 주의 공제한도는 $1 million에 불과하다. 주 유산세를 부과하는 주는 아래와 같다.

Connecticut, District of Columbia, Hawaii, Illinois, Maine, Massachusetts, Maryland, New York, Oregon, Minnesota, Rhode Island, Vermont, Washington State (12개 주와 DC)

2025년 주 유산세 공제한도 및 세율

(단위 : M: million)

주	공제한도	세율	비고
Connecticut	$13.61 M	12.0%	
District of Columbia	$4.71 M	11.2~16.0%	
Hawaii	$5.49 M	10.0~20.0%	
Illinois	$4.00 M	0.8~16.0%	
Maine	$6.80 M	8.0~12.0%	
Maryland	$5.00 M	0.8~16.0%	상속세도 부과
Massachusetts	$2.00 M	0.8~16.0%	
Minnesota	$3.00 M	13.0~16.0%	
New York	$6.94 M	3.06~16.0%	
Oregon	$1.00 M	10.0~16.0%	
Rhode Island	$1.77 M	0.8~16.0%	
Vermont	$5.00 M	16.0%	
Washington	$2.19 M	10.0~20.0%	

(출처 : Bloomberg Tax Statutes 자료를 Tax Foundation에서 재인용)

유산세는 공제한도를 초과하는 금액에 대하여 소득세 구간과 유사한 방법으로 누진율을 적용하여 부과한다. 세율은 대체로 일정 구간을 초과하면 전형적으로 10%를 적용하나 단계별로 상승하여 대략 16%까지 상승한다. 세율 면에서 Connecticut의 12%가 가장 낮은 수준이다. 가장 높은 세율은 Washington 주의 20%이다.

상속세(State Inheritance Tax) – 주세

연방에는 상속세가 없다. 그러나 Iowa, Kentucky, Maryland, Nebraska, New Jersey 및 Pennsylvania 등 6개 주는 상속세가 있으며 Maryland는 유산세와 상속세를 동시에 부과하는 유일한 주이다.

상속세(Inheritance Tax)는 사망자의 재산을 이전하는데 부과하는 유산세(Estate Tax)와는 달리 상속재산에 대하여 부과하며 상속인에 납세의무가 있다. 상속세 부과는 상속재산의 규모, 사망자와 상속인과의 관계, 상속인이 살고 있는 주의 관련 법규에 따라 부과된다. 유산세와 마찬가지로 상속세도 공제한도를 초과하는 금액에 대하여 부과한다. 세율은 공제액을 초과하는 부분에 대하여는 누진제가 적용된다. 공제금액과 세율은 상속인과 사망자의 관계와 상속재산의 규모에 따라 변동한다.

2024년 각 주별 상속세율은 다음과 같다.

주	공제한도	상속세율	비고
Iowa	-	0~6%	
Kentucky	$1,000	0~16%	
Maryland	-	0~11%	유산세도 부과
Nebraska	$100,000	0~15%	
New Jersey	$25,000	0~16%	
Pennsylvania	-	0~15%	

(출처:Bloomberg Tax Statutes 자료를 Tax Foundation에서 재인용)

규정상 상속인과 사망자의 관계가 가까울수록 낮은 세율이 적용된다. 배우자의 경우 모든 주에서 상속세는 없다. New Jersey에서는 동거파트너에 대하여도 상속세가 면제된다. 후손들은 Nebraska와 Pennsylvania를 제외하고는 상속세가 없다. 상속세는 상속자가 거주하는 주에 의해 부과된다.

사망자와 가족관계가 없는 수취자는 사망자와 가족관계에 있는 수취자보다 높은 세율을 부담한다. 2018년 Nebraska에서 부모 조부모형제, 자녀, 입양자 포함 직계가족은 $40,000 초과분에 대하여 1% 상속세를 납부했다. 반면 사망자로부터 먼 친척의 경우 $15,000을 초과할 경우 13%의 상속세를 납부했다. 친구 그리고 더 먼 친척의 경우 $10,000을 초과하는 금액에 18%의 상속세를 납부했다.

몇몇 주는 미망인에 대하여 일정기간 재산세를 감경하는 등 세액감면을 제공하고 있다. 매년 비과세로 증여할 수 있는 금액이 2022년에는 $16,000, 2023년에는 $17,000, 2024년 $18,000, 2025년 $19,000이며 이를 활용하는 것이 상속세를 절감하는 방법이다.

부록 4

권말 찾아보기

〈권말 찾아보기〉

memo

memo

memo

NOW
상속을
지금
준비하라

memo

NOW
상속을
지금
준비하라

| 나철호 공인회계사 · 세무사 · 경영학 박사

한양대학교 경영학과
건국대학교 부동산 대학원
한양대학교 경영학 박사
현 : 재정회계법인 대표이사
    한국세무학회 부회장, 한국회계학회 부회장
    대법원 감사위원회 위원
    동국대 조세전략 최고경영자과정 특임교수
    건국대 부동산 최고경영자 · 경매과정 강의

전 : 한국공인회계사회 선출부회장(2020~22), 감사(2016~20)
    자동차손해배상진흥원 감사, KOICA 옴부즈만
    한국산업경영시스템학회 부회장, 한국공기업학회 감사
    기획재정부 공기업 경영평가위원 · 국제행사심의위원회 위원
    통일부 · 문체부 · 중기청 공공기관 경영평가위원

〈주요 저술, 기고, 강연 등〉
상속을 지금 준비하라(2017-2025) 9판 출간
상속증여 단독 강연회(2018-2024) 7회 개최
한국공인회계사회, 감사반 연합회, 한국세무학회 등 강의
KBS1 Radio 위크앤드 및 경제세미나, SBS 생활경제, SBS CNBC 경제와이드 이슈 등 방송
'나철호의 상속증여' 인기 유튜브 운영
'쉬운 세금 이야기' 국세청 블로그 연재
'상속증여 톡톡' 서울경제신문 20주간 연재
한양대동문회보 '전문가 칼럼' 연재

2026
상속을 지금 준비하라 〈9th Edition〉

초판 발행   2017. 07. 25.
            :
            :
9판 발행   2025. 05. 30.

저   자 · 나 철 호
발 행 인 · 이 낙 규
발 행 처 · ㈜샘앤북스
    신고 제 2013−000086 호
    서울시 영등포구 양평로22길 21, 선유도코오롱디지털타워 310호
    Tel. 02−323−6763 / Fax. 02−323−6764
    www.sambook.co.kr / E−mail. wisdom6763@hanmail.net
ISBN   979−11−5626−550−4   03320

2026 상속을 지금 준비하라 저자직강 강연회

최근 부동산 세제와
상속증여 절세전략

 ▶ YouTube

나철호의 상속증여 🔍

강 사	나철호 대표 (공인회계사·경영학 박사)		
지 역	부산	서울	대전
일 시	2025.9.25.(목) 9시30분(2H)	2025.9.27.(토) 9시30분(2H)	2025.10.2.(목) 9시30분(2H)
장 소	벡스코(Bexco)	오크우드 프리미어 코엑스센터	대전컨벤션센터(DCC)
축 사	정 일 부산지방공인회계사회 회장	장지인 전 한국회계기준원장, 중앙대 부총장	상신규 대전지방공인회계사회 회장
신청인원	100명	120명	80명
참 가 비	10만원 / 인 (개정판 책 증정)		
참여방법	재정회계법인(02-555-6426) 또는 구글 폼 신청(QR코드 우측하단)		

강의 핵심 내용

- 최근 상속증여 부동산세 개정사항
- 배우자 상속세 폐지(안), 유산취득세 도입(안)
- 적정 사전증여 비율, 황금률(Golden Ratio)을 찾아라!
- 상속세와 유류분 차이
- 고가 주택, 비주거용 부동산, 나대지등 감정가액 적용
- 가업상속공제 요건 및 사후관리
- 특관자간 거래(금전소비대차, 부동산무상사용, 저가양수도 등) 유의사항
- 상속증여 주요 세무조사 대응

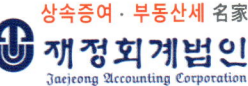

상속증여·부동산세 名家
재정회계법인
Jaejeong Accounting Corporation

주 관

부산지방공인회계사회 / 금강회계법인(대전)
재정회계법인 / 한국상속증여연구소

 QR코드

I. 재정회계법인 소개 및 전문분야

| 최근 부동산세제와 상속증여 절세전략 강연회 개최 |

대전 DCC (24.10.11) 강연회

부산 BEXCO (24.10.18) 강연회

서울COEX (24.10.26) 강연회

재정회계법인은

2004년 설립 이래 **상속증여 및 부동산 세제 분야에 특화된 회계법인**으로서, 당 법인의 나철호 대표이사를 중심으로 이 분야에서 저술, 강의, 기고, 상속증여·부동산 관련 세무신고, 세무조사 대리 등 연구와 실무 전분야에서 역량을 쌓아 왔습니다.

〈 나철호 대표 주요 저술, 강의 등 〉

- **상속을 지금 준비하라** (2017-2025) 8판 출간
- 최근 부동산세와 상속증여 절세전략 강연회 (2018-2024) 7년째 개최
- 한국공인회계사회, 감사반 연합회, 한국세무학회 등 강의
- KBS1라디오 〈라디오매거진 위크앤드〉 〈경제세미나〉, SBS 〈생활경제〉 SBS CNBC 〈경제와이드 이슈&〉 등 방송

- 인기 유튜브 〈나철호의 상속증여〉 운영
- 〈쉬운 세금 이야기〉 국세청 블로그 연재
- 서울경제신문 〈상속증여 톡톡〉 20주간 연재
- 한양대 동문회보 〈전문가 칼럼〉 연재 외